国家出版基金项目
NATIONAL PUBLICATION FOUNDATION

■ 中国现代市场利率通论

刘义圣 / 主编

The Adaptive Testing and Thinking of Interest Rate Rules to Chinese Market Economy

利率规则对中国市场经济的可适性检思

刘义圣　黄启才 / 著

長春出版社
国家一级出版社
全国百佳图书出版单位

图书在版编目(CIP)数据

利率规则对中国市场经济的可适性检思 / 刘义圣，黄启才著. — 长春 : 长春出版社，2016.12
(中国现代市场利率通论 / 刘义圣主编)
ISBN 978-7-5445-4644-7

Ⅰ.①利… Ⅱ.①刘… ②黄… Ⅲ.①人民币—利率—研究—中国 Ⅳ.①F832.22

中国版本图书馆 CIP 数据核字(2016)第 269846 号

利率规则对中国市场经济的可适性检思

著　　者：刘义圣　黄启才
责任编辑：程秀梅
封面设计：崔浩博

出版发行：長春出版社
发行部电话：0431-88561180　　总编室电话：0431-88563443
地　　址：吉林省长春市建设街 1377 号
邮　　编：130061
网　　址：www.cccbs.net
制　　版：长春市大航图文制作有限公司
印　　刷：吉林省良原印业有限公司
经　　销：新华书店

开　　本：787 毫米×1092 毫米　1/16
字　　数：210 千字
印　　张：16
版　　次：2016 年 12 月第 1 版
印　　次：2016 年 12 月第 1 次印刷
定　　价：40.00 元

编委会

主　编　刘义圣

副主编　黄建锋

编　委　（按姓氏笔画为序）

王世杰　王运钊　王春丽　刘义圣

苏天恩　陈　燕　林菁菁　赵东喜

黄启才　黄建锋　潘双庆

总　序

《中国现代市场利率通论》实则独立成书又连属成套的一部丛书，其中每一册书名均含蕴“中国”“市场”“利率”三个关键词语，尽显书中宏旨。丛书自古多有序言，旨在对全套丛书的编写意图、总体结构、内容大要等进行诠释。本序亦然。

在市场经济条件下，利率无论在理论上还是在实践上都极为重要，这是因为利率既是连接货币经济与实体经济的纽带，同时又是联系宏观经济与微观经济的中介，它影响着一国的储蓄、投资、货币供给和需求以及产出和国民收入的变动。通过利率与汇率联动，它不仅对一国经济具有极为重要的影响，还会对其他国家产生广泛的影响。

从 1996 年 Chibor 的诞生，到 1996—1998 年财政部第一次通过证券交易和公开招标发行债券，到 2007 年 Shibor 正式上线，再到 2013 年 7 月央行全面放开对金融机构贷款利率的管制，以及 2015 年 10 月对存款的管制全面放开，按照“先开放货币市场利率和债券市场利率，再逐步推进存贷款利率市场化”的政策方针，经过 20 年渐进的改革，我国利率市场化基本完成。利率市场化的完成，增强了中央银行对宏观经济形势的引导和调控作用，随之而来的是市场主导下的有关利率理论与实践问题日渐突出，并得到前所未有的关注。

市场利率体制改革作为中国金融体制改革需要攻克的难关之一，非常需要来自学界的理论支撑和指导，然而我国理论界对市场主导下的有关利率理论与实践问题的研究还很薄弱，从理论分析与实践结合上进行系统全面的研究的文章及专著实不多见。《中国现代市场利率通论》这套丛书，以市场利率为研究对象，正是贴合当下所需，及时送上的一份理论大餐。

这套丛书用“通论”来命名，不是要与凯恩斯的《就业、利息和货币通论》并比，而是要作为诠释我国市场利率管理和体制改革实践的学术著述，成为我国利率研究的一芹之献。这套丛书共八册，内容既包含对利息决定的基本问题认识，又包含规则与相机抉择，以及央行利率微调模式、市场基准利率选择等问题探讨；既包含商业银行等正规金融市场利率管理，又包含民间借贷市场利率探讨；既包含利率市场化改革，又包含利率汇率互动以及国际利率联动。

《市场利率的理论范式与中国实践探索》（刘义圣）以利息理论为主题，试图对两种具有代表性的利息理论——马克思利息理论和凯恩斯利息理论——进行深度比较，以探索理论真谛，丰富和发展社会主义利息理论的研究。本书首先对这两种流行的市场利率理论进行了详细的介绍，并探索了各自对中国特色社会主义市场经济体制的适用性分析；其次侧重介绍了在世界经济一体化国际金融市场相互关联度加深的背景下这两种理论在中国的最新发展的一些实践研究。

《利率规则对中国市场经济的可适性检思》（刘义圣、黄启才）从维克赛尔规则及扩展、泰勒规则及扩展、伊文思规则、最优利率规则等比较出发，分析了利率规则的适用条件与局限性，对其在中国市场经济的可适性进行了相关检验，并对利率规则在中国应用的相关制度要求与政策建议进行了分析。

《市场主导下的中国利率微调模式探索》（王春丽）对央行在“尊重市场规律、尊重市场选择”框架下的利率微调模式的相关问题进行系统分析，追溯其来源，考察其实践，并通过对其实施的前提条件以及我国宏微观环境进行深入比较剖析，同时借鉴国外利率微调的实践经验，以期探索出一个与我国国情相统一的利率微调目标模式（包括目标设构、决策规则、调控基准和操作工具等），进而为我国利率体制改革和政策环境重塑提供一种贴近经济现实的理论参照与政策建议。

《市场形成基准利率的国际比较与中国借鉴》（王世杰、刘义圣）对如何构建央行基准利率问题进行了探讨。本书首先阐述了基准利率与市场形成基准利率的概念，通过市场化前后基准利率选择的对比研究，得出结论：并不存在完全市场化的基准利率，只是中央银行对基准利率干预程度不同而已；其次，通过对发达市场经济国家和新兴市场经济国家在基准利率选择与培育的历史经验进行总结，归纳出一些能对我国基准利率选择提供参考的经验与借鉴；最后，通过对我国这些年基准利率建设实践进行梳理，剖析我国央行基准利率选择的机理，并利用实证方法检验现有备选利率，提出可能作为央行基准利率的最佳选项。

《利率市场化后中国商业银行利率管理》（黄建锋、林菁菁）立足理论知识，侧重实务探讨，重点从利率风险管理实务、内部资金转移定价实务、资产和负债端定价实务、商业银行中间业务定价实务等方面探究了利率管理的各类工具及其运用。本书认为，商业银行应该从战略高度审视利率定价管理体系的建设，应转变利率定价管理的理念，从被动接受向主动管理转变，从粗放定价向精细化定价转变，应该充分认识到精细化利率定价是关系到商业银行持续发展的核心能力。

《中国民间利率及其市场化的经济学分析》（陈燕）区分了民间借贷市场利率与正规金融市场利率的异同：相同点在于民间利率市场化与官方利率市场化改革是相互配套的，两个市场的利率改革都要坚持市场的定价机制，由资金供需双方自由协商并且结合具体的市场环境来实现利率的市场自主定价，完善市场对资金的更有效率配置的作用；不同点在于官方的利率市场化更多的是关注正规金融市场和宏观经济内的利率体系的市场化改革，而民间利率市场化更多的关注点在于民间金融市场本身的非市场性的缺陷。本书认为民间借贷市场的利率市场化与官方利率的市场化改革之间需要构建一个良性的市场互动机制；中国的民间借贷市场利率市场化改革应借鉴国外的利率市场化改革经验，要从其市场化程度高的市场利率出发；民间借贷市场的利率市场化需要结合国内的实际与官方利率的市场化改革，并且始终保持同步，注意自身的市场缺陷，进行相应的改革；在我国民间借贷市场发展比较充分的东部地区部分区域市场内的改革经验为全国的民间借贷市场改革提供了部分可借鉴的经验。

《国际市场利率联动性趋势与中国因应》（赵东喜）对国际经济政策协调中的国际利率联动问题进行了研究。随着中国融入全球经济程度的加深，中国利率的国际联动趋势日益显现，弱化了其对市场利率与经济的调控水平。本书运用数理推演与实证检验的方法探讨了国际利率联动性趋势、特征以及对中国经济与央行利率调控效率的影响，并建立了中国利率联动应对机制。国际利率联动性的本质是经济全球化，其来源有四个，即经济全球化、金融一体化、世界共同因素以及国际经济政策协调。在经济正常期，国际联动程度较低，而在经济异动时期则高。国际利率联动性与开放经济政策的“三元悖论”紧密相连。国际利率的联动性有不对称特征。美国利率政策调整对美国产出有明显促进作用，而对中国产出的促进作用较弱。国际利率联动性弱化了中国利率政策对市场利率的调控水平。

《中国金融市场利率与汇率关系研究》（潘双庆）对在人民币利率市场化与汇率形成机制改革后，利率与汇率存在着怎样的关系以及这种关系对中国目前正在进行的金融体制改革意味着什么等问题进行了研究。本书首先从利率与汇率关系的相关理论出发，揭示了理论上存在的利率与汇率关系，然后再运用计量经济学方法以及国内外经济数据对利率与汇率关系进行了实证研究。实证研究发现，人民币利率与汇率之间几乎是一种相互独立的关系，利率与汇率之间的互动关系还远远未达到理想状态，无法形成有效的人民币利率与汇率的自平衡联动协调机制。另外，实证研究还发现利率对汇率的影响与汇率对利率的影响是不对称的，利率对汇率的影响程度要远大于汇率对于利率的影响程度。这些发现的政策含义为，中国还必须进一步加大金融体制改革的力度，并且在改革中重视利率市场化与汇率形成机制改革的次序安排。

本套丛书力求广涉诸家，旁求博考，并自成机杼，期望能为金融决策提供有益的和贴近现实的理论参考，也希冀起到抛砖引玉之效果，引发思考，增进联想。但由于成书仓促，个别问题研究不够透彻，有些内容尽管写于事件发生过程中，具有即时分析色彩，但期间新现象新问题更生不断，难能至纤至悉，故难免管窥谬失，诚望学界前辈时贤不吝赐教。

是为序。

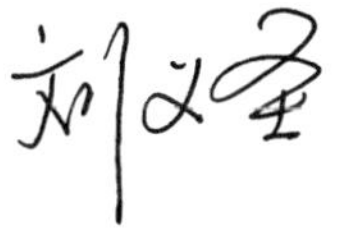

2016 年 10 月 3 日

目　录

第一章

利率规则的理论范式比较

利率规则主要指货币政策制定者依据（预期）通胀和目标通胀的缺口与（预期）产出和潜在产出的缺口，并按照一定的参数决定（目标）利率。利率规则思想早在 20 世纪初就被提出了，但是由于受到国际货币体系对实施货币政策自由度的约束，利率规则在理论与实践上并没有取得多大突破。随着国际贸易深化、国际资本流动增大等一系列因素使得国际货币体系逐渐改革。从金本位制到布雷顿森林体系，再到牙买加体系，国际货币体系变迁使得货币政策实施自由度逐渐增大。与此相应，对利率规则研究也逐渐深入，进入 20 世纪 90 年代以来，泰勒规则的提出、发展及完善使得对利率规则研究成为宏观经济研究一个不可或缺的部分。研究利率规则，必须考察国际货币体系。早期国际货币体系是金本位制，各国货币与黄金兑换比率固定，因此，各国汇率也固定。在金本位制下，货币政策实施受到很大限制，因为纸币发行需要与黄金储备量相匹配。大萧条期间，金本位制瓦解，国际货币体系进入混乱时期。布雷顿森林体系建立，标志着国际货币体系进入了“双挂钩”时代。在此期间，各国货币通过与美元挂钩，从而与黄金挂钩，金本位思想体现在这一货币体系中。但是，由于“特里芬两难”等原因，布雷顿森林体系最终难以持续。1976 年，被称为“无体系的体系”的牙买加体系确立，从此各国货币彻底与黄金脱钩，货币与货币政策制定者被“解放”出来。通过国际货币体系变迁，可以看出一方面各国汇率逐渐由固定转向浮动；另一方面货币政策实施自由度越来越大，货币政策在调节经济方面发挥越来越大的作用。早在 1898 年，维克赛尔（Kunt Wicksell）提出累积过程理论，并认为通过控制利率使其处在自然利率的水平上来稳定经济。但是在这个时期，国际上主要是金本位制，纸币与黄金挂钩，并具有可兑换性。金本位制度实际上束缚了货币政策，也显得维克赛尔理论具有“超前”意味。因此，对货币政策的作用和操作方式都有必要进行新的认识。1993 年，泰勒通过样本实证分析发现，美国货币当局似乎按照一种规则来调整利率，这个规则被称为泰勒规则。Judd and Rudebusch（1998）通过实证估计了具有平滑利率调整的泰勒规则形式。Clarida，Gali and Gertler（2000）估计了前瞻性的利率调整规则。这样泰勒规则实现了发展和完善，这些规则都被统称为利率规则。Woodford 等对利率规则的理论基础进行了深入的研究，被称为是新维克赛尔学派的代表人物，在对泰勒规则的理论研究中，认为利率对通货膨胀率的反应要大于百分之百，利率规则才能使得经济系统稳定。

第一节　维克赛尔规则及其扩展

一、维克赛尔规则及其扩展

货币政策理论的中心问题是为经济运行提供普遍的、理想的政策规则。最早提出“利率规则”一词并主张中央银行采取利率规则形式的货币政策是奥地利学派的维克赛尔，他认为，价格稳定程度主要由央行控制的利率和自然利率决定，因而只有依靠银行自觉实行利率调整政策才能实现经济均衡。维克赛尔用累积过程理论证明了经济均衡的实现，提出了以变更银行利率来调节经济发展的货币政策，并提倡采用利率规则的特定形式以促进价格水平的管理。现代的社会经济信用十分发达，基于这个事实依据，他认为在货币数量论中有关货币流通速度不变的假定是错误的。虽然，维克赛尔对利率在经济调节中所起作用的分析有些简单，但他对古典学派中货币流通速度不变等理论的质疑和通过利率来达到宏观调控目的的政策主张为后人研究利率规则理论奠定了基础。

二、新维克赛尔利率规则及其扩展

以 Giannoni and Woodford（2000）为主要代表，新维克赛尔利率规则认为，如果不考虑货币供给数量的变动，而只考虑价格水平变动，那么影响均衡的真实利率的因素就是时间偏好、资本生产率等。央行按照新维克赛尔规则设定短期利率，那么市场一般均衡价格水平就能够在一定范围内以长期平均价值为中心波动，使得通货膨胀达到均衡，既不用考虑货币供求情况也无须考虑其需求函数的定义。因此，新维克赛尔的主要代表人设定了短期利率的调控对通胀及产出直接产生影响。此外，新维克赛尔理论通过建立粘性价格模型得出了这一结论：通货膨胀的变动是由自然利率的变动引起的。由于电子虚拟货币的飞速发展，以传统法定货币为主要研究对象的维克赛尔理论显然不再与现实相符。因此，新维克赛尔理论还考虑到了未来电子货币可能会取代基础货币这一情况。但是，新维克赛尔理论中的通过控制利率进而控制通胀率这些观点由于过分强调利率的调节对经济稳定的作用，而忽略了经济增长因素对利率的影响。利率规则理论中的泰勒规则则综合考虑了价格水平和经济增长因素对利率调节的影响。

新维克赛尔派一般都认为真实利率水平是决定经济周期的指示器，尽管不可以直接观测得到，但可以通过构建宏观经济模型来预测。把真实利率水平作为制定利率规则的主要目标，而不像泰勒规则那样把实际产出与潜在均衡产出之间的产出缺口看作制定利率规则的主要参考目标，他们认为，长期来看，产出缺口不会过度膨胀，而且正是由于真实利率与自然利率之间的差别导致了产出缺口的存在。在新维克赛尔派看来，当真实利率几乎与自然利率相等的时候，产出缺口自然也会消失，经济处于长期均衡的状态，这时候，新维克赛尔规则也要对通货膨胀做出反应，而且名义利率对通胀的反应程度越强烈，说明利率的理性预期均衡越容易实现。

通过构建一个简单的新凯恩斯模型，可以进一步分析新维克赛尔规则与泰勒规则之间的差别。模型的基本构成如下

$$\tilde{x}_t = E_t \tilde{x}_{t+1} - \vartheta_r^{-1} (i_t - E_t \pi_{t+1} - r_t^e) \quad (1-1)$$

公式（1－1）表示的是真实的经济活动，其中$\tilde{x}_t \equiv (x_t^e - \eta_r x_{t-1}^e) - \beta\eta_r E_t (x_{t+1}^e - \eta_r x_t^e)$，$\eta_r$ 表示由私人部门的效用所决定的对消费的影响，$x_t^e = y_t - y_t^e$ 为当期产出缺口值，当期的真实经济活动取决于对下一期经济活动的预期值真实利率水平与自然利率水平之间的差额，其中 i_t 为名义利率，π_t 为当期通货膨胀值，r_t^e 为自然利率水平。

$$\tilde{\pi}_t = \xi (\bar{\omega} x_t^e + \varphi_r \tilde{x}_t) + \beta E_t \tilde{\pi}_{t+1} + \mu_t \quad (1-2)$$

公式（1－2）表示的是由于企业决定价格所产生的菲利普斯曲线，其中，$\tilde{\pi}_t = \pi_t - \tau\pi_{t-1}$，$\tau$ 反映的是在供给层面价格随着过去的通货膨胀惯性所决定的价格上升幅度，它并不是由企业主自由控制的。$\tilde{\pi}_t$ 由未来的通货膨胀预期和实际经济层面，如产出缺口的大小和一个 AR（1）过程的随机冲击误差项决定。

$$r_t^e = E_t \gamma_{t+1} + E_t \delta_{t+1} - \omega E_t \Delta y_{t+1}^e \quad (1-3)$$

公式（1－3）表示的是在给定潜在产出的情况下，实际经济活动水平下的自然利率决定因素。在潜在产出给定的情况下，实际经济活动的自然利率水平取决于，对下一阶段产出增长的预期 $E_t \gamma_{t+1}$ 和之后可能受到的经济冲击 δ_{t+1} 与对于下一期潜在产出增长的悲观预期值 $\omega E_t \Delta y_{t+1}^e$ 影响。这个公式也给出了关于当期经济活动中有效实际产出和自然利率之间的紧密联系。自然利率变量可以作为政府考衡真实有效产出的锚，后者作为经济发展潜力的指示器有着显著的关注意义。

$$i_t = \rho i_{t-1} + (1-\rho)(r_t^e + \phi_\pi \pi_t) + \xi_t^i \quad (1-4)$$

$$i_t = \rho i_{t-1} + (1-\rho)(\phi_x x_t^e + \phi_\pi \pi_t) + \xi_t^i \quad (1-5)$$

公式（1－4）是基本的新维克赛尔利率规则式，而公式（1－5）则是经典的泰勒规则表达式。从两个式子的区别来看，新维克赛尔利率规则着重关注经济中的自然利率的作用，并突出其对经济发展的指示引导作用，而经典的泰勒规则则着重关注通胀缺口与产出缺口对名义利率决定的影响。

公式（1－5）把产出缺口大小引入利率决定的规则式内，通常会引起明显的争议，首先，产出缺口的大小本身是产生通货膨胀的来源之一，当产出缺口扩大时，经济处于供不应求的状态，会引起经济的持续扩张增长，同时引起价格的显著上升和通货膨胀的持续发展。其次，在新维克赛尔派看来，引入产出缺口变量作为利率决定变量存在着逻辑错误，本来是由于真实利率水平与自然利率水平之间的差额引起了经济的周期性波动，从而引致产出缺口的问题，而不是产出缺口存在决定利率的水平。

此外，新维克赛尔派有学者尝试将维克赛尔规则与泰勒规则进行综合，其规则表达式如下：

$$i_t=\rho i_{t-1}+(1-\rho)(\phi_x x_t^e+\phi_\pi \pi_t+r_t^e)+\xi_t^i \quad (1-6)$$

在对公式（1－4）、（1－5）、（1－6）的相关稳健性检验中，发现考察自然利率水平变动的新维克赛尔规则相比于采用产出缺口为考察对象的泰勒规则而言，稳健性要好很多。但综合了产出缺口和自然利率因素在内的新综合规则，表现得并不比维克赛尔规则要好多少。

然而，新维克赛尔派由于过分坚信自然利率的作用，而忽视了经济中的各种外在冲击和经济系统的内在不稳定性因素的影响，仅仅把自然利率作为考察利率决定规则因素的做法显得比较片面，尤其重要的是，由于自然利率并非可直接观察到的经济变量，对其考量都是从建立宏观经济模型的模拟中来计算的，由于各种建模方法存在着不同的假设条件和技术差异，因而想得到一致认同的规则式是相当困难的事情。

第二节　泰勒规则及其扩展

一、传统的泰勒规则

泰勒规则也称利率规则，描述短期利率如何针对通胀率和产出变化调整的准则，对后来的货币政策规则研究具有深远影响。假定 N 是通货膨胀率，N^* 是通货膨胀的目标，i 是名义利率，i^* 是名义目标利率。从中期来看，i^* 与 N^* 是联系在一起的，如果真实利率给定，那么名义利率和通货膨胀在中期是一对一的对应关系。假定 U 是失业率，U^* 是自然失业率。泰勒认为，中央银行应该遵循以下的规则：

$$i=i^*+a(N-N^*)-b(U-U^*) \tag{1-7}$$

a 和 b 是正的系数。上式的含义其一为如果通货膨胀率等于目标通货膨胀率（$N=N^*$），失业率等于自然失业率（$U=U^*$），那么中央银行应该将名义利率 i 设为它的目标值 i^*。这样经济将保持稳定。其二为如果通货膨胀高于目标值（$N>N^*$），那么中央银行应该将名义利率设定为高过 i^*。更高的通货膨胀率将导致失业增加，失业增加将反过来导致通货膨胀下降。系数 a 表示央行对失业和通货膨胀关心程度的不同。a 越高，中央银行面对通货膨胀就会增加越高的利率，通货膨胀下降速度将更快，经济放慢的速度也会变快。泰勒指出，在任何情况下，a 都应该大于 1。因为影响支出的是真实利率，而不是名义利率。当通货膨胀增加时，央行如果想压缩消费的话，就必须增加真实利率。换言之，央行增加名义利率的幅度应该大于通货膨胀的幅度。其三为如果失业率高于自然失业率（$U>U^*$），央行应该降低名义利率。名义利率下降将导致失业率下降。系数 b 反映央行对失业与通货膨胀之间关心程度的不同。b 越高，央行就越会偏离通货膨胀目标来保证失业率在自然失业率附近。在泰勒看来，并非一定要严格遵守规则，尤其是在经济遭受外来冲击时。但同时，他指出这个规则为政府制定货币政策提供了思路，即在决定是否抑制通胀时，不但要对目前通胀情况做出反应还要考虑到失业。通过研究，美国和德国的中央银行在制定政策时，并没有考虑泰勒规则。传统的泰勒规则（Taylor，1993）描述为：

$$i_t=r^*+\pi_t+\alpha(\pi_t-\pi^*)+\beta(y_t-y^*)/y^* \quad (1-8)$$

其中，i_t 表示名义联邦基金利率，r^* 表示均衡的实际联邦基金利率，π_t 表示前四个季度的平均通货膨胀率，π^* 表示目标通货膨胀率，y_t表示实际 GDP，y^* 表示潜在产出，$(y_t-y^*)/y^*$ 表示实际 GDP 偏离目标水平的百分比。若实际通胀率上升到高于其目标值 π^* 或者当实际 GDP 超过其目标水平时，联邦基金利率就会上升；若实际通胀率、GDP 都等于目标值时，名义联邦基金利率将等于均衡的实际联邦基金利率 r^* 和目标通胀率 π^* 之和。泰勒将这一规则中的目标通胀率 π^* 和均衡利率 r^* 都设为 2，并设 $\alpha=\beta=0.5$。结合费雪方程 $i=r+\pi$，泰勒规则就可以转变为 $i_t-r^*=1.5\pi_t-0.5\pi^*+0.5(y_t-y^*)/y^*$，然后进行对数处理即可。Hetzel（2000）认为，泰勒规则既是规范性的又是描述性的货币政策规则。传统的泰勒规则范式表明，货币当局应该根据通货膨胀缺口和产出缺口调整短期利率，形成一个稳定利率环境，以维系经济的内在稳定性。

二、引入汇率的泰勒规则

由于传统的泰勒规则只包含通胀和产出这两个实际变量，对货币政策发挥作用的影响因素只是做了一个经验上的主要判断，而有可能错失一些影响货币政策作用的次要变量。事实上，影响货币政策发挥的有诸多因素。尤为重要的一点在于，传统的泰勒规则只是针对封闭经济而言，对于一个经济高度开放的国家，仅仅考虑国内因素对货币政策的影响是很不全面的分析。在开放经济条件下，汇率渠道应是货币政策传导机制中的关键环节，汇率机制通过利率平价定律影响各国的利率水平，且汇率的变化对通货膨胀在短期内有一定的影响，如果试图忽视或者消除这种影响，可能会导致产出的较大波动，因而，汇率因素理应成为利率规则操作的一个重要变量因素。

泰勒（1993）通过对美国货币政策进行分析，发现中央银行应依据当期的产出缺口、当期的通货膨胀与目标值的偏差和均衡实际利率来调整实际利率。他提出了一个明确的货币政策规则，将中央银行的利率政策描述为最终目标的反应函数，并通过实证分析发现美联储的利率政策存在着与经济产出、通货膨胀较为稳定的函数关系。他指出，如果一国采用固定汇率制度，其结果是必然会损失产出和通胀的稳定性，这是因为在开放经济条件下，一国国内的货币政策的作用发挥要受制于国际市场的均衡影响，要在固定的汇率制度下实现国内货币政策的完整性是比较困难的，因而实施浮动汇率制度可以得到有效的利率规则。之后泰勒（2003）又对传统的泰勒规则式进行过改进尝试，试着在原式中加入汇率因素，然而在研究中发现，引入汇率后的泰勒规则在稳定产出和通货膨胀方面并不会有多大作用，其结果甚至会比泰勒原式更糟糕，之所以有这样的结果，是因为汇率对利率的影响是通过通胀缺口和产出缺口两者来表现的。与此同时，实际汇率因为现实因素可能会偏离由购买力平价要求所决定的均衡汇率水平，使得利率和汇率的波动不具有一致性。因而，大可不必把汇率因素单独作为一个变量影响因素列入泰勒规则。他认为，如果一国采用固定汇率制，那么结果是该国的产出和通胀的稳定性会受到损失；如果一国采用浮动汇率制，那么该国可以得到有效的利率规则。

但是，Lawrence Ball（1999）构建了开放经济条件下的货币政策规则，将汇率这一变量引入传统的泰勒规则中，研究发现利率对汇率的变动呈反向变化，且两者间的关系显著。他在自己的研究中指出，以货币状况指数（Monetary Conditions Index，简称 MCI）为基础的延伸泰勒规则中，充分考虑了利率和汇率之间的联动关系，从而在指导货币政策实践过程中更具有意义。MCI 的一般表达式为：$MCI=A_R(r_t-r_b)+A_Q(q_t-q_b)$，$r_t$ 和 q_t 是短期实际利率和实际汇率指数的自然对数值，r_b 和 q_b 是选定的基期的实际利率和实际汇率指数的自然对数值，A_R 和 A_Q 分别是对利率和汇率的权重。相对于基期而言，实际利率、实际汇率的指数下降，货币贬值，使得货币状况指数变小，货币政策宽松，反之亦然。货币状况指数的权重比例 A_R/A_Q（货币状况比率）反映了利率和汇率变动对货币政策目标（经济增长率、失业率和通胀率等）的相对影响。

在开放经济体中，汇率可通过国际贸易和资本流动来影响通货膨胀。Lawrence Ball 建立的开放经济下的货币政策规则，模型形式如下：

$$i_t=r^*+\pi_t+\alpha(\pi_t-\pi^*)+\beta(y_t-y^*)+h0e_t+h1e_{t-1} \quad (1-9)$$

其中，e_t 表示 t 期实际汇率水平的对数，e_{t-1} 表示（t－1）期实际汇率水平的对数，e_t 和 e_{t-1} 包含了汇率的走势。

Mohanty and Klau（2005）对东南亚等 13 个经济体进行分析，发现这些国家的货币政策操作具有明显的汇率稳定的目标。

近年来，国内关于传统泰勒规则的实证研究随着市场利率化和汇率改革的步伐加快所引起的国内的货币政策中利率和汇率的联动性关系的研究进一步深化，大部分学者发现传统的线性泰勒规则机制不适用于中国的实际情况，而货币政策的非对称性可能源自宏观经济模型的非线性（Dolado，et al.，2005），或者中央银行的非线性偏好（Nobay and Peel，2003；Surico，2007a，et.），或者是由于两种原因共同作用（Surico，2007b）。在2005年汇改以后，汇率波动的幅度对国内货币政策的冲击效应明显，这也表明我国货币政策存在着区制性。在泰勒规则中引入区制间的转移特征就形成具有马尔科夫区制转换形式的泰勒规则，这是目前非线性泰勒规则研究的重点，代表有朱培金、金成晓（2013）运用对数平滑转换回归模型（LSTR）研究了包含汇率因素、多个资产价格因素的非线性泰勒规则及其在中国的适用性检验。其在研究中得出，与线性拟合相比，非线性拟合效果得以提升，这也表明非线性的泰勒规则似乎更适合中国的实际情况。之前美国的利率规则更多的是偏向于解释变量之间的线性关系，再有美国的市场化程度比较成熟，经济总体上处于比较平稳的状态，而中国经济变量之间波动性强，货币政策的波动性也强。因而，学者们在这些基础上，提出了非线性泰勒规则的概念，并尝试在非线性的泰勒规则中加入汇率因素，以表现经济全球化背景下，各国间的货币政策间的影响。

在开放条件下，在泰勒规则中加入汇率因素显然是更切合实际的，但由于我国存在资本管制和汇率未完全市场化，因而会影响国内货币政策的完整性。结合汇率改革的进程加速，有管理的浮动汇率制度是最终的选择，因而，在传统泰勒规则中考虑开放经济条件下，各国货币政策通过汇率机制相互传递是值得关注的问题，并且要想在开放条件下实现和封闭经济条件下泰勒规则一致的、只关注通胀目标的、稳定有效的泰勒规则要求会更高。

三、平滑的泰勒规则

传统的泰勒规则允许利率的大幅度调整，这显然不利于经济的平稳运行，长此以往会影响社会公众对未来利率的路径预期，增加不确定性。在现实中，货币当局的利率调整并不是一次性将利率水平调整至目标利率水平，而是一个利率平滑（Interest Rate Smoothing）运行的调整路径。

利率平滑的概念即各国中央银行在执行利率政策时都不约而同地采取了渐进式的调整方式，就是货币当局以实际利率作为货币政策中间目标，并通过控制短期名义利率使之沿同一方向逐步小幅变动，只在经济运行情况变化时通过微调利率的方式，向市场传达明确的政策信号，促使市场自动进行调整，这种调整利率的操作模式被称为“利率平滑”。“利率平滑”一词最初是用于描述最近十几年来国外基准利率变动的一个特征，即基准利率是趋向于在同一方向上、连续、小幅变动的，而相反方向的变动相对较少且间隔时间长。基准利率的变动之所以会表现出“平滑”的特征，是因为当货币当局所面临的宏观经济环境产生变动时，中央银行一般情况下会倾向于在同一方向上连续地以较小的幅度来调整市场基准利率，逆向调整基准利率的次数较少而且间隔时间长，进而影响利用资金的成本，从而达到调整经济运行状态、保持宏观经济环境的相对稳定、实现货币政策目标的目的。

初始的泰勒规则只是货币政策对通胀率和产出缺口的反应式，并没有将利率平滑调整考虑在内，也没有给出货币当局利率平滑调整的运行路径。Judd and Rudebusch（1998）考虑到美国联邦基金利率调整的渐进性与平滑性，将利率平滑调整行为引入泰勒规则，将泰勒规则原式扩展为包含利率平滑因素的泰勒规则。货币当局的利率平滑调整行为如式所示：

$$i_t = \rho i_{t-1} + (1-\rho)\, i_t^* + \xi \qquad (1-10)$$

其中，ρ 为利率平滑因子。完整的带有利率平滑的泰勒公式为：

$$i_t = (1-\rho)\,[r^* + \pi_t + \alpha(\pi_t - \pi^*) + \beta y_t] + \rho i_{t-1} + v_t \qquad (1-11)$$

其中，r^* 表示经济体中实际均衡利率水平，π_t 为当期通货膨胀水平，π^* 为目标通胀水平即经济处于充分就业的潜在产出水平下的通货膨胀水平。y_t 为产出缺口，α，β 均为大于零的系数。它表明利率的调整与当前的、过去的经济变量都有关。Levin，Wieland and William（1998）通过利率平滑机制，发现利率具有滞后反应的特点。Sack（1998）估计了泰勒规则的反应系数，发现滞后利率项的反应系数为 0.63，说明美联储利率机制具有显著的惯性。Orphanides（2001）发现，无论采用实时数据还是滞后数据，利率平滑都十分显著。Clarida（1998）通过引入预期因素并建立数理模型，对利率规则进行了理论推导，在多个国家的实证研究中均发现了泰勒规则的利率平滑特征。含有利率平滑的泰勒规则说明了利率规则具有滞后性，这意味着“前”利率会影响“现”利率。因此货币当局会避免经常性地改变利率运动方向，而总是试图使利率的运动路径平滑化。

然而，有学者对平滑化的泰勒规则也存在着质疑。目前，对泰勒规则的检验并没有直接证明政策惯性的确存在，如何甄别利率平滑是央行的政策行为所致还是模型的缺陷设置所致，都不得而知，值得进一步讨论。最早提出质疑的是 Rudebusch（2002），他在文章中指出，模型的自相关扰动项对于货币政策的利率规则方程的估计产生的影响被忽略了。在利率期限结构理论的框架下，Rudebusch 发现，引入利率平滑的泰勒规则对利率调整的预测大大超出了实际数据的预测能力。因而，可以得出结论：在泰勒规则中引入利率滞后项与央行是否进行利率平滑的操作之间没有必然的联系，利率的滞后项只可能是由系列相关的外生性冲击（信贷恐慌、股票市场崩溃、国际金融危机和生产率发生变化等实际生产力因素等）的惯性所引致。Gerlach－Kristen（2004）进一步指出，经验估计时如果把预期通货膨胀和金融市场的风险升水考虑进去，平滑化的泰勒规则的滞后利率参数将会下降，货币政策将以更快的调整速度来响应外在的经济冲击，因而利率平滑效应很大程度上来源于观测到的变量。Rudebusch（2005）从最优货币政策的视角对央行平滑利率的原因进行了进一步的分析，在他看来，形成货币政策的预期机制、降低利率的波动性以及对数据和模型的不确定性做出最佳反应这三个因素都不足以证明利率平滑效应的存在。事实上，央行对于泰勒规则的平滑化倾向不只是简单的对利率的调整不能够实现及时快速的调整，央行作为货币政策的制定者和施行者，会在政策决策时对一系列有关的、能观察到的因素进行考虑和评价，而不仅仅是对产出和通胀做一个简单的反应，因而，在泰勒规则中把过去的影响因素加入到上期的利率变量中去是值得商讨的问题，另外，Welz and Osterholm（2005）认为，利率平滑可能是估计出来的政策方程未被正确定义所带来的结果。如果利率规则仅仅考虑通货膨胀和产出缺口两个因素的反应函数，而忽视其他可能对利率水平的形成有一定影响因素的变量因素，这样就可能会在利率平滑的过程中把其他信息通过利率平滑参数提取出来，因而在对平滑的利率规则的检验中，难以确认到底是利率存在的平滑趋势，还是因为存在序列自相关的问题。总之，对利率平滑化的质疑主要是存在于到底是来自于政策的平滑化倾向，还是由于模型存在的自相关问题把相关因素杂糅在利率规则中的平滑项内，这是个值得探讨的问题。

四、前瞻性泰勒规则

前瞻性泰勒规则在原有的理论基础上创新性地引入了预期因素。过去，货币当局可以根据近期经济形势灵活应对实际经济问题，但由于价格粘性等因素会导致货币政策传导受阻，即“相机抉择”的货币政策往往会引起较大的经济波动。因此，现在，货币当局会根据经济预期来制定相关政策。Clarida，Gali and Gertler（2000）将泰勒规则加入了通货膨胀预期因素，更改后的泰勒规则表达形式如下：

$$i_t = r^* + \pi_t + \alpha E\left[(\pi_{t,q} \mid \Omega_t) - \pi^*\right] + \beta\left[E(x_{t,k} \mid \Omega_t)\right]$$

其中，i_t为目标名义利率，π_t 为当前的通货膨胀率，r^* 为经济实际均衡利率，$x_{t,k}$表示 t 期到 t+k 期的产出缺口的平均值，$\pi_{t,q}$为 t 期到 t+q 期的通货膨胀率，Ω_t 为时间 t 的信息集，E（.）表示预期。在泰勒规则原式下，货币当局依据近期的产出和通胀与各自目标值的偏离设置下期利率。而前瞻性泰勒规则则是货币当局在考虑预期因素所导致的结果的情况下对这些变量做出反应。

在泰勒规则中加入预期因素的主要原因在于，传统的泰勒规则以当期的经济变量作为利率规则的主要影响因素，而没有考虑到在政策制定和实施过程中所发生的预期因素，即央行在制定货币政策时更多基于对未来宏观经济的预测。由于价格和工资的刚性，金融市场中存在的摩擦以及金融市场传导的不畅通，从央行采取政策措施到有关经济变量，如工资收入发生变动需要一定的时间间隔从而引起了货币政策的时滞性问题，货币政策本身存在的时滞性问题使得前瞻性的货币政策成为可能。

然而，仅仅附加预期因素的前瞻性泰勒规则的前提假设比较强，如假设名义利率迅速对目标利率做出调整，而忽略了央行在利率调整过程中的平滑倾向。另外，假定利率变化完全是内生的，仅仅反映了央行对通货膨胀和产出的系统性变化，而忽略了其他因素对利率变化的影响。同时，由于央行在考虑货币政策的调整时，尤其关注其变化对市场和经济产生的影响，因而不可能突然改变利率水平的潜在路径，而是实现对利率的渐进式调控，从而实现利率的平滑过渡，在前瞻性的泰勒规则中进一步加入平滑化的实施方法。平滑的过程如下式：

$$i_t = \rho i_{t-1} + (1-\rho)\ i_t^* + v_t \qquad (1-12)$$

其中，系数 ρ 表示平滑因子，代表的是央行在针对过去利率因素的提取信息因素。将其代入到前面前瞻性的泰勒规则公式内，则可以得出封闭条件下完整的前瞻性泰勒公式，即综合利用有关过去的信息和对未来的预期的信息因素。公式如下：

$$i_t = C + (1-\rho)\left[\alpha E(\pi_{t,k} \mid \Omega_t) + \beta E(x_{t,q} \mid \Omega_t)\right] + \rho i_{t-1} + \xi_t \quad (1-13)$$

$$C = (1-\rho)(r^* - \alpha\pi^* + \pi_t)$$

其中，r^* 表示经济体中实际利率的水平。C 是一个基于经济中长期趋势指标（长期实际利率和长期通货膨胀率）的货币政策反应函数截距项，ξ_t 是无偏误差的线性组合，代表了公式中未能观察到的因素和随机误差项的影响。

另外，随着市场经济不断完善和全球经济一体化的趋势不断加强，仅仅研究封闭条件下的泰勒规则延伸形式而忽视汇率等国际影响因素，是不合理的，因而有学者尝试结合国内的实际情况不断对泰勒规则进行中国式的推演，结合汇率因素在内的开放条件下的前瞻性泰勒规则形式如下：

$$i_t = r^* + \pi_t + \alpha\left[E_t(\pi_{t,k} \mid \Omega_t) - \pi^*\right] + \beta E_t(x_{t,q} \mid \Omega_t) + \gamma E(e_{t,r} \mid \Omega_t) \quad (1-14)$$

其中，$E_t(\pi_{t,k} \mid \Omega_t) - \pi^*$ 表示在第 t 期可以获得的关于从第 t 期到第 t+k 期的通货膨胀缺口值，$E_t(x_{t,q} \mid \Omega_t)$ 表示从第 t 期内可以获得的关于从第 t 期到 t+q 期的产出缺口预期值，$E(e_{t,r} \mid \Omega_t)$ 表示在第 t 期根据可获得的信息对未来 t+k 期汇率水平的预期值，再考虑利率平滑的因素，$i_t = \rho i_{t-1} + (1-\rho) i_t^* + \xi$ 将其带入前面前瞻性泰勒公式内，可以得出完整的开放条件下前瞻性泰勒规则：

$$i_t = C + (1-\rho)\left[\alpha E(\pi_{t,k} \mid \Omega_t) + \beta E(x_{t,q} \mid \Omega_t) + \gamma E(e_{t,r} \mid \Omega_t)\right] + \rho i_{t-1} + \xi_t$$

$$C = (1-\rho)(r^* - \alpha\pi^* + \pi_t) \quad (1-15)$$

与封闭经济条件下的情况相似，仅仅是在公式内加入有关汇率的预期因素，这样就得到了完整的附加平滑趋势的前瞻性泰勒规则。

在 Clarida 等学者首先提出前瞻性泰勒规则研究后，又有很多学者在这个基础上丰富这个理论原则。Svensson（1998，2004），Giannoni and Woodford

(2002)，Giannoni (2006) 构建了包含汇率因素的货币政策规则模型，发现引入汇率的泰勒规则较原式能有效降低通胀的波动幅度。后来，又有学者进一步研究发现，在加入复杂的经济结构模型的基础上附加预期的前瞻性泰勒规则表现得不如简单的泰勒规则的效果明显，并且随着经济结构模型的各种不确定因素，使得该框架内的前瞻性泰勒规则表现出了不稳定性。Svensson and Williams (2005) 利用马尔科夫线性模型将不确定性因素合并在一个因素内，考察了带有前瞻性变量的政策反应函数，从而为复杂条件下充满不确定性因素的模型制定最优货币政策规则提供了一种科学的、可借鉴的方法。

对于前瞻性的泰勒规则的理论研究，在国内一直只是借鉴国外学者的研究，在这个基础上加上中国特有的实际市场条件和政策环境进行跟进研究。但对于前瞻性的泰勒规则的检验则和传统泰勒规则的检验一样，数量较多，而且大致上都能得出两种不相容的对立结果。赵金文和黄彦 (2006) 利用前瞻性经济结构模型和非二次福利函数方式设定的目标函数，测定了我国最优的非线性货币政策反馈规则。张岐山，等 (2007) 通过构造前瞻性利率反应函数，对中国的货币政策进行实证分析，发现包含前瞻性预期的利率反应函数能较好地描述包括中国金融市场的同业拆借利率、存贷款利率和两者利差的走势。张代强，等 (2008) 采用基于分位数回归的方法对前瞻性的利率规则实施变系数的检验，结果显示产出缺口、通胀系数和货币增长率的反应系数都大于零。通过分位数回归的方法，可以突破过去对于泰勒规则检验的反应系数为固定不变的常数的缺陷，从而通过不同分位数下不同的反应系数的方法来贴合我国市场经济转轨期间各种政策的变化性问题。王少林 (2015) 则通过双重时变的泰勒规则的实证检验来凸显在我国货币政策利率规则中的政策不对称性和央行对各个目标反应的不对称性问题，从而更加贴合实际情况。郭万山，等 (2015) 以 GDP 增长率缺口代替产出缺口重新对泰勒规则进行估计，结果表明，利率反应函数的估计效果得到了明显改善。从预测的误差来看，后顾性的利率反应函数的预测结果更接近于真实的名义利率，而前瞻性模型的预测能力较差。这充分说明了中国货币政策的调整持审慎态度，在一定程度上也更容易被公众预期到其政策的导向。这也使得货币政策的执行更具有可预测性，一方面提高了公众对于央行货币政策的预期准确性和可靠性，从而更好地引导公众的合理预期，增强货币政策的透明度和公信力，但另一方面也限制了央行的相机抉择的能力。

五、引入资产价格的泰勒规则

央行既要控制消费价格的通胀，又要控制资产价格的通胀。引入资产价格的泰勒规则表达式为：

$$i_t = r^* + \pi_t + \alpha(\pi_t - \pi^*) + \beta(y_t - y^*) + \Phi(s_t - s^*) \quad (1-16)$$

其中，s_t 为资产价格指数的对数，s^* 为资产价格指数的目标值。

在传统的泰勒规则及前面介绍的几种扩展的泰勒规则公式内，货币政策的反应函数只着重考虑了有关产出缺口和通货膨胀缺口，另外加上了汇率因素，但是没有将资本市场的波动变化因素考虑进去，然而完整的市场经济体系，既包含有关产出、通胀和汇率等实体经济层面的信息，又包含资本市场内资产价格波动等虚拟经济的变化因素，因而，在泰勒规则内加入资产价格因素可以更加全面地考虑有关经济波动的影响因素，从而对完整的货币政策规则的构建和实施有一定的积极作用。就中国的实际情况来看，由于我国的资本市场体系不健全，改革进程仍然在继续，因而在我国通过资本市场来影响货币政策的传导机制也不是十分畅通有效，阻碍着货币政策利率规则的有效实施。在通货膨胀方面，央行不仅要控制消费价格的通胀，而且要控制资产价格的通胀，况且，就各国央行操作的实际经验来说，资产价格内的通胀引起的泡沫经济带来的破坏和影响比在实体经济内消费价格的通胀所引起的破坏和不稳定因素更严重，因而有必要在政策的反应上对资产价格投入更多的关注。考虑央行在政策调整中的利率平滑操作倾向和对未来信息的预期的前瞻性，综合包含资产价格因素在内，可以得出扩展后的引入资产价格的泰勒规则：

$$i_t=\rho i_{t-1}+(1-\rho)i_t^*+v_t \quad (1-17)$$

$$i_t=r^*+\pi_t+\alpha E[(\pi_{t,q}|\Omega_t)-\pi^*]+\beta[E(y_{t,k}|\Omega_t)]+E(\gamma s_{t+r}|\Omega_t) \quad (1-18)$$

公式（1－17）表示利率的平滑化行为，主要是央行为了避免名义利率的剧烈变化给市场造成的不稳定和维护自己的信誉而一步步渐进式地改变名义利率使其逼近目标水平值。公式（1－18）考虑在泰勒规则内引入资产价格信息的同时，还关注预期的信息值，得出前瞻性的带有资产价格信息的泰勒规则。

将公式（1－18）代入公式（1－17）可以得出完整的包含利率平滑化的引入资产因素的前瞻性泰勒公式：

$$i_t=C+(1-\rho)[\alpha E(\pi_{t,k}|\Omega_t)+\beta E(y_{t,q}|\Omega_t)+E(\gamma s_{t+r}|\Omega_t)]+\rho i_{t-1}+\xi_t \quad (1-19)$$

其中，$C=(1-\rho)(r^*-\alpha\pi^*+\pi_t)$，$r^*$为经济体中实际均衡利率的水平。

因而，公式（1－19）为完整的引入资产价格因素在内的前瞻性泰勒规则，同时兼顾了央行的利率平滑倾向行为。

然而，也有学者研究表示，引入资产价格因素对于泰勒规则的稳定性影响较小，只是将一些不太明显影响因素找出来，相比传统的泰勒规则来说，整个加入资产价格因素的泰勒规则的表现和原始的泰勒规则的实际效应差不多，仅仅是将模型中一些自相关解释变量中的因素提取出来而已。Bernanke and Gerlter（2001）研究认为资产价格的冲击对利率的影响已经包含在通货膨胀中，泰勒规则只有微弱的稳定性改变，因此，央行没有必要将资产价格变量引入泰勒规则中。Valente et al.（2003）运用扩展的泰勒规则通过实证研究，认为资产价格应该包含在货币政策中。Siklos（2004）则认为，应将资产价格作为前瞻性的和基于预期的工具变量而非目标变量引入泰勒规则中。后来，又有学者在新凯恩斯主义的假设条件下建立了一个宏观经济模型，并通过模型检验找出适合的货币政策利率规则，但过于复杂的模型假设条件反而限制了泰勒规则的稳定性作用，加入宏观模型后推导出来的最优泰勒规则，并没有表现出比原始泰勒规则更优，仅仅修正了部分系数。袁靖（2011）在研究中通过在宏观经济模型中加入股票价格和其他相关资产价格因素来推导最优的利率规则时发现，我国央行在考虑货币政策规则时，对通货膨胀和产出缺口的关注过多，而不重视资本市场重大波动的实际情况。李涛，等（2011）也通过考虑资产价格的前瞻性泰勒规则检验发现，资产价格因素的前瞻性泰勒规则更加贴合我国利率走向的实际，资产价格对市场利率存在着正向的影响，而市场利率对资产价格的反应不明显，建议将资产价格作为内生性影响因素纳入央行的利率规则之中。

六、非线性泰勒规则

简单的线性泰勒规则是在中央银行损失函数为对称的二元函数，以及总供给函数为线性条件下的最优政策规则。然而，由于现实经济条件具有时变性，不仅仅货币当局的损失函数的参数会随着经济条件的不断变化而相适应变化，具有理性预期的理性经济人也会针对未来具体经济环境的变化形成对货币政策规则的不同预期，并且贴现到现期的规则方程内，从而对未来的经济变化形成自己的预期和评估，而基于预期的变化，央行的货币政策的效果会产生非对称性的变化。同时，针对在现实经济中存在的不确定性变化因素，中央银行的相关目标变量也会发生偏移，预先设定的区间发生偏移反应。如果央行在损失函数中对不同的通货膨胀缺口和产出缺口赋予不同的权重，即对不同的经济环境给予不同的关注度，那么原先假定在泰勒规则中的通胀缺口和产出缺口的权重系数为固定值的线性泰勒规则似乎不符合央行的政策执行的实际情况，因而，针对央行对产出缺口和通胀缺口的非对称性反应和央行政策的非线性偏好实际情况的非线性泰勒规则似乎更贴合实际。

针对非线性泰勒规则的模型设定，国内学者分别从不同角度进行了实证检验分析。中国人民银行营业管理部课题组（2009），郑挺国和刘金全（2010），张小宇（2012）等人分别采用了平滑转换模型和门限自回归模型进行了相关的实证检验研究。其中，平滑转换模型允许回归参数在两个机制之间逐渐变化，而门限自回归模型主要假设央行的货币政策对产出和通胀存在着明显的门限效应，如何鉴定门限的阈值是决定非线性泰勒规则参数的重点。同时，在他们的研究方法里，都假定了转换机制是内生的，因而可以作为提供央行非线性政策行为的内在经济动机。通过实证分析检验，他们基本上都得出了相似的结论：即认为我国的货币政策规则具有明显区制转换特点，不同的区制反映了利率对通胀和实际产出的不同政策反应关系，货币政策规则的不同区制反映具体表现为在不同区制内，央行货币政策规则即利率调节因素对通胀和产出的关注与调节存在着非对称性的影响。

在这个基础上，刘杰，等（2014）针对有关学者对于简单的针对利率对通胀缺口和产出缺口非线性反应，而忽视了有关利率和资产价格因素在内的诸多其他因素的问题，提出了包含资产价格的上升和下降两个区制以及汇率的强势和弱势两个区制在内的有关人民币汇率、资产价格与利率规则的区制转换效应，他们采用的是马尔科夫区制转换向量自回归模型进行的建模分析。研究发现：我国的利率对人民币汇率变动和以房地产为代表的资产价格变动存在着明显的区制转换效应。也就是，当房地产价格较高即房价处于高区制时，利率上升的幅度要大于房地产价格处于低区制时的上升幅度。虽然，包含这两个被忽略的因素，但这两个因素应该被包含在非线性的泰勒规则中，针对设定转换机制为内生性的问题，程建华，等（2015）则采用了具有马尔科夫转换机制的区制变化的非线性泰勒规则进行了实证检验，把转换机制设定成外生的随机因素，从而更好地描述了政策规则本身所具有的不对称性特征。研究结果表明，运用利率规则型的货币政策对通货膨胀存在着明显的两区制状态：积极区制和消极区制。积极区制内，名义利率的调整幅度大于通货膨胀的上升幅度，使得实际利率上升，总需求下降。而在消极区制内，名义利率的调整幅度小于通货膨胀的上升幅度，从而不能达到有效抑制通货膨胀持续上升的目的。

第三节　伊文思规则

伊文思规则是美联储最新实施的利率规则，它的突出特点是用经济指标代替了具体的时间，维持 0—0.25%的联邦基金利率不变。在伊文思规则中，其前瞻性引导采用定量经济指标失业率及通货膨胀率代替具体时间作为未来提升超低利率的临界值，强调经济衰退之后的复苏阶段，在相对长的时间内维持超低利率才是最优决策。在美联储货币政策实践上，美联储 FOMC 会议进一步修订了泰勒规则，在新的前瞻性引导中，确定了采用预定经济指标及其临界值以取代原定的具体时间——2015 年年中作为未来上调利率的新规则。由于该规则由芝加哥美联储总裁伊文思（Charles Evans）最早提出，所以也称为“伊文思规则”。自 2008 年 12 月份以来，美联储常规货币政策工具联邦基金利率趋近于零，此时，由于常规公开市场操作已无法向金融市场传递货币政策调整的信号，因此，美联储开始采用量化宽松手段QE及前瞻性引导沟通手段继续刺激经济。在前瞻性引导方式中零利率水平可能延续的时期，美联储于2012年12月在FOMC会议上决定在其前瞻性引导中采用通胀预期和失业率作为利率决策阈值的伊文思规则。以经济指标作为提升零利率的临界值，包括失业率大于6.5%，未来1—2年内通货膨胀率预期小于2.5%，并且稳定。伊文思规则通过监测一些经济指标，设定一定的临界值，若所选择的经济指标超过设定的阈值，则美联储可以实施提升零利率的货币政策。但这并不意味着只要经济指标超过某一阈值时，美联储就立刻采取行动改变货币政策导向，而是要将货币政策的时滞和宏观经济运行的最大容忍程度考虑在内，采取循序渐进的方式实施利率规则，稳定人们的预期，从而减少对市场的冲击，实现宏观经济的平稳运行。伊文思规则可以表示为：

$$i_t = 2 + \pi_{t+1} + 0.5\ (\pi_{t+1} - 2.5)\ + 2.0\ (6.5 - U) \qquad (1-20)$$

由上式可看出，修订版泰勒规则已将通货膨胀目标从长期目标值2%改为近期上限值2.5%，但并未明确表述，而伊文思规则却做了明确表述。此外，伊文思规则的反应函数属于一种分段函数，且带有一定的模糊性，其表达式反映了当失业率和通胀率指标未超过美联储规定的阈值时，美联储将维持零利率。传统的和修订版泰勒规则采用历史数据；伊文思规则采用未来1—2年通货膨胀预期数据，具有前瞻性。此外，伊文思规则通过采用经济阈值指标，突破了传统泰勒规则对零利率下限的约束。

第四节　最优利率规则

一、最优利率规则理论溯源与最新热点问题

最优利率规则（Optimal Interest Rate Rules）是货币当局以短期利率作为货币政策操作工具，在经济结构制约下，通过操作货币政策利率，引导政策目标向最优状态移动的时间演化路径。最优利率规则理论科学地发展了利率规则理论的合理内核，构筑了坚实有效的微观基础。所谓“利率规则”是指中央银行将短期利率作为主要宏观经济变量，如产出缺口与通货膨胀率等的内生反应函数，以此通过货币政策操作调控宏观经济时所遵循的规则。然而，利率规则普遍存在一个缺陷，那就是无法克服规则形式是预先设定的，这导致研究结论并未完全遵循科学性和稳健性要求，削弱了理论预测宏观经济运行状况的可信度。也就是说，货币当局作为利率规则的制定与实施主体，只有当货币政策目标变量实际值与目标值相等时，利率规则才能有效地保证实现货币政策目标稳定。但是，当货币政策目标变量实际值与政策目标不一致时，利率规则稳定货币政策目标的效果将大大降低，并且两者的不一致程度越大，利率规则稳定货币政策目标的效果越差。两种规则理论的最大区别是：最优利率规则将理论建立在个人的最优化行为这一坚实的微观基础之上，从这点出发进行推导，规避了缺乏微观基础的不足。因此，最优利率规则理论成为这门“科学的艺术”的核心。

关于利率规则的研究由来已久，最早可以追溯至奥地利学派的维克赛尔。

最初的理论研究认为，央行控制的利率在很大程度上决定了价格是否稳定，与此同时，金融市场上受其他因素影响的自然利率水平也会对价格水平产生较大影响。经济均衡必须通过银行调整利率才能实现。维克赛尔由此提出了简单利率规则，即银行为了使实际利率与自然利率保持一致，应该主动进行利率调节。① 然而，自20世纪80年代以来，各国货币当局在实践中却纷纷以存款准备金率、货币供应量作为货币政策工具变量；理论界关于最优政策规则的研究却仍集中于以货币供应量为操作变量，造成利率规则研究的断层。到20世纪80年代末，经济全球化方兴未艾，金融自由化席卷全球，导致各国发行的货币量与实际经济的联系日渐减弱。经济发达国家的货币政策由于受到货币主义实验失败、利率市场化水平提高等因素的影响，其政策调控方式重新转向以利率为中心的价格型调控，直至1993年泰勒提出著名的泰勒规则，② 适逢当年美联储将货币政策中介目标从货币供应量转变为联邦基金利率，货币供应量从此不再担负主要调控手段的职责，在此背景下，利率规则开始受到学术界的广泛关注，在泰勒规则基础上进行理论修正和衍生的研究成果相继涌现。当短期利率替代货币供给量作为货币政策工具变量后，研究者们沿着两个方向进行了大量有成效的探索：非预期的利率规则冲击对非政策经济变量的影响；最优利率规则特征等。Taylor（1999）检验了英美两国1962—1999年的经济数据，实证结果与泰勒规则基本吻合。③ McCallum（2000）运用1972—1998年日本、1962—1999年美国、1962—1999年英国经济数据实证检验了泰勒规则的适用

---

① Wicksell K. The Influence of the Interest Rate on Prices [J]. The Economic Journal，1907（17）：213—220.

② Taylor J B. Discretion Versus Policy Rule in Practice [J]. Carnegie - Rochester Conference Series on Public Policy，1993（39）：195—214.

③ Taylor J B. An Historical Analysis of Monetary Policy Rule [M]. Chicago：University of Chicago Press，1999.

性，认为泰勒规则对某一指定的政策工具的依赖性比目标变量的依赖性更大。Clarida，Gali and Gertler（1997）在泰勒规则的基础上最早提出了理性预期的泰勒规则，并在IS－LM模型的粘性价格和理性预期版本分析框架内对这一规则展开了研究。① Judd and Rudebusch（1998）以及Nelson（2000）综合运用多种经济分析方法，先是分析了货币的历史数据，随后将数据带入相应公式，进而估算了中央银行利率政策的反应函数。② Svensson（2000）和Lawrence Ball（2000）创新性地将汇率引入泰勒规则中，使讨论的重点从封闭经济体转移到开放经济体，他们研究的问题是一个外向型开放经济体应制定怎样的货币政策规则（主要指利率规则）。其理论表明，汇率水平的变动也可以决定利率水平的高低。③ 然而，上述两种分析方法都无法克服利率规则是事先设定的这一缺陷，因而，最终的讨论结果并不尽如人意。正是在这样的背景之下，Woodford and Giannoni（2003）提出了最优利率规则理论。

以下是最优利率规则研究的热点问题。

第一，最优利率规则与通货膨胀。大多数文献对最优利率规则概念的界定为，在开放型经济体的价格粘性模型中能够对所有类型的冲击进行反馈的利率规则。上述经济冲击主要有供给冲击、需求冲击和实际汇率冲击等。Calvo（2007）对包含通货膨胀稳定性的最优利率规则进行了研究，究竟怎样的利率规则能够抑制通胀而不会引起不必要的成本，从而实现利率和通货膨胀率之间的均衡？Calvo以一个小型开放经济体作为研究对象，实证检验了通货膨胀是

① Clarida R，Gali J，Gertler. M. Monetary Policy Rules and Macroeconomic Stability：Evidence and Some Theory [J]. Economics Working Papers，1997，115（1）：147—180.

② Judd John P，Glenn D Rudebusch. Taylor's Rule and the Fed：1970—1997 [J]. Federal Reserve Bank of San Francisco Economic Review，1998（3）：3—16.

③ Lawrence Ball. Policy Rules and External Shocks [R]. Working Papers Center Bank of Chile，2000：791.

可以通过提高利率水平得到较好控制的。① 而 Surico（2007）将视角缩小到美国，在非对称偏好理论的基础上，研究了美联储的货币政策规则与美国国内通货膨胀的关系，其论证结果与 Calvo（2007）的结论基本一致。Giannoni（2014）认为，如果货币政策会受到利率规则的约束，而这些规则又会对通货膨胀或价格水平进行反馈，那么价格水平的稳定性将对货币政策效果产生重要影响。Giannoni 在一个简单的前瞻性模型中比较了简单泰勒规则与价格水平的目标规则（维克赛尔规则）。结论显示，维克赛尔规则在政策效果、冲击过程中的稳健性等方面优于泰勒规则，并且较少受到均衡不确定性的影响，近似于一个最优规则。② 国内学者也针对我国的具体国情展开了探讨。崔百胜（2008）构建了一个货币均衡的数量理论模型，同时分析了货币政策在货币供应量和名义利率两个方面的变化，以及不同外部冲击对货币政策规则的影响。本书分析了提高短期利率是否能够降低通货膨胀率的问题，并且得到了肯定的答案，即无论从理论还是政策实施操作实践上看，利率规则在我国货币当局管理通胀中都产生了好的效果，是当前中国货币政策规则的不二选择。③ 孙音（2011）试图构建我国的通货膨胀目标制体系，并且在流动性过剩的基准线性理性预期（LRE）模型框架内对中国通货膨胀目标制的稳健最优利率规则进行了实证检验和冲击响应分析，以期实现央行承诺的预期通货膨胀目标。研究结论表明：我国通货膨胀同时存在后顾性、适应性预期和前瞻性理性预期的动态

① Guillermo A. Calvo. Interest Rate Rules, Inflation Stabilization and Imperfect Credibility: The Small Open Economy Case [R]. NBER Working Paper No. 13177, June 2007.

② M. P. Giannoni. Optimal Interest - Rate Rules and Inflation Stabilization versus Price - Level Stabilization [J]. Journal of Economic Dynamics & Control, 2014, 41 (2): 110—129.

③ 崔百胜. 利率规则与通货膨胀：一个模型分析 [J]. 经济经纬，2008 (6)：153—156.

特征；短期名义利率对通货膨胀率和产出缺口的反应系数是流动性过剩的函数。①

第二，汇率波动与最优利率规则。利率调控不仅需要根据通货膨胀与产出的变动情况做出反应，还要对汇率变动做出相应调整。Benigno and Ghironi (2007) 建立了理性预期的宏观经济模型，研究表明，一个具有反馈机制的利率规则能够保证追随国固定汇率水平的稳定性，且该利率规则可以不依赖于传统的货币供给路径。Dobrynskaya (2008) 发现，利率对实际汇率冲击的最优反馈是与不完全汇率传递效应正相关、与价格粘性负相关的。因此，最优货币政策应该以受正面或负面冲击而有所区分：面对本币升值的通缩冲击，可以进行利率微调；而面对通货膨胀冲击时，由于价格粘性，利率需要更大幅度的调整。这一理论模型与美国货币市场实践中美联储的非线性货币政策相一致，即利率对美元贬值的反应比对美元同比例升值的反应更大。最优利率规则在汇率动态决定过程中的作用也是研究的新趋势。泰勒规则提出后，汇率是否应该以独立变量纳入泰勒规则、如何纳入以及应该在其中发挥什么作用，成为颇具争议的问题。李成，王彬，等（2010）在 Svensson（1997）和 Lawrence Ball (1998) 模型的基础上，建立了涵盖多个非有效资产市场的动态宏观经济模型，其理论推演得出，中央银行货币政策反应函数即最优利率规则。李成，王彬，等（2010）认为，当资产价格（主要是房地产价格和股票价格）以及汇率发生变动时，利率也应该随之进行调整。上述对中国的实证结果表明，中国人民银行的货币政策调控基本上是遵循利率规则行事的，我国利率调控的主要作用范围是通货膨胀和产出水平，由资本市场价格和汇率变化引起的利率政策调整相

① 孙音. 流动性过剩、最优利率规则与通货膨胀目标制：对中国货币政策的检验与冲击响应分析[D]. 大连：东北财经大学，2011.

对较少，利率反应系数不显著。① Engel and West (2006) 探讨了货币政策内生性对汇率决定的作用，并将泰勒规则运用于美国—德国的汇率实践，从中推导出汇率方程。②

第三，纳入资产价格的最优利率规则。当今全球资本市场中，金融资产在总体数量上持续增加、在结构层次上愈发繁杂。资产价格的巨幅变化对实体经济的冲击不止局限于某个资本市场内部，严重的冲击甚至波及了整个金融体系。美国次贷危机引起的金融海啸导致资产价格的波动效应备受世界各国关注。Kontonikas and Ioannidis (2005) 研究了在理性预期的开放经济模型中利率政策和资产价格之间的关系。他们认为，通过利率政策对资产价格偏离内在价值部分进行调整，可以降低宏观经济的波动性。③ 因此，将资产价格因素纳入制定最优利率规则考虑范畴显得尤为必要。进一步，Tsang and Sun (2014) 在 Iacoviello and Neri (2010) 的动态随机一般均衡（DSGE）模型基础上，深入探讨了最优利率规则对房地产市场的溢出效应。由于房地产市场具有溢出效应，为了实现宏观经济稳定，利率规则不仅要对通货膨胀和产出增加有所反应，而且更重要的是，还应该将房价上涨因素纳入规则范围内。Tsang and Sun 检验了通货膨胀、劳动力价格上涨、产出增加、名义利率上升等不同情况下的最优利率规则，并将评估规则与最优规则的政策效果进行比较。结论显示，即使稳定房价并非政策制定者的目标，将房价上涨纳入利率规则考虑范畴的利率政策仍然能够将政策制定者的损失降到最低，进而优于不考虑房价波动

---

① 李成，王彬，等. 资产价格、汇率波动与最优利率规则 [J]. 经济研究，2010 (3)：91—103.

② Engel C，K West. Taylor Rules and the Deutschmark－Dollar Real Exchange Rate [J]. Journal of Money，Credit and Banking，2006 (38)：1175—1194.

③ Kontonikas，Christos Ioannidis . Should Monetary Policy Respond to Asset Price Misalignments [J]. Economic Modeling，2005 (22)：1105—1121.

的利率政策，即最优利率规则应该能够反映资产价格的波动。① 由于动态随机一般均衡模型具有坚实的微观基础，因而，从该模型出发研究最优利率规则更具稳健性、准确性和科学性。钱喆（2012）提出了一个加入资产价格因素的动态封闭宏观经济模型，通过中央银行跨期损失函数，从理论上推导出中央银行纳入资产价格因素的最优利率反应函数。这一最优利率函数表明，当我国通货膨胀率每增加1%时，理论最优利率需要相应地提高1.38%，以应对通货膨胀率的上升。② 此外，Faia and Monacelli（2007）研究了不完全信贷市场条件下福利最大化的最优利率规则。Faia and Monacelli 认为，直接对资产价格波动做出反应可以优化或提升经济整体的福利水平。例如，当资产价格上涨时，最优的货币政策应是下调利率，且遵循线性的利率规则，积极的反通货膨胀政策总能使经济实现福利最大化。但货币当局如果采取积极的通货膨胀目标规则，福利收益便会消失。③

二、最优利率规则的理论模型与政策含义

（一）最优利率规则的理论模型及评价标准

进入20世纪90年代，主流经济学的研究基本将理性预期模型建立在以个人最优化行为为假设的基础上，新凯恩斯主义学派开始尝试构建用于货币政策分析的模型框架，将这一框架建立在传统菲利普斯曲线基础上。然而，即便如此，短期内由于受价格粘性影响，通货膨胀惯性效应显现，市场无法始终保持出清状态，产出缺口与通货膨胀之间存在交替关系。新凯恩斯学派以动态随机

---

① Kwok Ping Tsang, Xiaojin Sun. Optimal Interest Rate Rules in a DSGE Model with Housing Market Spillovers [J]. Economics Letters, 2014, 125 (1): 47—51.

② 钱喆. 纳入资产价格因素的最优利率规则研究 [D]. 南京：南京师范大学，2012.

③ Ester Faia, Tommaso Monacelli. Optimal Interest Rate Rules, Asset Prices, and Credit Frictions [J]. Journal of Economic Dynamics and Control, 2007, 31 (10): 3228—3254.

一般均衡的最优化方法，通过数理演绎研究家庭和厂商等微观市场主体的跨期优化问题，在市场出清前提下，将分别在信息、技术和资源等约束下通过一阶条件，从而得到整个框架模型，即 DSGE 模型。由于新凯恩斯主义模型在进行政策分析评价和最优政策推导中体现出优势，新凯恩斯主义经济学家于是利用 DSGE 模型研究最优利率规则以及货币政策的宏观经济效应。King et al. 将 DSGE 模型中的垄断竞争厂商均衡定价决策方程和最优消费决策欧拉方程进行泰勒规则线性展开，并取其一阶线性泰勒展开式，通过对 DSGE 框架的近似线性化将其发展为 LRE 模型，① 所得到的 LRE 模型在形式上更加简化，并且这一模型的建立使学者们研究不同约束条件下的最优利率规则成为可能，也使得运用简单模型向复杂情形进行扩展丰富时更加简便。

1. 基准 LRE 模型

基准 LRE 模型包括约束条件和目标函数。约束条件有下述 IS 曲线方程和菲利普斯曲线方程。

$$y_t = \vartheta_0 \ (i - E_t \pi_{t+1}) \ + E_t y_{t+1} + \xi_{g,t} \tag{1-21}$$

$$\pi_t = \lambda y_t + \beta E_t \pi_{t+1} + \xi_{u,t} \tag{1-22}$$

其中，$\xi_{g,t}$和 $\xi_{u,t}$服从白噪声过程表示的是模型内未能够包含进变量因素控制内的外在冲击因素。显然公式（1－21）和公式（1－22）反映了短期内暂时的名义价格粘性可以引起货币非中性这一思想。

基准 LRE 模型的目标函数考虑了均衡利率的二次损失函数，如果保证时间一致性标准，设贴现因子为 1，那么，目标函数可以表现为下述公式：

$$L_t = (\pi_t - \pi^*)^2 + \gamma_y \ (y_t - y^*)^2 + \gamma_i \ (i_t - i^*)^2 \tag{1-23}$$

① King R, Wolman A. What Should the Monetary Authority Do When Prices Are Sticky? [M]. In: Taylor, J. (Ed.), Monetary Policy Rules. Chicago: University of Chicago Press, 1999: 349—404.

y_t 为实际产出偏离均衡产出缺口的百分数，π_t 为通胀水平，i_t 为名义利率，y^*（$y\geqslant 0$）为产出缺口，目标 π^* 为目标通货膨胀水平，一般情况下简化为零，i^* 为名义利率的均衡值，参数 γ_y 是中央银行对实际产出偏离其目标水平的偏好程度，参数 γ_i 是中央银行对名义利率偏离其均衡值的偏好度。

2. 通货膨胀惯性的 LRE 模型

若将 DSGE 模型进行近似线性化，可以得到线性理性预期模型，这一模型是对新凯恩斯主义模型的简化。与基准的线性理性预期模型相似，考虑通货膨胀惯性的线性理性预期模型仍以理性预期和粘性价格为基本假设。二者的主要区别在于，价格水平存在惯性是基准的线性理性预期模型的假设条件，而考虑通货膨胀惯性的线性理性预期模型则假定价格增长率存在惯性。Giannoni and Woodford (2003) 提出了包含通货膨胀惯性的线性理性预期模型。通货膨胀惯性模型的菲利普斯曲线具有下面的形式：

$$\pi_t = \lambda y_t + \beta E_t \pi_{t+1} + \sum_{j=1}^{k} \delta_{b,j} \pi_{t-j} + \xi_{u,t} \tag{1-24}$$

其中，$\delta_{b,j}$ 都是通货膨胀惯性系数，反映了菲利普斯曲线的核心内容。β 值为私人贴现因子，反映了菲利普斯曲线理性预期特征。β 值与市场主体理性预期和前瞻性特征表现为同向变动关系，即 β 值越大，货币政策的前瞻性越强，通货膨胀预期的管理就越应该受到有关当局的重视。$\delta_{b,j}$ 的数值通常情况下为正数，体现了通货膨胀受惯性影响的大小，这也成为判断通货膨胀率滞后阶数的标准，即滞后阶数应选择 $k = k^*$，k^* 满足 $\delta_{b,j} > 0$（$j \leqslant k^*$），且 $\delta_{b,j} < 0$（$j = k^* + 1$）。$\sum_{j=1}^{k} \delta_{b,j} \pi_{t-j}$ 是衡量通货膨胀惯性的指标，$\sum_{j=1}^{k} \delta_{b,j} \pi_{t-j}$ 的数值与通胀惯性成正比。为了避免货币政策时滞，央行应尽量避免对货币政策进行调整，取而代之的应是加大对通胀惯性的治理。

3. 采取规则导向货币政策下利率波动频繁带来的经济成本

在规则导向货币政策下，在动态模型内加上了理性预期因素和适应性预期综合因素，因而，具有理性预期的经济主体在长期内对于央行坚持承诺的通胀目标持怀疑态度，就算央行在短期内能维持承诺的固定通胀目标（一般假设为零），但从长远动态经济运行的条件来看，央行始终会有破坏承诺转向相机抉择的动机，这时候央行势必会出现过于频繁操作利率等政策工具的政策行为，而具有理性预期的经济体和家庭会预期到央行的这个行为改变，从而实现了预期通胀的自我实现，虽然央行获得了改变承诺而相机抉择带来的短期政策收益，但从长远来看势必损害央行自身的信誉，同时加大了公众预期波动的不确定性，从而影响央行下一步的政策效果的作用。

利率的频繁波动会造成工具波动性经济成本，要解决这个问题就是要对利率的过度频繁变动实施惩罚来修正目标函数，比如说加入$(R-\theta-\pi^*)^2$，尽管这个办法会减少利率变动的变化幅度，但利率波动仍然很频繁，因而需要进一步修正目标函数，即令目标函数内包含$(\Delta R_t)^2$，这就使得利率变化产生了平滑作用，结合这两个方法可以构建新的政策损失目标函数：

$$L=\frac{1}{2}E\left[(\pi_t-\pi^*)^2+\gamma_y(y_t-y^*)^2+\eta(R_t-\theta-\pi^*)^2+\phi(\Delta R_t)^2\right] \tag{1-25}$$

结合之前的宏观经济模型主要包含的 Eulor 消费方程和后菲利普斯曲线方程就可以求解出模型的全部参数。

4. 最优利率规则的确定标准分析

最优利率规则的评价标准主要有三个：完全时间一致性最优标准、确定性标准和稳健性标准。

完全时间一致性均衡是一种理性预期均衡、一种稳态性均衡以及长期均衡，相对于相机抉择的短期均衡是一种占优均衡，但相对于长期最优均衡又是一种次优均衡，然而，长期最优均衡是时间不一致均衡，随着时间的变化最终会演变为相机抉择的短期均衡。

确定性标准指的是，在带有理性预期的预期算子的差分系统构成的均衡系统内，通过一系列的等价变换，最终带有预期算子的差分系统最后可以转变为一般的普通差分系统，消除预期因素的影响。在最优控制规则和惯性的泰勒规则之间，前者由于受制于研究者各自对于模型的设计和前提设置问题，使得不同模型设计差异反映到模型的确定性问题上来，相对而言，惯性的泰勒规则承接了经典泰勒规则的固定规则设计要求，因而在确定性方面也有着得天独厚的优势。

稳健性标准是衡量利率规则是否为最优化规则的主要指标之一。主要是指利率规则的各组成变量前的系数独立于外生随机扰动的统计特性。一般以各具体规则形式所引起的标准差的变化图来进行比较。

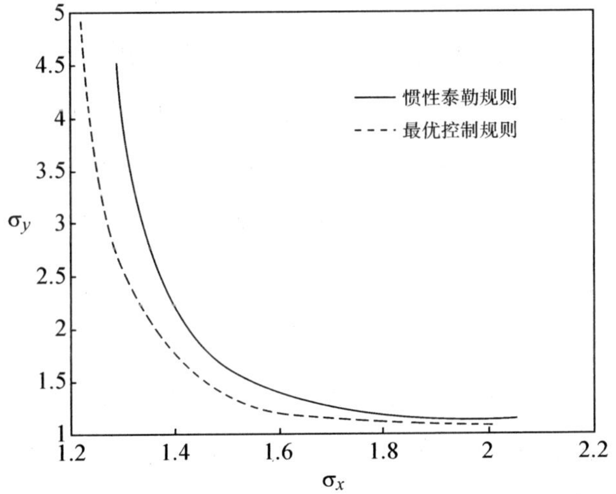

图 1－1　惯性泰勒规则和最优控制规则在 FRB/US 模型中的稳健性比较

注：葛奇．泰勒规则和最优控制规则在 FRB/US 模型中的稳健性比较——兼论耶伦新常态货币政策的利率路径选择［J］．金融研究，2015，399（9）：3—15．

John Williams (2003) 发现，通过对最优控制（最优利率规则）和泰勒规则两者之间的比较，尽管最优控制规则通过构建复杂的宏观经济模型，并试图把一切可以控制的和观察到的影响因素全都包含进模型内，但从模型的稳健性比较可以发现，用最优控制规则带来的目标变量（通货膨胀率和产量）稳定性方面作用甚微，从图 1－1 中引述的政策边界曲线图就可以看出这个结论。可想而知，在复杂模型内加入的各种信息并没有为最优利率规则提供多少有用的信息，而且很多都是与泰勒规则的几个景点目标变量之间相关联，另外，预期的作用存在使得惯性泰勒规则的反应函数具有双向传递作用。这样就弥补了提前设定固定系数的缺陷。

（二）最优利率规则在中国的适用性

最优利率规则的核心内容是把央行转化为一个具有社会福利损失函数的经济代理人，并且通过比较各目标变量对其目标值的偏离情况综合考虑社会福利的目标损失函数，在既定的社会条件下，通过央行的货币政策（主要是利率政策工具的变动）来实现社会福利损失函数的最小化目标。而要实现这一目标的前提条件是货币政策的传导作用没有受到任何阻碍，货币政策具有充分有效性，并且避免在国际部门开放的条件下存在的三元悖论问题。

以短期利率名义变量取代货币供应量作为货币政策的主要工具变量，这是新凯恩斯主义学派的主要政策主张，消费者最优的欧拉方程可通过对线性近似和泰勒级数展开的方法展开为线性形式，等价于传统的 IS 曲线方程，另外，在加入家庭部门和垄断厂商部门及中间产品制造商之后，通过最优化各自经济单位的决策行为最后推导出现代的菲利普斯曲线组成最优利率规则宏观经济模型的重要组成部分。从整体上来讲，完整的最优利率规则概念是在线性经济约束的条件下能够最小化社会福利损失效用函数的利率规则。尽管最优利率控制规则是在针对泰勒规则形式过于简单的问题下和各参数简单设置的弊端下而发展起来的动态控制系统，但由于结合微观基础的新凯恩斯宏观经济模型在参数设计和模型信息量上过于复杂，同时，由于模型的设计也存在着诸多的不同，不同设计可能会直接计算推导出不同甚至相悖的结论，因而在引用复杂模型的同时，应该关注模型本身设计的科学性和信息的有益性问题，减少在模型内加入的个人主观判断因素，比如，像 DSGE 模型下的参数设定一般结合贝叶斯估计方法，主观设定因素比较严重，信服力降低。

在中国目前的经济环境下，实施最优控制的利率规则还不太现实。但不妨参考美国的综合泰勒规则和最优控制规则的方法，多参考一些政策操作规则，为解决在复杂的经济环境下对货币政策规则制定和执行带来的挑战有一定的借鉴意义。

就中国现实的状况，最优控制的利率规则主要面对的障碍有以下几点：

第一，利率传导机制不健全，利率作为政策工具的作用不明显。中国在很长一段时间内实行的都是利率管制政策，行政化决策的影响因素依然存在，利率并没有发挥作为经济体内货币市场资金流动、引导货币市场和商品市场衔接的导体作用，利率的变化很大程度上只是央行为了控制市场流动性和防止货币超发引起的通货膨胀高涨的手段之一，而并没有发挥在经济下行条件下刺激经济体复苏的实体经济内的刺激作用。

第二，利率市场化并没有彻底完成，货币政策的利率传导渠道并不通畅。在欧美发达国家，利率已经完成了高度的市场化，央行通过操控联邦基金利率等目标利率，能够作用于存贷款利率进而影响市场主体的行为，最终实现既定的政策目标。而在我国，虽然银行间利率拆借系统相对市场化程度较高，但并没有形成一套完整的利率传导机制，银行间拆借市场利率作为基准利率的作用并不明显，存贷款利率的上限虽然随着市场化的推进已经逐步放开，但并没有彻底形成与市场利率同步的存贷款利率形成机制，很大程度上存贷款利率依旧是央行规定的，并没有发挥存贷款市场供需方市场作用，因而，利率的市场化进程还是面临很严峻的考验。此外，我国的货币市场发育不够完善，缺乏对利率风险的对冲的金融工具和完善的金融市场，限制了我国利率的实际功效。最后，利率市场的主题对利率变动的敏感性不够，利率的变动并不能完全刺激相关的市场主体的经济行为，利率的传导机制作用因而也不可能得到充分发挥。

第三，货币政策的有效性问题。货币政策的有效性主要是央行通过控制调整短期政策变量，如利率，最后通过经济的传导机制影响到长期变量（长期利率），进而影响到实体经济活动，诸如投资和消费等，最终实现刺激总需求的目的。然而，由于货币政策时滞的影响，货币政策的有效性很大程度上受到国内的经济主体对货币政策变量的反应程度和中间环节的影响，在我国主要是国内积极财政政策刺激经济的同时所伴随的货币超发的问题，及民间不规范的金融市场秩序带来的金融机构的不稳定，如影子银行给经济带来的隐性风险问题。从货币主义学派的立场出发，央行的唯一目的就在于维持价格的稳定，避免过度波动的经济环境对市场主体造成的负面影响，因而，货币政策总体来说是无效的。但国内的学者多半坚持新凯恩斯主义学派的观点，认为货币政策与财政政策的配合才能实现最优的政策效果，在通过货币政策工具，如利率变动的作用下最终会传递至实体经济，从而影响到实体经济的运行发展。在货币政策有效性这个饱含争议的话题内，我们认为国内货币政策部分有效，但并不是如凯恩斯学派所说的那样完全有效。因而在实施最优控制利率规则时，也应该考虑国内的政策实施的实际问题。

第二章

利率规则的美国实践与中国理论研究

随着基德兰德和普雷斯科特（1977）将“时间不一致性”引入宏观经济学，对货币政策中“规则与相机抉择”的争论开始发生了变化。原因是“时间不一致性”本身是导致宏观经济出现不稳定和不确定的潜在根源。基于这些理论建议，关键在于如何找到一个既简单又易于理解的操作规则，以便公众能及时发现政策制定者偏离政策规则的行为。事实上，后金融危机时代，世界各国为实现经济复苏，尤其是欧美发达经济体的央行都采用了以泰勒规则为指导的货币政策调控，以此来稳定国内市场，缓解外界不利因素对国内经济的扰动。面对错综复杂的经济形势，中国何去何从？如何把握好货币政策调控的节奏、重点和力度，选择合适的货币政策操作规范势在必行。

第一节　美国的理论与实践

一、规则和抉择之争

关于“规则与相机抉择之争”由来已久，最早可追溯到银行学派与通货学派的讨论。其历史发展经过了下面几个阶段：一是金本位时期，但由于当时相机抉择的作用不大，因此两者间的争论较少；二是20世纪30年代的经济大萧条，使主张自由主义的经济学家极力反对相机抉择，引发了两者间的争论；三是以弗里德曼为首的经济学家通过对美国历史上经济波动的分析而赞同使用规则，然而大部分的凯恩斯主义经济学家则主张相机抉择；四是基德兰德和普雷斯科特提出了“时间不一致性”，之前相机抉择占上风的形势才得以扭转；五是泰勒提出泰勒规则。两者间的争论一直持续至今。单一规则提出者通货学派认为，货币供给是引起经济波动的直接原因，认为“货币管理政策应该具有自己特定的原则，而不是为了应付金融恐慌，这种原则能够通过固定的规则而加以衡量或调节”。但银行学派则认为，货币供给可以不受限于固定发行规则。20世纪初，相机抉择的货币政策占据上风。然而，其局限性随着时间的推移也逐渐暴露出来。西蒙斯重新发起了规则与相机抉择之争。与此同时，凯恩斯主义经济学家则大多主张相机抉择。他们认为逆向调节的政策可促进社会福利，而且尤为重要的一点是，现实情况下不可控因素太多会导致经济发生不可预测的波动，政府使用相机抉择政策可减缓这些冲击，至少能够在短期内保证经济不遭受巨大波动。如此一来，相机抉择似乎要优于规则。

（一）引入动态不一致性后的争论

在1977年之前的争论中，相机抉择似乎一直占据着主导地位。到1977年基德兰德和普雷斯科特提出了“时间不一致性”，这一形势才彻底扭转，进而引发了新一轮的规则与相机抉择之争。“时间不一致性”也称为“动态不一致性”，被认为是经济滞涨的根本原因。它是指政策当局在t时按最优化原则制定一项t+n时执行的政策，但这项政策在t+n时已非最优选择。巴罗和戈登在基德兰德和普雷斯科特的基础上，对货币政策中动态不一致问题做了详细说明。他们认为，动态不一致性造成政府初始时制定的政策并不像它所说的那样可信度不高。例如，就货币政策目标来说，实行低通胀是最优的，然而低通胀政策却是时间不一致的。如果最初个体有较低的通胀预期，那么政府通过相机抉择会实行高通胀以获取产出的额外收益。但由于公众的理性预期，他们预计政府的承诺不可信，此时他们就会将未来可能发生较高通胀的这一情况考虑进去，从而造成了高通货膨胀，但产出和就业没有任何改观，而这种局面又恰恰是货币当局的政策所导致的。因此，巴罗等人就提出必须使用规则的货币政策以提高政府的信誉，从而保证调控结果。

（二）规则与相机抉择：理论分析

一个跨时或具有时间一致性的政策，是一种保持政策预定时间格局的政策，也就是指按货币政策规则行事。即使预定的政策会在不同的时期变化。但这组政策在第一时期开始时就已经被决定，并在以后一直得以坚持，它们是跨时的固定政策集。而相机抉择政策集却是为未来时期所预定的政策，会随时间的推移而改变。直观来看，相机抉择型政策应该更可取，因为它保持了连续的政策灵活性，中央银行可以根据每个时期出现的未预期冲击进行稳定化操作，并在每个时期都是最优的。而时间一致性（规则型）政策由于在第一期就确定了未来所有时期的政策路径，难免有政策僵硬之嫌，不能充分应对未来的不确定性。

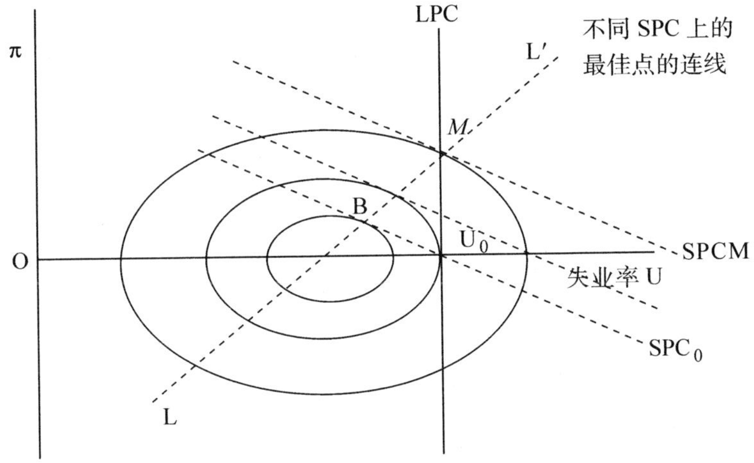

图 2－1　时间非一致性与最优均衡

我们可以通过图 2－1 进行分析。如图 2－1，SPC 表示短期菲利普斯曲线，LPC 是长期菲利普斯曲线，椭圆表示中央银行的损失函数。假定实行低通胀是最优选择，当公众形成较低通胀预期时，央行就会通过制造意外的高通胀率以获得产出的额外收益；若公众的预期是理性的，那么一开始就会有较高的通胀预期。最终的博弈结果是政策造成了高通胀，却并没有得到任何产出上的好处。

（三）规则和抉择的发展

1977 年之后，规则虽然在争论中处于优势地位，但这并不意味着胜负已分，实际上两者间的争论仍旧持续着。主张相机抉择的经济学家们认为，相机抉择能让政府在那些在规则中不能描述的、不可控的、无法预测的突发状况中保有改变规则的灵活性。例如，在遇到 1987 年股灾之类的突发事件时，美联储要做的就不是简单地按照规则行事。这样看来，相机抉择似乎要优于规则，这是否就意味着政府应放弃规则呢？泰勒对于规则做出的更为宽泛的定义似乎对此做出了回答。他认为政策工具是对经济变量的变化做出的反应，其中是有公式可循的，但政策规则又不仅仅是数学函数，这些规则是能够被政府自由地运用，而非简单使用计算机计算规则公式，它要求决策者对目前经济形势、未来大概走向以及个体预期有一个清晰的认识。此外，最重要的一点是他们需明确，规则的操作靠的是判断而非计算机。泰勒强调了三点：一是规则并非得是对政策工具的设定；二是决策者并非一定得按照数学公式行事；三是政府应利用规则进行实际操作而非机械地套用公式。如此看来，规则更有利于经济的稳定。

罗戈夫（1985）最早提出了规则行事和相机抉择之间关于可信性与灵活性的差异及其相互替换的问题。他认为，政府不应直接操纵货币政策，而应选择中央银行家，并赋予其独立实施货币政策的权利。这样将有助于减轻相机抉择所造成的过高的社会损失，并且中央银行家的行为越是趋于谨慎，则达到均衡时的通货膨胀率与社会损失就越接近按规则行事的结果，同时还保留了政策的灵活性。在费雪看来，与其将规则行事与相机抉择看作对立的，不如将它们视为一个连续统一体。根据费雪方程，货币增长率将等于通货膨胀率，控制货币增长率就可以达到间接控制通胀率的目的。于是，无论经济状态发生怎样的变化，政府都可以通过立法规定一个固定的货币增长率，这样一来，抑制通胀的承诺就变得可信，规则就可以克服货币制度的动态不一致性。

Bernanke 认为，在相机抉择和规则之间存在中间地带——受约束的相机抉择，并且认为它将成为世界上货币政策操作的标准模式。Bernanke and Mishkin（1998）从经济运行中存在的不确定性因素角度出发进行分析，提出了政策框架的概念。Bernanke and Mishkin 认为，单纯地将规则与相机抉择割裂开来形成两个完全分离的货币政策本身就存在问题。由于货币政策传导机制和经济结构调整等的不确定性，货币政策应该采取渐进调整的方式来调整经济。此后，Svensson（1998）根据规则行事的表现形式和其对中央银行的约束方式，将货币政策规则又分为工具规则和目标规则。货币政策工具规则的核心思想是，将工具视为中央银行可获信息的函数，这些信息变量既可以是前定变量，也可以是前瞻变量，或者两者兼有。

二、利率规则的实践与效果评价：以美联储利率调控为例

1913 年 12 月，负责履行美国中央银行职能的美联储正式成立。1907 年，美国金融危机以后，银行家们试图成立一个全国性的中央银行系统以对金融市场进行监管。历经多次失败之后，终于在 1913 年得以实现。在这种背景下，政策制定者的相机抉择不可避免。相机抉择的货币政策在整个 20 世纪 20 年代都很成功。从 20 世纪 70 年代开始，美国经济就一直深受通货膨胀问题的困扰。由于利率分为名义利率和实际利率，因此两位数的通胀率使美国政府很难以利率为中介目标实行经济管制。美联储从 20 世纪 70 年代初期就一直在为这个问题而努力，而这个问题却一直延续到了 20 世纪 80 年代仍未得到合理解决。最后，美联储不得不放弃经济增长目标才成功克服这一困难。直到 20 世纪 90 年代，美国的通胀率一直维持在 2%—3%，美联储终于能够以利率为中介目标来制定货币政策。美联储以控制货币供应增长率为目标，通过调节货币供应总量来达到控制商业银行所持有的货币数量，继而达到控制其信贷规模的目的。如此一来，商业银行的信贷能力开始下降，这直接导致中小企业的融资难度上升。于是，他们开始转向国内证券市场进行筹资。一方面国内商业银行受到政策制约造成信贷供给下降；另一方面跨国公司和商业银行在海外的分支机构由于提供的是海外资金而不受制约。因此，越来越多的企业会选择海外融资以解决资金短缺问题。在这种背景下，美联储通过控制货币供应量来控制信

贷规模的计划就落空了，企业的投资因国外资金的支持并没有受到严重影响。此外，境外美元的流通也暗藏危机。大量游离在境外的美元，可随时进出美国市场，使政策调控变得更加艰难。在这种情况下，美联储通过控制货币供应量来稳定经济很难取得成效。

从1990年下半年开始，美国经济陷入衰退，并一直持续到1992年中期，美联储开始实行以联邦基金利率为操作手段的利率微调政策。在此期间，美联储连续11次下调利率，使联邦基金利率由1990年年底的7%降到1992年9月的3%，为美国经济危机后的复苏提供了有力帮助。在此之后，美国经济呈现持续平稳增长的态势。从1992年中期到2000年，是美国第二次世界大战后少见的经济发展的好时期，有学者称之为“新经济时代”。美国经济之所以取得这样的成就，是与美联储这一时期的利率政策分不开的。在这段时间内，美国经济平均增长速度为2%—3%；居民消费价格指数在3%以内；失业率从1992年的7.4%降至1998年的4.3%，在这样良好的经济背景下，美联储运用中性利率政策调控经济。

表2－1　1990—2014年美国主要经济指标

年　份	GDP增长率	失业率	通胀率
1990	1.91	5.3	3.699
1995	2.71	5.5	2.085
1996	3.79	5.7	1.825
1999	4.69	4.3	1.53
2000	4.09	4.1	2.275
2001	0.98	4.8	2.278
2002	1.79	5.9	1.535
2003	2.80	6.1	1.994
2004	3.79	5.6	2.75

续表

2005	3.345	5.2	3.217
2006	2.66	4.7	3.072
2007	1.778	4.7	2.661
2008	−0.291	5.9	1.961
2009	−2.775	9.4	0.759
2010	2.531	9.7	1.221
2011	1.60	9	2.064
2012	2.32	8.2	1.795
2013	2.21	7.4	1.490
2014	2.388	6.2	1.459

注：以上各单位均为百分比形式，数据源自世界银行世界发展指标数据库。

从1994年至1995年2月，美联储连续7次上调联邦基金利率，使其由3%上升至5%，其目的就在于防止1994年上半年以来经济快速好转和失业率下降可能引发的通货膨胀。随着1995年国民经济增长放缓，接下来的两年内利率政策趋向稳定，美联储3次小幅下调联邦基金利率。此后，为了防止通货膨胀复燃，1997年3月美联储又一次上调联邦基金利率25个基点。1998年为了防止通货紧缩，美联储3次下调联邦基金利率，使其由5.5%降至4.74%，此举取得了积极的效果，既抑制了国内经济衰退的倾向，同时也对其他国家的经济起到了一定的促进作用。当1999年美国经济露出过热苗头时，美联储3次加息。跨入2000年，美联储分别于2月2日、3月21日和5月16日分别上调利率25个、25个和50个基点，目的在于控制经济过热和抑制通货膨胀上升。由于美国采取渐进式的利率调整方式，促使这一时期美国经济状况良好，所以，这段时期是美国利率政策施行得最为成功的历史时期，利率政策既保证了物价稳定，又促进了经济增长。从而使得利率微调作为宏观经济调控的一种间接价格型政策手段逐渐胜出，并陆续为其他发达国家所采用。在美、英等发达国家的长期实践中，利率微调已经被证明是一种以市场自身来调控经济的中性手段，并越来越受到各国央行的重视。在各种影响物价水平和经济增长的因素中，实际利率是唯一能够与货币政策最终目标保持长期稳定相关关系的变量。从图 2－2 容易看出，该图描述的是美国联邦基金利率自 1994 年 2 月到 2008 年 10 月 8 日利率调整周期的变动情况。

自 2000 年三季度以后，美国经济增速放缓。2001 年第一季度 GDP 增幅降为 1.3%，第二季度又下降至 0.2%，创近十年以来的新低，美国经济告别“长期繁荣”。从 2001 年 1 月至 2003 年 6 月，美联储连续撬动利率杠杆，在不到 3 年的时间里，连续下调联邦基金利率 13 次，而且调整幅度也较以前有所增加，多数采取的是 50 个基点，联邦基金利率由 6.5%降至 1%。受益于持续下调的低利率美国经济由波谷逐渐走出，经济增长速度又恢复到了 4.2%的高增长状态。2004 年 6 月至 2006 年 6 月，美联储进行了连续 17 次的微幅加息，这是美国 1979 年以来最长的紧缩期，但这也成功地抑制了经济高涨可能带来的通胀，从而使美国经济在 2005 年以后也可以保持在 3%—4%的高增长状态。

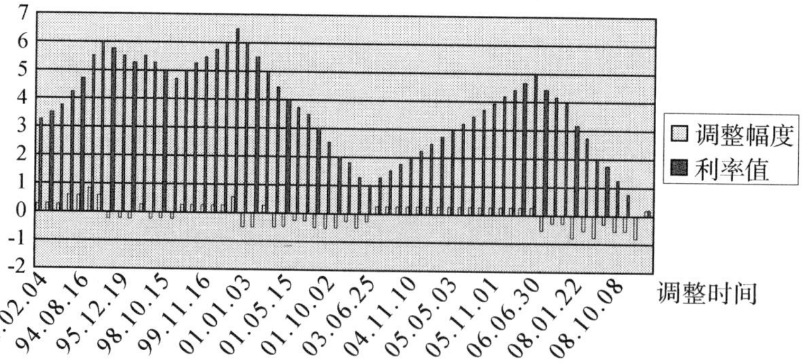

图 2－2　1994—2008 年美国调整利率幅度及利率值

对美联储的 4 次利率调整周期进行比较分析，可以发现以下特点：一是美联储的联邦基金利率都会在较长时间段同方向、小幅度、连续地进行调整；二是美联储为了防止由于剧烈的利率调整而引起的经济异常波动，基本上每次的调整幅度都只在 50 个基点左右；三是美联储的利率政策在泰勒规则基础上具有一定的前瞻性，如从 2007 年 9 月开始利率下调来应对金融危机，到 2010 年美国经济逐步复苏的利率上调。20 世纪 90 年代以来，美国的内外经济和金融形势都发生了变化，利率平滑调控方式也就在这一时期应运而生。在接下来的十几年时间里，这种利率政策操作方式为美国“既反周期波动，又反通货膨胀”双目标的实现立下了汗马功劳。自 1994 年年初到 2010 年 2 月，美国大致经历了 4 次调息周期，而这 4 次调息周期无一例外地都采用了利率平滑调控的方式。正是由于成功地选择了正确的调控方式，在接下来的十几年里，美国经济才步入了低通胀和高增长的轨道。

将美国过去的经济频繁波动的状况与 20 世纪 90 年代以后的长期繁荣进行比较，可以看出，规则性利率政策操作方式的选择给美国经济带来了巨大的影响。相比美国历史上早期的贴现政策，20 世纪五六十年代的货币流通状况以及 20 世纪 70 年代的以货币总量为指标的货币政策操作程序，以联邦基金利率为指标的利率平滑调控政策成功地实现了美国经济长期稳定的增长。得益于健全的市场机制、前瞻性的思维方式、先进技术手段和利率调控的双目标制，美国经济在美联储规则性利率操作和平滑调控的刺激下实现长时期平稳良性运行。

值得关注的是 2007 年年末到 2008 年，美国次贷危机对经济的破坏作用开始明显显现，并且在 2008 年迅速蔓延到欧洲和整个世界。2008 年危机的后期影响一直存在，过往以通胀缺口和产出缺口为参考的传统泰勒规则在危机的环境下显得无能为力。危机伴随而来的是利率的持续走低，实际利率甚至走向负值，在泰勒规则的政策框架下可调节的名义利率最低极限也不过是零值，负利率的情况虽然在理论上存在可能，在现实情况里却行不通。况且遵照泰勒规则的单一规则行事，有可能误导美联储在经济持续低迷阶段（发生通货紧缩的条件下）采用过高的利率与过紧的政策，从而进一步加深经济的低迷情况。面对经济衰退阶段经典泰勒规则所面对的零利率下限压力，美联储试着对经典的泰勒规则做出修改，将产出、就业权重和反应系数从 0.5 调高到 1，尤为突出的是在 2012 年，美联储为了应对高达 8.2%的失业率，推出了非常规阶段的伊文思规则取代常规阶段指导利率调控的泰勒规则。伊文思规则的特殊之处在于采用失业率指标来取代 GDP，用通货膨胀预期来取代历史通货膨胀率并且设置了提高利率水平的阈值，将提升利率的阈值规定在失业率 6.5%、通胀率在 2%—2.5%。随着 2013 年年底 2014 年年初失业率开始降到了 6.7%左右，美联储并没有按照伊文思规则所设定的阈值来加息，而是采用了继续维持近乎零的超低利率政策。这一做法也体现了美联储对伊文思规则过渡性效果的失望，同时也表明这个规则的失败，美联储为应付走不出的低迷泥潭，开始采用最优利率控制法则的思路，延续着零利率政策以应对低迷期的零利率下限。最优控制法则虽然也面临着零利率下限的约束，但它所追求的目标是长期内通货膨胀水平对目标值的偏离，与失业率与目标值的偏离程度之间选择最优的利率路径，从而使得两者偏离目标值所带来的总的损失函数最小化的效益。

最优控制法则由于突破了泰勒规则追求单一期限内目标偏离最小化的静态限制，实现了在跨期内，甚至是在相当长一段期间内寻找到利率最优移动路径，使得通货膨胀和失业率目标在长期内跨阶段实现。参照 2008—2014 年美联储的非常规利率调控，为了应对经济萎缩阶段通货紧缩的风险，美联储不惜暂时牺牲通货膨胀目标，把主要精力放在失业率目标上，从而为了避免利率的过早提升给经济带来的恶性循环破坏力，不惜人为地持续维持零利率，转而通过几轮大规模的 QE 给市场投放流动性，从而为低迷期的经济注入宽松的货币条件。事实也证明，绕过利率转而投向公开市场操作的长期债券购买在经济危机过后的复苏阶段里效果明显，当然同时也带来了美联储资产负债表的过分扩大和资产价格的泡沫的衍生问题。当然，这些问题在美联储看来都是可以通过严格监管来解决的，应该把政策的重心投入到解决高失业率的问题上来。

当然，从过往美联储的政策变化来看，单独一项的规则行事显得过于草率，单一的泰勒规则在经济处于正常阶段时期作用明显的原因，在于其对于复杂和不确定的经济环境给予市场一个有效的政策承诺，从而合理引导公众形成对经济的合理预期，使得遵循单一泰勒规则的利率调控发挥最大作用。然而，经济环境是时刻变化的，在面对突如其来的危机，单一的规则显得力不从心，因而需要美联储在考虑现实经济环境变化的因素的同时，运用最优控制原则来实现利率调控操作的损失函数最小化。最优控制原则在结合现实可获得的数据资料基础上，综合考虑通货膨胀目标和失业率目标的权重问题，结合专业人士（如美联储的货币市场委员会）给出的预测值，并把预测值投入到大型经济模型中运行检验，并且把结果反馈到模型中，进一步得出一个使得通货膨胀和失业率与目标值偏离程度最小化的利率变化路径，这个过程需要经过长时期的逐步动态调整来实现，并且有很大一部分加入了人为的主观判断因素在里面，因而具有很大的灵活性和不确定性。但总体来说，不失为在危机条件下一种系统的、公开的、透明的政策决策框架。值得注意的是，最优控制方法要发挥最大效果，前提条件是美联储能够控制长期通货膨胀预期，并且通过前瞻性的指引方法使得公众能够相信其政策的可信性，不会出现为了失业目标而放弃通货膨胀目标的相机决策做法。另外，在最优控制方法框架内需要建立大型的经济模型，并把主观得到的目标预测值和通过政策反馈机制获得的公众的预期值投入模型检验，因而存在着很大的主观性因素，这也不可避免地带来了模型的多变性和准确性质疑的问题。

美联储利率政策操作体系在近几年已发生了重大周期性和结构性改变，而在升息过程中，该操作体系为应对挑战将延续这些变化形成新常态。在美国经济结束低迷期回归到2015年的正常期后，美联储将加上自己对其他经济信息的判断，运用其主观判断能力做出有利于平衡就业和物价稳定双重目标的最优利率决策。

无论是泰勒规则还是最优控制政策方法，在原则上都是央行在通货膨胀和失业率与目标值偏离的程度之间做出权衡，使达到政策决策的最终政策损失函数最小化的目的。两者都是通过短期利率与长期利率之间的联系而传导至投资等实体经济活动，从而影响实体经济的发展走向的做法，要求货币政策，如利率调控本身具有足够的清晰度和透明性，同时央行要与公众在政策决策的长期目标和策略、对经济的前景的预估与政策利率调整的最优路径等方面加强沟通交流。泰勒规则中的参考变量的系数变化，以及最优控制方法里经济模型中代理人基于信息不完全所导致的投机行为和道德风险等问题会严格制约着规则的作用，同时，经济中还时常面对着不可预期的冲击因素的影响，这也对央行的货币政策决策提出了高要求，准确把握市场提供的信息并减少政策时滞对经济的负面效应是尤为值得关切的问题。

结合12月初，据美国劳工部发布的就业报告显示，2015年11月，美国新增非农就业岗位21.1万个。同时，美国失业率稳定在5%，是国际金融危机以来的最低水平。同月，美国工人平均时薪同比上涨超过2%。2015年12月，美联储在长达6年的非常规调控后首次加息，可能反映出市场对美国经济复苏的信心。在耶伦时代的美联储，将结合国际复杂混乱的货币政策环境，在失业率完成对目标值的纠偏后，加息意味着经济回归到正常的轨道，同时，在复苏阶段大面积的宽松政策已经积累了相当多的通货膨胀因素，适时加息对经济防止过快增长跌入到通货膨胀激增的环境里尤为重要。

得益于美国完善的市场机制以及美联储决策层对各种利率规则的恰到好处的运用和先进的技术手段，在综合各种利率规则的基础上，美国经济在充分发挥利率调控规则的条件下，实现了危机过后的顺利复苏，这也给我们进行市场化改革、加快利率调控型的货币政策的发展提供了尤为珍贵的借鉴经验。

第二节　我国利率规则的理论研究

自2003年谢平等人首次在国内研究中提到泰勒规则后，国内一些学者才慢慢开展对泰勒规则的探索，其主要研究方向集中于泰勒规则在中国的应用上。具体来讲可以分为两大类：一类以定性分析为主；另一类以实证分析为主。

一、定性分析类文献综述

定性分析基本上不涉及实证量化分析，它主要是通过分析与综合，依据研究者的主观理解，进而达到解决问题的目的。如谭小芬（2006）① 认为：“目前可供选择的方法是，仍以货币供应量为主要中介目标，利率可作为中国货币政策的参考尺度，用以衡量货币政策的松紧。”刘明月（2003）认为：“当前执行货币供应量作为货币政策的中介目标已暴露出许多缺陷。”他提出若要按照泰勒规则调整我国的货币政策则需解决下面两个主要问题：一是GDP缺口的估计问题。由于选取方法的不同会直接导致最终产出缺口估计值的不同，因此

① 谭小芬. 泰勒规则及其在中国货币政策中的适应性［J］. 中央财经大学学报，2006（7）：59.

政策规则依赖于产出缺口的衡量方法有很大风险。他认为，采用实际产出时间序列进行估计优于生产函数法。二是我国政策目标中名义利率的选取问题。他认为，由于我国仍以管制利率为主，因此名义利率选择的范围应该是同业拆借利率和债券回购利率。由于货币当局对拆借市场的管理欠缺，加之拆借市场尚未形成灵敏传导货币政策意图的机制，而相比之下，债券回购的风险低于信用拆借且债券市场能反映资金价格，有效传导货币政策。因此，他认为，债券回购利率相对拆借利率来说更适合做名义利率。吉昱华、蔡跃洲（2004）均认为，尽管存在一些实施泰勒规则的基础性条件，但由于利率市场化进程的滞后等众多阻碍，目前，泰勒规则客观上无法在中国得到应用。中国利率市场化的不完善是有人对泰勒规则在我国的适用性的主要质疑所在。宋玉华，等（2007）认为，在货币流通速度趋于稳定、货币乘数逐渐提高的情况下，货币供应的冲击是导致宏观经济波动的主要因素，并通过实证研究发现麦克勒姆规则（McCallum Model）在中国的有效性。而陆玉（2006）则指出，我国基础货币内生性逐步增强，货币数量规则在我国不适用。在中国直接运用泰勒规则仍受到诸多条件的限制。但随着利率市场化机制的形成，则可借鉴国际经验以构建适合我国国情的泰勒规则。

二、实证分析类文献综述

国内学者在运用泰勒规则时，主要用两种方法估计泰勒规则中的系数：一种方法是直接运用历史数据模拟估计规则中的参数，如谢平、罗雄（2003）对泰勒规则在中国的实证研究就是其中最具代表性的一篇，他们首次运用历史分析法和反应函数法检验泰勒规则在中国是否成立，指出泰勒规则可以很好地衡量中国货币政策，能够为中国货币政策提供一个参照尺度。在当前我国利率市场化改革逐步深入推进的背景下，他们的研究提供了今后中国货币政策操作的一个新方向——借鉴泰勒规则，采用利率目标，在理论和实践上都有重要的启示。鲁军、钟丹（2003）在谢平、罗雄研究的基础上，进一步探讨在我国应用泰勒规则的可行性。具体而言，从泰勒规则出发，利用协整理论检验我国银行间同业拆借利率与经济增长和通货膨胀水平之间是否存在稳定的长期关系，并估计我国泰勒规则的具体形式，考虑到货币政策的时滞问题，引入前瞻性泰勒规则，用预期通货膨胀率缺口代替原有的通货膨胀率缺口作为估计变量，对泰勒规则做进一步修正；王胜、邹恒甫（2006）在融入垄断竞争和名义刚性的两国动态一般均衡模型中，分析了定价方式和国际货币政策设计问题。同时，允许部分厂商采用不同于 Calvo 交错价格调整的后顾性定价法则的情况下，推导出了关于短期产出缺口和通货膨胀之间的均衡关系。他们在综合考虑标准泰勒规则和 Clarida et al.(2002) 提出的 CGG 模型后，通过比较分析，以美国、日本和欧盟的产出波动作为冲击我国经济的外部因素，对中国货币政策进行了实证检验，继而提出了开放经济下的扩展泰勒规则。通过经验检验发现，中国利率水平不仅与中国的通货膨胀和产出缺口相关，还受国外经济发展状况的影响；王建国（2007）在考虑利率平滑和基于泰勒规则对我国一个利率反应函数估计的基础上，根据我国 1993—2004 年的季度数据，对我国货币政策反应函数进行估计，发现利率平滑型泰勒规则较泰勒规则原式可以更好地描述我国货币政策行为，并且利率平滑因素的确对改善利率系数起到了作用。

赵进文、高辉（2002）基于 LWW 规则，构建了更符合中国国情的、利率市场化主导下的稳健货币政策利率规则；张小宇、刘金全（2012）基于时变参数的方法对泰勒规则进行检验，结果发现我国利率变动机制正由“相机抉择”转向“规则”；刘义圣、刘一林（2010）所采用的实证检验法均表明同业拆借利率对产出缺口和通货膨胀缺口的趋势符合泰勒规则，但是得出同样结论，利率对通胀率的缺口与利率对产出缺口的反应系数均小于 1，说明泰勒规则在我国是不稳定的；齐稚平（2007）实证检验了泰勒规则在中国的适用性，他认为泰勒规则可以为中央银行利率调整提供基准并用以判断当前货币政策宽松与否，同时还认为泰勒规则更适合于1996年之后中国的利率政策操作；卞志村、管征（2005）采用一个简单的前瞻性模型分析了中央银行确定最优货币政策规则的过程，通过对比分析混合名义收入目标和严格通胀水平目标，我们发现这两种目标都是中央银行最优货币政策规则的有效实现形式，从损失函数的角度来看，这两种目标应该是无差异的。

另一种方法是求最优化的方法，如刘斌（2003）在《最优货币政策规则的选择及在我国的应用》一文中根据我国的实际数据，建立和估计混合型模型，并以此作为研究货币政策规则的基本框架。然后在随机模拟的基础上，以社会福利为基准，计算和比较三种货币政策决策方式对社会福利的影响，这三种决策方式是完全承诺的最优货币政策规则、最优的泰勒规则及相机抉择。同时，计算与福利损失等价的通胀率变化，结果表明，最优的泰勒规则能够很好地近似完全承诺的最优货币政策规则，这为进一步改进我国货币政策的决策和操作提供了一个指导方向。此外，对我国目前的货币政策决策和操作存在的问题进行分析，特别是对目前我国钉住货币供应量的体制所存在的问题进行分析，并提出改进的方案。吴子强（2015）提到，最优利率规则是能够最有效地实现政策目标变量稳定的利率规则。当前，我国货币政策主要以货币供应量为操作工具，利率传导机制不健全，利率市场化改革尚未完成，政策有效性不能得到充分发挥，以利率为操作工具的货币政策备受市场期待。随着全球化进程加快，我国利率市场化改革逐步深入，最优利率规则在我国将会有好的适用性，能够为提升我国货币政策开辟一条新道路。这种方法因为涉及数理经济学的最优求解问题，因而要比前一种方法烦琐复杂。

通过对国内学者所做的研究进行分析发现，大部分学者采用的研究工具是传统的泰勒规则如下志村（2006）等，和引入利率平滑因素的泰勒规则如王建国（2006），李文溥、李鑫（2010）等。当然其中也有使用前瞻性泰勒规则的学者如陆军、钟丹（2003），但他们也用到了传统的泰勒规则，并且还对这两种泰勒规则进行了比较："通货膨胀率是否'向前看'（Forward－Looking）并不影响拟合优度，对预测误差改善效果有限。"当然除了上述两种泰勒规则，其中也不乏对其他形式泰勒规则的研究，如王胜、邹恒甫（2006）就探讨了引入汇率因素的泰勒规则。他们在 Clarida et al.（2001，2002）的理论基础上，将外国产出的变动引入利率反应函数之中，理由是"在 Clarida et al.（2002）的理论模型中，外国经济是通过总产出的变动影响本国利率的长期均衡水平，从而对本国的最优利率的设定产生影响"。

在结论方面，齐稚平、罗雄（2002）指出，泰勒规则可以很好地衡量中国货币政策，为中国货币政策提供一个参考尺度。张小宇、刘金全（2010）运用排序选择模型对泰勒规则进行实证检验，得出了我国央行主要是根据产出的增长率来调整短期名义利率水平的结论。张屹山、张代强（2007）认为，前瞻性泰勒规则能够很好地描述市场利率、管制利率以及两者利差这三个层次利率的具体走势。刘斌（2003）在比较不同的规则之后指出："泰勒规则是完全承诺的最优货币政策的一种很好的近似。"彭洁、刘卫江（2014）通过研究 1994—2001 年的中国货币政策数据，发现在此期间我国央行并未使用利率政策来抑制股市泡沫，从客观上造成了经济对于股市泡沫的容忍现状。在引入外国总产出进行估计之后，王胜、邹恒甫（2006）指出："在开放经济环境下，一国的最优利率水平同时还受到外国经济发展状况的影响。"

谢平、罗雄（2003）以同业拆借利率为研究对象，此后，大多数学者基本上沿用他们的做法，如王胜、邹恒甫（2006）就以同业拆借市场利率水平作为实证检验中的利率指标。而对于实际均衡利率的测算，陆军、钟丹（2003）利用银行一年期存款利率减实际居民消费价格指数（CPI）年增长率作为实际均衡利率，王建国（2006）则采用平均利率和平均通货膨胀率的差值作为实际均衡利率。

通货膨胀率基本上是用CPI的增长率表示。至于目标通货膨胀率的设定，王建国（2006）通过回归参数计算出目标通货膨胀率（2%）；杨英杰（2002）则直接采用政府工作报告公布的通货膨胀目标值（4%），陆军、钟丹（2003）利用费雪效应方程计算目标通货膨胀率。

对于产出缺口的估计目前主要有两类方法：一是对产出时间序列的分解；二是生产函数法。多数学者用HP滤波法，如刘斌（2003），张屹山、张代强（2008）等。陆军、钟丹（2003）采用的则是生产函数法。

综上，通过国内外学者的研究成果可以看到，利率作为货币政策中介目标是有理论与现实基础的，在我国进行利率市场化改革的今天，选择一个恰当的利率规则，是央行制定和实施货币政策的重要条件。这是因为央行在掌握市场化利率规则后能很好地估计出利率变化对总产出、货币供应量水平等宏观经济变量的影响大小，从而有效地实现稳健货币政策的目标。由于我国市场化改革历史的局限性，国内在这方面的研究相对较少。本书试图构建适合我国利率市场化条件下的稳健货币政策规则，为国家实施有效的宏观经济调控提供科学依据。

第三章

利率规则的适用条件与局限性

第一节　利率规则的适用条件和局限性

一、利率规则的适用条件

（一）维克赛尔理论的适用性

首先，维克赛尔的利率理论是建立在理想的信用体系的基础上的，它主张利用利率与金融供给、物价、货币因素等的关系，以利率为调控货币政策的手段。日益发达的现代市场经济，使这种相对简单的维克赛尔理论难以适应经济环境的复杂性和多变性。但这种利率政策的思想为进一步发展利率理论做出了很大贡献。其次，维克赛尔利率理论强调以货币利率与自然利率之间的偏差来解释经济波动，货币利率越接近自然利率，则经济发展越稳定，但是自然利率的可测性却是一个难题。因此，从这个角度看，如果央行要根据维克赛尔利率理论指导货币政策，将会存在可行性问题。

（二）泰勒规则的适用性

由于泰勒规则模型中包括了影响货币政策的一些关键因素，在理论上能较好地模拟货币当局的政策行为，具有一定的优越性。

第一，从构建泰勒规则的要素中可以得出名义利率、长期均衡利率、产出、通胀率四者的关系，我们可以用通过这种关系推算的利率来预估实际利率波动。从有关泰勒规则的实际经济案例中可以了解相关决策层制定利率调节手段的思路。比如，前沃尔克时代，美联储的“适应性”货币政策使得产出水平与通胀率在不断增加的预期通货膨胀影响下出现持续的不稳定现象，而这主要是因为通过积极的稳定性货币政策，预期通胀水平上升，实际利率下降，从而导致物价波动的现实问题不利于经济企稳。在沃尔克-格林斯潘时代，美联储从适应性货币政策逐渐过渡到稳定性货币政策，使得产出水平与通胀率在不断增加的预期通货膨胀影响下逐渐稳定，这主要是因为通过积极的稳定性货币政策，通胀水平上升，利率水平也上升，从而稳定了经济发展。（Judd and Ruddbusch，1998；CGG，2000）经过相当长时期对利率政策的考察，经济学家可以通过更多的事后经济数据评价泰勒规则在不同时期、不同经济环境中的效果，从而总结出不同时期实行的货币政策和相应的货币体制与泰勒规则效果的关系。

第二，泰勒规则的优越性主要在封闭的经济环境中得到充分发挥。规则优势主要从两个方面得以体现：一是从事前已规划的最优模型架构中得出；二是从事后的损失推算，这又包括从社会效益损失程度得出和根据最小化中央银行的损失函数得出，后者主要依赖事后的产出偏差与通胀偏差及决策者的经济政策导向和经济实况所确定的权重来推算的。从对最优规则的各种探索与验证研究中得出，泰勒规则在封闭经济环境下是一种简单宏观经济与微观经济基础兼具的最优货币政策规则。（CGG，1999；LWW，2003）

第三，泰勒规则在环境不确定的情况下考虑更多的经济变量的模型，反而更能彰显其稳健性优势。而面对现代更为复杂的经济环境，泰勒规则对于货币当局制定相关货币政策的效用可以进行一定程度的检测。即如果政策当局难以预测经济变动，对经济波动的原因及经济结构都不了解，货币当局就会倾向于稳健简单的政策规则指导政策的实施，依据这种规则，通过更改不同的政策变量，加入到相关模型中进行随机重复试验，来获取较好的货币政策。Taylor（1999）提出，泰勒规则的模型在不确定因素的影响下，包含通货膨胀率对名义利率的反应系数大于1和利率平滑的情况，这其实是比一般包含更多经济变量的政策规则更有优势。LWW（2003）也提出泰勒规则作为一种较为简单的测度货币政策效果的模型，在很多情况下，其在稳定性方面是优于复杂政策规则的。面对当今较为复杂开放的宏观经济环境，泰勒规则在增加了更多不确定因素，如汇率波动等的情况下，它稳定性的特质使其成为指导货币政策的优质规则之一。

第四，央行应用泰勒规则前可以先维护好公众与央行的关系，央行的利率政策与公众的预期因素的关系能够和谐，从而促使两者之间的沟通与有效反馈，这种互动交流能促进公众对央行货币政策的信息的了解，从而引导公众预期向合理方向发展。应用泰勒规则能促使货币政策透明，避免预期通货膨胀率与实际通货膨胀率有较大偏差，这进一步促进了货币当局与公众之间互动互信机制的形成。货币当局采用泰勒规则影响民众预期形成的传导方式是自上而下的，而民众根据泰勒规则影响政策制定的方式是一种反馈与信任的自下而上的方式，由此可见，简单的泰勒规则能够使央行与公众之间的政策交流更具效率，货币当局和公众在这种沟通中逐渐避免不信任引起的反通货膨胀现象，从而使货币政策有效推行。泰勒规则还可以为宏观经济提供一个内在名义锚，它的方法是将长期的通货膨胀目标进行具体化。

实施泰勒规则必须要满足利率市场化、浮动汇率制度、利率对通胀率的反应系数 $g_\pi>1$ 等条件。首先，利率是泰勒规则影响经济预期的中介，利率市场化一方面能使资源配置更有效，另一方面利率对市场环境敏感性增强，进而疏通了利率传导机制，有利于发挥泰勒规则对货币政策目标的指导作用。其次，央行根据泰勒规则中产出与通胀率的变动对名义短期汇率进行调整，这就需要在采用浮动汇率制度的前提下，这种调节方式才能形成，而固定汇率制度是不能单独决定短期利率的。最后，利率对通胀率的反应系数 $g_\pi>1$，根据泰勒规则，通胀率π_t上升时，短期名义利率r_t会有一个较大的上升幅度，这增加了实际利率（$r_t-\pi_t$），进而产出减少，抑制了需求，使通胀水平下降；通胀率π_t下降时，短期名义利率r_t会有一个较大的下降幅度，这减少了实际利率（$r_t-\pi_t$），进而产出增加，刺激了需求，又进而使通胀水平增加。而在这种经济运动中，货币政策发挥了稳定经济发展的作用。反之，若$g_\pi<1$，根据泰勒规则确定名义利率，货币政策就会加剧经济波动。

利率对经济的影响具有极高的敏感性，牵一发而动全身。美国著名经济学家考夫曼曾指出："在一定的意义上，（金融市场）迄今发生的变化集中体现在利率之中。"最优利率规则是能够最有效地实现政策目标变量稳定的利率规则。货币当局的货币政策目标函数的最优利率规则解是实现低而稳定的通货膨胀，且其解也是最合意的，尤其是在异常的通货膨胀波动和经济波动下，这种最优利率规则解是具有优良特质的。① 我国的货币政策主要手段是调节货币供应量，这种货币政策工具并不能使政策效果达到或接近政策目标的预期。在我国利率市场化的进程中，以利率为主导的货币政策工具是与利率市场化相匹配的值得期待的货币政策工具。

最优利率规则在我国的适用条件的相关研究具有重要意义，不仅能使货币政策更加科学有效，而且更利于货币政策执行的效率性和技术性。针对我国的具体经济环境，央行的货币政策执行最优利率规则是需要更深层次的金融改革的。这种最优利率规则在我国的不适用性障碍主要体现在以下两个方面：

第一，利率传导机制不健全。我国的利率管制体制抑制了利率传导路径，这主要包括利率政策的制定考虑得最多的是存款、借款和金融部门等的收入的重新分配，偏向于扶持国有企业。在这种情况下，降低利率水平一方面必然会

① 黄启才．最优货币政策规则及在中国的实证［J］．发展研究，2010（11）：60—63.

减轻国有企业的财务负担；另一方面，银行和存款人的收益却因为被挤压而减少。这种利率体制没有与市场预期联系，也没有反映市场预期，从而造成不合理的利率结构。我国利率管制的形式不仅降低了利率的传导机制本身的效率，而且也不利于利率规则的引导目标顺利传导至发挥中介作用的利率。打乱了“操作工具→操作目标→中介目标→政策目标”的货币政策传导机制。

第二，利率市场化是采用最优利率规则的前提条件。我国利率市场化亟待进一步深化改革，而在西方国家，如美国等市场化程度较高的国家，通过对利率的调节来影响经济主体的行为方式，从而影响经济总量和最终的政策目标。我国利率政策的影响渠道存在很多障碍，其原因主要有以下几个方面：一是利率市场化程度不高。我国的基准利率不是通过正常的利率传导机制影响存贷市场利率，而是由央行决定，这种对利率的过于管制阻碍了短期利率到市场利率的过渡，从而利率对市场的灵敏度不高，无法通过发挥利率对资本供求本应有的指示器作用。二是货币市场不够发达。我国金融创新衍生出的金融工具较为稀少、货币市场规模不足等问题阻碍了利率政策的效用。三是利率渠道的微观基础不牢固。这里的微观基础指的是金融机构、企业和居民对利率的敏感性。我国的体制问题造成大部分没进行市场化改革的国有企业及部分市场化的企业对利率变化的灵敏度较小，往往要经历一段较长的滞后期才有反应。我国的资本市场和消费市场并没有印证理论上利率促进消费刺激投资的作用。

（三）最优利率规则是建立在货币政策有效这一理论前提之上的

货币政策有效性是指货币当局能通过调整货币政策以实现影响短期利率的初始目标，从而影响长期利率、投资和消费，进而影响总需求的过程。我国货币政策面临着如何把控好货币总量、如何应对游离在监管体制之外的影子银行的影响等诸多问题。一是由于人们的需求偏好，利率的变动对流动性的货币总量影响很大。利率下降，投资需求增加，货币对企业经营的冲击很大：某些产能过剩企业维持现状，创新动力不足，效率继续低下。若利率上升，紧缩银根，会造成经济需求动力不足，抑制经济增长，抑制企业经营。但是，利率上升在人民币升值的前提下增加热钱流入，使货币总量进一步扩大，货币流动性反而会进一步增加，这就使我国的利率政策与利率理论背道而驰。这表明，我国央行的利率政策工具没有起到理论上该有的作用。二是由于我国的影子银行在市场经济不完善的前提下充当的仅仅是一种金融业务的角色，并且影子银行是游离在我国正规体制内的，这就会对我国现行的金融体系造成一种冲击，并且会削弱央行的货币政策。采用最优利率规则的前提是疏导利率的传导机制，以短期利率为货币政策的中介以实现相关政策目标。

二、利率规则的局限性

（一）泰勒规则的局限性

维克赛尔理论并没有提出较为明确或具体的政策规则，而泰勒规则综合考虑了价格水平与经济增长因素对利率调节的影响。泰勒规则在实践中对美、英、加拿大等国的经济都得到了很好的印证，泰勒规则的简单稳健特质能简化政策操作，因此，是一种常见的评价各国货币政策效果的规则。

第一，Judd and Rudebusch 对传统的泰勒规则给予肯定，认为其可以解释联邦基金利率的走向，但是也存在许多不确定因素。如，泰勒规则在指导货币政策制定和执行的核心理念是通过提高利率政策、提高抑制预期通胀过高或实际产出过高带来的资本需求过剩（降低利率的政策与此相反），以促进通胀和产出的稳定性为目标，总之，遵循了“逆风向行事”的调控原则。泰勒规则的公式 $i_t = r^* + \pi_t + \alpha\ (\pi_t - \pi^*)\ + \beta\ (y_t - y^*)\ /y^*$ 是一个根据历史数据拟合出来的模型，由于相对于复杂的经济环境来讲过于简单，因而难以根据泰勒规则准确设定名义利率。泰勒规则还比较死板，而中央银行需要做出不同的、灵活的政策来应对不同类型的经济的冲击，很显然，泰勒规则达不到这种要求，它无法成为精确意义上的货币政策制定的准则。货币政策需要围绕经济现象的本质而不是表象来制定，即政策的制定依赖货币当局具备的洞察经济波动根源的能力。一般来说在实践中有两种类型的经济波动：一种是总需求对经济的冲击。总需求对经济的冲击结果主要表现在潜在经济增长率与均衡增长率的背离，物价及产出水平在较快的经济增长中上升。根据泰勒规则的数学模型，我们很轻易地打破这种窘境：提高利率，进而降低物价和产出水平。另一种是总供给对经济的冲击。总供给对经济的冲击结果往往是通胀率过高。如果中央银行按照泰勒规则的要求，提高利率，这样便造成实际 GDP 小于潜在 GDP，最终，由于产出向下的压力会造成通胀率下调至目标水平。利率政策往往滞后期很短，而通货膨胀对利率的反应相对来说却有一个相对较长的滞后期，也就是说，当提高利率、产出水平下降时，通胀率的下降却需要很长一段时间才能实现，这样利率会继续升高，在这个冲击过程结束后，利率很难下降到合理、合适的水平。在面对这种情形的时候，泰勒规则没办法起到作用。

第二，政策操作的随机性特点是简单的泰勒规则模型没有涵盖的，它仅讲述了利率的变动与通胀率和 GDP 缺口三者之间的简单关系，包含的经济因素和信息量过少，它不仅没有将决策者偏好的变化、经济环境及政策制度考虑在内，同时也没有为央行的政策判断留下调整的空间。很显然，如果泰勒规则是指导利率政策的精确规则，货币政策的操作就可以通过简单的数据处理来得到，这就显得尤为简单了，而央行的决策程序也就仅仅成为一种数据的收集和计算。正是由于泰勒规则过于简单和机械，它不仅不能完整地体现出央行详细而且复杂的决策程序，更无法应对复杂的经济变化。尤其是，当无法预见的经济波动发生时，是难以通过较为简单的泰勒规则对其做出灵敏反应的。面对实践中政策复杂的特性、经济环境瞬息万变的形式，难以将简单的泰勒规则作为预期政策制定的规则，尤其是在面对当前涌现的新信息时。也就是说，当真正实践时，泰勒规则还不适合作为货币政策的准则，事实上，也并没有国家公开宣称过泰勒规则是某一个国家货币政策制定的法定准则。

第三，泰勒规则无法解释在拟合美、英等国的经济时，与其不相符合的这些国家的部分经济情况，也没有提出其他规则来解释。泰勒规则尽管在解释美联储自 1987—1997 年的经济变量的数据时，能较好地解释很多情况，但是仍存在某些期间，货币当局的政策决策与泰勒规则是不一致的。1987 年的股灾和 1998 年的降息都表明实际经济数据与泰勒规则相比，有很大偏差。这主要是因为泰勒规则只考虑了利率、通胀、产出这三者之间的关系，当其他经济变量变动时，从泰勒规则的模型中几乎不能洞察出应对方式。因此，泰勒规则仍需继续完善和进一步明确经济变量之间的关系，提高操作实用性。

第四，泰勒规则在实际的操作中还存在着许多的困难，比如，变量在测量时容易有误差、某些解释变量无法直接被观测到，以及在原始数据的基础上经济数据需要经过反复的修改等。泰勒规则模型中的反应系数对于通胀率测度的不同方式呈现出很大的弹性，即不同的测度方式往往使结果大相径庭。Kozicki（1999）实际均衡利率和产出缺口的测量也同样有此类问题。泰勒规则在操作的过程中面临的另外一个棘手的问题是，中央银行对于不同类型的数据的选择将会对政策规则的最终结果造成很大的影响，在实际操作中，央行与泰勒规则在设计利率时，所使用的数据是不一样的，前者根据事中实时数据，而后者根据事后数据。此外，泰勒规则的假定过于严苛，模型假定长期均衡利率、目标通胀率、潜在产出分别保持不变，但是在实践中，很难确保这些变量保持一成不变，这就不能体现货币当局应对客观经济环境的主动性，而陷入泰勒规则过于死板的政策执行规则中。由于宏观经济的不确定性，货币当局需要顺应形势，不断地调整货币政策，相机抉择，因此，央行灵活而非机械地运用货币政策规则是经济学家们普遍认同的。

Taylor (1993) 也表示："在实践应用过程中不能机械地遵循泰勒规则，不同时期不同的经济冲击以及对潜在的国内生产总值增长率的估计，就是对它的约束。"货币当局应当明确泰勒规则在货币政策制定过程中的地位和作用，它并不是对货币政策制定的一种束缚，而是对货币政策制定提供一些经济变量的关系，从而有利于补充政策决策信息，在这个过程中，泰勒规则起到指导作用。总体而言，尽管泰勒规则有些缺陷，但在央行制定货币政策时仍然非常有用。

一般情况下，我们认为中央银行在制定货币政策时可以将泰勒规则视为操作方向的一个参考，但不可当作事先的一个行动准则或者说一种显性的货币政策的框架。从技术上看，通货膨胀和产出是内生变量，与本身早期的变化相关，传统的泰勒规则并未描述出利率变化的路径，泰勒规则的局限性表现在六个方面：

第一，利率传导机制不通畅。泰勒规则影响经济的原理是通过短期利率，进而影响长期利率，从而影响投资和消费需求，最终作用到整个国民经济。这个过程的顺利传导是泰勒规则发挥作用的前提条件。但是，在实践中却存在投资对利率反应敏感度低，如我国国有企业就属于这种情况。在理论上，凯恩斯"投资陷阱"理论将这种利率对投资弹性极低的情况解释为人们的悲观情绪，由于人们对未来投资收益预期很低，即使利率下降到很低的水平，也不能吸引到投资资金。又如 2004 年美国出现的"格林斯潘之谜"，自 2004 年 6 月开始到 2005 年 6 月，美国短期利率由 1%增加至 3.25%，10 年期国债的收益率却从 4.7%左右降至 4.2%，使长期利率与短期利率进一步缩小差距，最终导致美联储利率政策失效。这表明，利率传导路径通畅是采用泰勒规则的基础，而货币当局与公众之间的信任与政策沟通影响采用泰勒规则的效果。

第二，通货膨胀的测算方式差异较大。CPI、GDP 平均指数、个人消费支出物价指数等都可以作为通胀率指标，由于可供选择的指标不同，各个国家的选择倾向也不同，就会形成不同通胀率与不同国家选择倾向的很多排列组合方式，会导致测算结果大不相同。如果统一通胀指标，又可能不准确反映经济结构和经济总量，所以这必定会加大货币当局选择使用通货膨胀指标的难度。

第三，产出缺口的测算结果差异较大。学术界对产出缺口的测算方式不一，主要有 HP 滤波法、生产函数法、博沃瑞奇-纳尔森法等。不同的测算方法的结果差异较大，这就造成泰勒规则模型的推算结果有较大差异。国内外都曾有过依据不同测算方法得出的产出缺口不一致的案例。因此，从产出缺口测算的角度来考量泰勒规则，又是一个难解之题。

第四，货币当局对通货膨胀和产出权重的选择问题。权重设置对于中国而言也是个两难选择，温家宝总理 2008 年答中外记者问时说："我们必须在经济发展和抑制通货膨胀之间找出一个平衡点，现在我们提出经济增长的预期目标是 8%，而消费物价上涨指数控制在 4.8%左右，就是想找到一个平衡点。"实际上，泰勒规则模型的权重设置反映了货币当局的政策选择偏好，一般经济学家则认为权重的确定应通过数据测算模型来估计。

第五，当前值、前瞻值的选择问题。当前值是指当期数据，前瞻值是指以当期数据为基础追踪预期至未来期间的数据。一方面，由于货币政策具有时滞性，为增加货币政策在发挥作用时的效率，利用前瞻性数据来对冲部分货币政策的时滞是解决这一问题的方法之一；另一方面，预估前瞻性数据往往与实际发生值有较大偏差，这将增加模型结果的不准确性。因此，从这个角度考虑，货币时滞性问题成为一个选择性难题。

第六，基准利率选择问题。基准利率的测量同样遇到估计测算方面的问题。泰勒（1993）、巴罗（1992）、美联储前任副主席布兰德分别将潜在 GDP

名义增长率、实际CPI指数的年增长率、估算不确定来表述基准利率。由于基准利率量化测算存在难题，对泰勒测算的过程也就存在着诸多的不确定性了。而对于我国来说，利率市场存在民间借贷利率、同业拆借利率等，却无统一的基准利率。

（二）伊文思规则的局限性

伊文思规则的实践历程较短，还需要经过更长的时间进行调节纠正。

第一，伊文思规则根据奥肯定律假定失业率与GDP的变动呈反向运动的稳定关系，即当实际GDP增长率增加时，失业率按一定比例下降，反之，失业率按一定比例上升，也正是因为奥肯定律，在假定失业是非结构性失业且遵循奥肯定律条件下，失业率可以替代GDP，且失业率作为伊文思规则模型的经济变量，系数为2.0。

以奥肯定律为基础的伊文思规则增加了更多理论缺陷：其一，奥肯定律本身就存在缺陷，它仅仅包含了经济增长与失业率之间的相关关系，即不考虑除此之外的其他经济变量因素，因此，以奥肯定律为前提条件的伊文思规则显然会受到影响。此外，随着经济形势的各种不确定性和结构的变异，我们无法肯定经济增长与失业率的关系一定是稳定的。比如，我国自1991年以来的高经济增长后期与前期相比并没有创造出符合或接近奥肯定律的就业增长量，这种变异表明失业率与GDP关系的显著性有时候很低。其二，失业率与GDP的关系增加了越来越多的不确定性因素。以美国为例，失业率的测算要考虑自然失业率，但是，美联储在确定自然失业率的问题上缺乏理论依据和实际依据。失业率与GDP的关系有可能不遵循奥肯定律，并且由于经济因素越来越复杂，高失业率将成为新常态。比如，从20世纪90年代以来的经济繁荣时期来看，GDP增长率的增加速度高于就业率增加速度，即呈现低就业增加的现象；在衰退期时，低就业增加的现象更为显著，而出现这种现象的原因仍待研究。美国季度失业率和GDP在60多年间的负相关关系达到R＝－0.63，与2009年度的第三季度的失业率和GDP的相关关系值R＝0.133相比，不但相关关系值的大小差别很大，而且其正负方向完全不同，并且失业率缺口的同期缩减的速度相较于实际GDP与潜在GDP增长率间的缺口来说，明显较低。比如，美联储2012年的GDP增长率达到2.2%，与美国国会预估的潜在GDP增长率相同，则2012年GDP增长率缺口为零；但是，当年的实际失业率与预估的失业率间的缺口为0.4%—0.8%，与目标失业率间的缺口为1.9%—3.1%，并且，这种现象将可能持续存在。通过美国2013年1月的黄皮书可以了解到就业情况在经济持续扩张条件下依然没有明显起色。

第二，利率与失业率之间长期是一种显著性的负相关关系，与理论上利率下降有助于刺激需求、进而增加就业相矛盾。实际上，失业率上升或下降会使美联储倾向于选择降低或增加利率的利率政策。美国20世纪70年代实施的货币政策，就曾因受到降低利率就会减少失业的理论与实际政策效果之间有巨大反差的困扰。劳动力在当时由于结构性因素大幅度增加，但是，尽管美联储将利率降低至零，仍然不能对结构性失业率起到实质性作用，反而使通胀率增高，也就是说，通胀率对失业率的关系在这一时期并没有像奥肯定律所说的那样呈现显著负相关关系，实际上，失业率的下降幅度远低于通胀率增长幅度。

第三，经济指标替代时间的做法旨在顺应市场趋势以使利率调整与市场的对接呈现自然态势，并且将相关政策信息透明化，增加可预测性。但实际上，由于市场和指标的双重不确定性，美联储的利率和经济预测往往不能与利率变动的市场走势预测相符合，这就使政策决策被动起来。

第四，经济指标是否具有与市场一致的精准性。对这个方面的疑问，主要从以下两个方面解读：通货膨胀指标和失业率指标的定位。例如，美联储倾向于用低于市场普遍适用的CPI的消费者支出价格指数（PCE）作为通胀指标，而失业率指标通常难以准确反映整个国民经济。前面曾论述了描述通胀率的方法不同，从而测算结果也不同，这些问题都会削弱伊文思规则的实施效果。

第五，伊文思规则在处理 GDP 增长率、失业率、物价稳定三者之间的关系时，所表现出来的操作可控性难度和效果的不确定性，使得央行的利率政策目标显得更为困难。

第二节　利率规则对中国市场经济的适用性与非适用性

一、利率规则对中国市场经济的适用性

（一）我国利率市场化进程不断推进

经过 20 年的利率市场化改革，我国货币市场、债券市场以及商业银行票据贴现和外币贷款利率都已经基本市场化。我国利率市场化从 1996 年开始至今，通过渐进式改革模式，对同业拆借市场、债券市场、借贷市场等按“先开放货币市场、利率和债券市场利率，再逐步推进存、贷款利率市场化”的政策方针，先后进行了利率市场化改革。首先，从 1996 年中国银行间同业拆借利率（China Interbank Offered Rate，简称 Chibor）的诞生到 2007 年上海银行间同业拆借利率（Shanghai Interbank Offered Rate，简称 Shibor）的上线，都表明我国利率市场化始于银行间同业拆借市场，为以后更深层次的利率市场化奠定了基石。其次，依次开放债券市场利率。1996—1998 年，财政部实现了第一次通过证券交易和第一次公开招标发行债券，这对于债券利率市场化有

很深远的意义。对我国利率市场化最为关键的是存贷款利率市场的改革。如2013年7月，央行全面放开对贷款利率的管制；2015年10月，央行对存款的管制全面放开，表明利率市场化基本完成，但仍然存在存款市场不完全竞争、贷款利率非市场化等问题。

以下从我国人民币贷款利率、境内外币存款利率、货币市场利率和债券市场利率四个方面说明我国的利率市场化达到了一定程度。

第一，人民币贷款利率放开下限。从1987年第一次对贷款利率市场化的试验到2003年央行对金融机构贷款利率的全面放开，直至当前，存贷款利率市场化水平已经相对较高，这主要表现为：金融机构的存贷款利率相继完全放开、农信社贷款利率上限取消、对其他利率如票据利率等的管制取消等。

第二，境内外币存款利率基本已放开。我国外币贷款利率放开的方式主要是先大额后小额。2000年9月，大额外币存贷利率放开；2004年11月，1年期以上的小额存款利率已经实现市场化。

第三，货币市场利率包括同业拆借利率、商业票据利率、国债回购利率、国债现货利率等，货币利率市场化对我国利率市场化起到关键作用。银行间拆借市场在Shibor上线之后已能根据市场变动映射出我国短期资金的供求。

第四，债券市场利率市场化程度最高。金融债、国债、企业债等债券品种预示着我国债券市场利率已经市场化。我国债券市场的利率市场化为市场利率的形成奠定了良好的基础。

（二）我国对基准利率选择的探索不断深化

基准利率由于具有市场化、基准性、传递性等特征，因此，其在决定利率和金融资产价格上具有参照作用。但基准利率的测算没有统一的理论依据，我们在衡量基准利率时，通常是综合考虑各国实践经验和各国国情来决定基准利率的替代指标。一般来说，基准利率的选择倾向于市场，并且考虑可操作性、政策传导灵活效果较好的货币市场利率。我国市场上虽然没有形成较为准确的基准利率，但是，一般随着国家对利率管制的放松，某些利率形式可以当作我国基准利率的近似，称之为“准基准利率”。这些利率常见的主要有1年期存款利率、再贴现率、国债利率、银行间同业拆借利率等。对于1年期存款利率来说，主要特点是：1年期存款利率具有稳定性。1年期存款利率是国家的法定利率，由央行直接控制，不受其他经济变量的影响。1年期存款利率的市场基准性：1年期存款利率位于利率结构的低端位置，构成了其他很多利率的基准。在央行制定各个利率时，先考察1年期存款利率，以其为基础，依次确定利率结构各层次的利率，最终形成具有不同借贷差的利率层次。1年期存款利率也是许多金融产品的定价依据。可操作性、良好的政策传导效果等使其与真正的基准利率的特性很接近。由于存贷款利率位于利率体系的最底端，它所面对的直接经济主体是居民和企业，这就提高了政策实施的效率，使政策按照存贷款法定利率→货币供应量→信贷市场→市场利率→总需求→GDP 传输。另外，再贴现率替代基准利率也有其合理性，与1年期存款利率一样，再贴现率也具有稳定性，它是央行早期货币政策的三大工具之一。再贴现率对市场利率的影响途径主要是央行通过调整再贴现率、再贷款率影响商业银行对央行的贷款额度和其对再贴现业务的需求，从而调节了货币供给量，继而影响市场利率。而国债利率替代基准利率的合理性则体现在无风险、有国家信用支持。国债市场在我国已有一定的发展历程，且形成了相当成熟的市场化的利率，短期国债由于具有期限短、流动性强、安全性高等特点，将其作为基准利率，无论是对央行的公开市场操作，还是对一般投资者来说，都是比较理想的可以替代基准利率的一种利率。国债利率由于有国家信用支持，属于无风险利率，因此相较于各类市场的利率来说，具有基准地位。我国国债市场虽已形成一定的规模但仍较小。由于短期国债的流动性、安全性都较优，是央行公开市场操作的理想对象。央行票据是一种货币市场信用工具，具体指央行对银行间债券市场投放的1年期内的短期债券。首先，央行票据代表国家信誉，期限短，具备国债的一般优势，且弥补了国债市场缺乏短期国债的缺陷，是适合作为无风险资产的，因而，央行票据利率具有作为货币市场利率定价标准的功能。其次，央行票据弥补了国债市场供不应求的局面，从而对于央行的公开市场操作来说，又增加了新工具。其公开市场操作原理为：发行央行票据，基础货币减少，紧缩银根；回购央行票据，基础货币增加，增加货币供给。2004年5月，债券7天回购数据指标成为我国货币市场基准利率的参考指标。2006年3月，增加了隔夜和7天的银行间回购定盘利率，使回购基准利率更加多样化。回购市场作为货币市场中在活跃度、成交量、市场化程度、市场开放度、市场主体多样性等方面都占绝对优势的子市场，且拥有证券交易和抵押贷款的低成本、低风险的特质，因此具有广泛影响，被银行体系认可，而成为货币市场的定价标准。除了以上优势，回购市场的回购协议表现出央行可以比货币市场的其他子市场购买国债的方式更为灵活且成本更低，因此，央行运用公开市场操作的场所也经常倾向于回购市场。而公开市场操作回购交易可以分为两种：正回购和逆回购，其中，正回购是央行对卖出的证券约定一个日期再买回，卖出证券的操作意图是回收市场的流动，买回证券的意图是投放流动性。对于银行间同业拆借利率作为基准利率的一种替代利率的合理性在于：银行间同业拆借利率通过影响银行间的融资成本影响着市场中的货币供给量，同时，对利率体系中其他层次的利率也有不可忽视的影响；银行间同业拆借市场具有高效率的市场化交易机制，不仅能发挥对资金的高效配置的作用，而且从市场的角度反映了资金的供求状况；银行间同业拆借利率在中央银行的控制范围内，因此作为一项货币政策工具也具有可操作性。央行主要通过对整个金融系统注入储备资产，进而影响超额准备金，从而影响银行间同业拆借利率，这样，央行就达到了它的货币政策意图。因而，银行间同业拆借利率也是替代基准利率的一个不错的选择。通过以上“准基准利率”在我国的实施，我国最终将会确定一种适合我国自身市场经济特色的基准利率。

（三）我国为货币政策有效实施铺平道路

由于经济环境不同、经济主体的行为方式等不同，货币政策就会面对失效问题。在控制或调节整个国民经济的过程中，货币政策是否有效已经成为政策实施者考虑的主要问题。货币政策有效性是指在货币当局运用政策工具和相关的政策手段时，通过各经济变量之间的关系，进而形成的连锁反应，达到政策当局的调控目标，即货币政策通过不同的传导机制对物价、经济增长等的影响及影响程度，旨在体现政策实施后有一个低通胀率、高就业率、高经济增长的经济资源优化配置的高效经济结果。货币政策是否有效，我们可以通过以下指标来衡量：一是货币中性问题是否存在。货币政策有效是建立在货币的供给与需求的变动能够对经济总量产生系统性的影响之上的，而一旦货币中性，是无法影响实际经济变量的。也就是说，货币是否有效包含货币是否影响经济变动及影响范围或程度。二是货币的增减变动是否长期对经济变量有相对稳定的关系。三是调控货币供给量的控制权是否能被央行控制。而我国从以下几个方面对引导设计有效的货币政策做出了努力：

第一，多次调整法定存款准备金率。我国从 2008 年下半年开始，一直将利率的调整放在主动地位，针对日益不确定的经济环境，主动调整利率有助于使银行体系在严峻的经济环境中保持适当的流动性。在 2008 年 9 月至 12 月期间，总共进行了 4 次利率下调，在这些下调事项中，总的下调程度也颇高，例如，大型存款类和中小型存款类金融机构分别下调 2 个百分点和 4 个百分点。2009 年的宏观经济波动较小，利率维持不变。2010 年，我国经济好坏局面并存：一方面国内经济势头好转；另一方面却又面临通胀压力、房地产泡沫危机等新问题，因此，为了应对这种复杂的局面，央行开始分别针对大型存款类和中小型存款类金融机构上调利率，从 2010 年 1 月到 12 月对大型存款类金融机构总共进行了 6 次上调，总的上调幅度为 3 个百分点，从 2010 年 11 月到 12 月对中小型存款类金融机构总共进行了 3 次上调，总的上调幅度为 1.5 个百分点。从 2011 年 1 月到 6 月对利率总共进行了 6 次上调，总的上调幅度为 3 个百分点。2011 年下半年，由于我国经济受欧债危机带来的经济低迷的影响，央行采取下调利率的措施。从 2012 年到 2015 年，央行保持陆续下调利率的趋势。

第二，不断加大公开市场操作力度。中国人民银行对加大公开市场操作力度主要通过以下方式实现：一是通过采用短期货币政策工具增加银行系统的流动性。央行根据金融经济系统的形式变动，对发行 3 年期和 1 年期中央银行票据采取先终止后恢复的方式，即在震荡的经济形势下，予以暂停。并通过对短期中央银行票据调整发行周期，如将 3 个月的短期票据调整为每两周就可以发行 1 次。二是有针对性地设计出定期招标工具（TAF）来应对金融环境震荡，为资金流出现困难的金融机构提供支持。三是坚持短期操作作为货币政策的主要手段，并且适当增加了公开市场操作利率调整的弹性。这些主要表现在，自 2009 年央行将 3 个月内短期操作当作货币政策操作的主要手段，修改 3 个月期的票据发行的频率由每两周 1 次变为每周 1 次，并保持较低的发行利率以支持银行体系的流动性。四是为使法定存款准备金率上调的政策效果更佳，增加公开市场操作力度，对更大范围的公开市场业务利率进行上调，从而增加了货币流通速度，减少了通胀压力。2011 年，央行发行的各种票据累积金额达到 1.4 万亿元，年末票据总金额达到 1.9 万亿元。2011 年，由于经济环境的变化，央行通过组合式的操作 1 年期的票据和短期回购来对公开市场操作的期限结构做了进一步优化，从而巩固了银行系统资金流动性的管理。五是 2012 年，正、逆回购的政策组合开始成为央行对公开市场操作的双向调节的重要工具。具体来讲，从 2012 年上半年起，央行的正回购业务操作达到 9440 亿元。下半年，逆回购业务操作业务量增加累积达到 60380 亿元。逆回购开始代替短期票据的地位而成为公开市场操作的关键工具。六是 2013 年，央行运用短期流动性调节工具（SLO）和常备借贷便利（SLF），意图在银行系统的流动性出现波动时，在公开市场操作中相机运用。

第三，不断完善再贴现政策。完善再贴现政策不仅有利于信贷扩张，而且能正确引导资金流向从而调整经济结构，优化融资，从而优化资源配置。因此，再贴现政策的完善对中国的实体经济具有深远意义。其完善措施主要有：一是对再贴现的业务对象进行更大范围的开放，尤其是非银行金融机构，如财务公司、信用社、新型农村金融机构等；二是将再贴现政策定位在帮助扶持“三农”和中小企业融资上；三是在实际操作中，不再将再贴现的方法局限于传统方式，明确再贴现方式包含回购和买断，以灵活运用再贴现。通过对再贴现政策的逐步完善，至 2012 年年末，再贴现的结构和其金额都有了新的成果，其金额累积达到了 760 亿元，“三农”业务的票据和中小企业的票据分别占比 32%和 87%，比例明显比之前提高。

第四，不断增加再贷款的发放。我国再贷款的发放主要有两个方面的作用：一方面，再贷款利率的调整预示着央行货币政策的企图，也能使资本市场的参与者了解货币当局的政策方向。比如，央行降低再贷款利率，向市场传达了其政策倾向于适度宽松的货币政策。另一方面，通过再贷款对象和范围的重新定位，有助于引导“三农”信贷，更好地为“三农”服务。2009 年年初，央行增加了再贷款对象，如农村合作银行、村镇银行等。2012 年年末，我国“三农”再贷款达到 1375 亿元。这种再贷款范围的扩大对农业产业的支持具有深远的引导意义。

第五，推进人民币汇率的改革。汇率是经济面临难题的源头之一。对汇率形成机制的了解和把控有助于货币政策的独立和经济稳定。探索有弹性的汇率形成机制不仅能解决我国现在面临的经济结构不协调难题，而且有利于我国金融市场化的推进。因此，人民币汇率改革的重要性不言而喻。纵观近十年来我国对汇率的改革始终在进行着。自 2003 年至 2011 年 9 月，央行对汇率的管控还处于较高水平；2011 年 10 月到 2012 年，央行在外汇市场上的干预量相比上一个阶段降低了 95%；2012 年至今，央行对汇率市场的干预明显减少，这就为具有弹性的汇率机制打下了基础。

而以上这些措施都是我国为货币政策有效性铺平道路，为利率规则适用我国市场经济打下基础。

二、利率规则对中国市场经济的非适用性

（一）我国利率传导机制不完善

我国利率传导机制存在障碍的原因总体来说有两个方面。一方面，利率双轨制的存在。利率双轨制是指我国利率市场上存在两种形式的利率：一种是体制内受管制的利率；另一种是民间市场利率。利率双轨制使民间金融市场和正规金融市场之间存在很大的冲突，这主要体现在民间金融市场相对于监管的正规金融市场而言具有很大的金融风险，另外，当民间金融发展到一定规模就会削弱货币政策的效果。另一方面，利率传导渠道在相对滞后的金融体制里存在诸多障碍，从而使货币政策的传导效率降低。而利率传导渠道作为货币政策的中介，也作为货币政策工具发挥作用的重要通道越来越受到我国的重视。

1. 缺乏以市场为基准的利率形成机制

对利率的管制太多，无法形成有效率的利率传导渠道。根据我国利率市场的实际情况，我国利率的形成是由央行对利率的管制、财政部门需求、企业利

益等方面共同影响的，市场因素只占据了一小部分。这种利率形成机制的惯性做法是利率传导渠道受阻的主要原因。

利率管制的惯性做法在一定程度上削减了货币政策的效率，主要表现在以下几个方面：

第一，由于监管体制之外的利率和监管体制内的利率之间的相互冲击，最终导致市场内和市场外利率发挥作用的效率的损失，这对于央行实行的货币政策的有效性的冲击可想而知。理论上，货币当局通过利率政策对资金供求、消费和投资需求的影响来实现预期政策目标。实际上，对于我国来说，利率管制使央行在执行利率政策之前，会考虑经济利益流向，从这个角度来看，利率不仅承担着调节资金供求的责任，而且承担着对国民收入再分配的职能，因此，中央银行的货币政策将不再是纯粹意义上的货币政策，根据利率的双重职能实行的货币政策，其结果是有可能与央行的预期不一致。同时，也造成了利率形成机制低效率。对于商业银行来说，其很难根据市场的需求来判定企业的资信状况，从而也不能准确预估风险的大小，最终导致资金流的低效率。另外，商业银行的业务特点加大了我国货币政策顺利传导的难度，比如，从盈利的角度，利率调整使借贷剪刀差降低，商业银行的贷款业务的利润降低，从而使其贷款意向降低，出现“惜贷”现象；从运营的角度，商业银行对风险防控意识的提高，迫使信贷量缩减。这些都影响了货币政策的传导渠道。

第二，利率管制不利于利率结构本身平衡机制的形成。利率平衡机制是指存续在市场上的利率由于是市场和资金供求共同决定的，就会起到在商业银行信贷扩大时促使利率降低，进而缓解通胀，在信贷量缩小时促使利率上升，进而缓解信贷萎缩的作用。但是，由于利率管制干扰了利率在市场上的波动，上述的平衡机制就会被打破。这种平衡机制被打破的结果之一是会造成市场不能清楚了解央行的政策意图，也增加了央行灵活运用利率调节经济的难度。此外，利率管制破坏了利率市场化形成的条件，从而使利率不能正确反映资金供求状况，这就打破了资本定价机制，代之以人为控制的资产价格。它的直接后果是加剧了企业道德风险，破坏了社会信用体系，间接后果是造成资本的低效率，使资本的配置没有依据资本运营效率。

第三，利率结构失衡。利率结构包括风险结构和期限结构，合理的利率结构是指利率的种类、期限和层次等方面都具有合理性。利率管制对利率结构的扭曲表现在市场利率大于法定利率、国债利率大于银行贷款利率等，造成市场风险较大、法定利率驱逐市场利率的逆向选择，这违背了资本市场运作规律。利率结构失衡的不利后果有：其一，失衡的利率结构形成的不合理的金融工具价格和它们之间的关系对资本价格的冲击使资源配置效率低下，并且，不合理的多种金融工具的不同价格使经济人受利益所驱动而“寻租”。其二，失衡的利率结构不利于资金的正确流向，造成货币紧缩效应，使市场不能明确利率政策的指向，从而进一步加剧了资本的低效率。比如，央行对商业银行的存贷款利率大于商业银行对企业或居民的贷款利率，这显然会使以利益最大化为经营目标的商业企业将资金存入央行，而归还央行的再贷款以改善负债结构，此时必定削弱商业银行的放贷意向，从而货币供给减少，若央行实行扩张性的货币政策以缓解经济萎缩，这显然会削弱其政策效果甚至达不到预期政策目标。我国针对上述情况在 1998 年调整了央行存贷款利率和商业银行的存贷款利率，使之能合理对接，但是利率结构仍然表现出诸多环节的不合理，简单的调整并不能从实质上解决利率结构的内在问题。

由于利率管制阻碍了利率市场化进程，自 1996 年以来，我国虽然统一了同业拆借市场，但是仍然无法改善利率本质上的问题，效果并不尽如人意，尤其是不同的利率市场之间的联系性较少，处于分割对立状态，致使市场不同利率也不同，比如，同业拆借市场和银行间债券回购市场的利率是不同的。

2. 货币市场不发达与货币分布结构畸形

货币市场是利率传导过程的载体，央行首先通过调整利率影响货币市场或直接调整基础货币来影响货币市场，通过货币市场的流动性等特质，影响资本市场、信贷市场和外汇市场，从而影响产出。由于货币市场能保证银行、企业等微观主体的资金的安全性、流动性，因此，健全的货币市场会促进央行货币政策的效率。但是，我国的货币市场在现有体制下仍存在较大的问题，如货币市场效率不高、货币市场不够发达，造成这种窘境的主要原因有：一是货币市场交易主体单一。我国货币市场的交易主体范围较窄，除商业银行以外的其他金融机构均没有资格进入，这不仅没有体现市场需求，而且当企业、居民通过这些金融机构了解到有关政策信息时，这种金字塔形式的信息传导方式，增加了货币政策指向传导的实质性和不准确性。另外，这种“单边市场”的形式使商业银行相对于其他金融机构处于优势地位，而不能形成公平竞争，不利于市场化。二是货币市场交易工具单一。我国货币市场面临着交易工具不能多样化的难题。交易工具多样化可以满足多样化需求，增加市场的活跃度，有利于改善货币市场的不发达和低效率；货币市场的交易工具体系结构的均衡是货币市场健康发展的长远基础。因此，多样化交易工具有利于货币政策的传导。

此外，利率传导过程实际上是在原来的货币存量基础上影响货币流向，进而再影响货币存量的分布结构。通常，货币存量分布结构的变动对利率变动的敏感度是与货币存量分布结构的合理性、平衡性呈正相关关系。

3. 微观经济主体对利率缺乏敏感性

金融机构、企业和居民等微观经济主体作为货币政策的作用对象与政策的互动方式显然会影响政策的传递效率。

而我国微观经济主体对利率缺乏敏感性，这主要有四个方面的原因：一是居民易对经济状况产生消极心理，从而产生消极预期。比如，国有企业和事业单位改革减少了工资的稳定性，从而加剧了人们收入的不稳定性，再加上社会保障体系并不完善，滞后于工资改革进程，这种极大的不安全感使个人在面对医疗、住房、养老、教育等方面的问题时，压力会增大，这就增加了凯恩斯流动性偏好理论中货币持有动机中的预防性动机的比重，从而增加储蓄，而外界的利率变动很难打破这一货币需求动机，因此居民对利率的变动敏感性低。二是居民的大部分收入都用来储蓄、房屋购置，负债动机小，这造成资产结构扭曲。这种扭曲的资产结构使居民对利率的变化敏感度低。三是金融机构的风险防控机制不完善导致对利率变动敏感性较差。我国金融机构长期以来受到体制的影响，由于面临各种风险，又在风险防控机制上没有很大的突破，利差的变动又对其利润影响较大，因此，当货币当局调整利率时，金融机构往往意图规避。这也是金融机构对利率敏感度低的原因之一。四是企业由于存在“预算软约束”等问题，当企业出现运营效率持续低下时也能通过他方的支持继续发展的现象，因此，利率的变动对其经营影响较低，从而其对利率的敏感度也低。

（二）我国基准利率尚未确定

我国存在很多“准基准利率”，想要实现利率规则与我国市场经济相适应就必须确定基准利率。我国的 1 年期存款利率、再贴现率、国债利率、央行票据发行利率、回购利率、银行间同业拆借利率本身缺陷决定它们不适合作为我国的基准利率。

第一，1 年期存款利率不适合作为我国基准利率的原因如下：一是 1 年期存款利率是一种非市场化利率，由央行控制，虽然较为稳定，但却缺少能与市场相匹配的弹性，不能正确引导资金流向和反映资金供求状况；二是利率市场化是大势所趋，在这种宏观经济环境里，存贷款利率最终也将市场化，因此 1 年期存款利率就不再适合作为我国基准利率的近似替代了；三是央行对 1 年期存款利率的管控使其丧失了反映商业银行融资成本和真实风险结构的能力，从而对我国基准利率的估计偏差加大；四是从政策调控的目标来看，以1年期存款利率作为政策传导的中介，不利于使我国货币政策传导的中介目标模式由数量模式转为价格模式。我国的1年期存款利率与国际认定的基准利率在内涵上有一定的出入，在经济全球化的大背景下，显然会对人民币国际化造成不利影响。

第二，再贴现率和再贷款利率也不适合作为我国基准利率。原因如下：再贴现率和1年期存款利率一样，都是受央行的直接控制，其市场弹性差。不同的是，再贴现率的决定还受到商业银行贴现意向的影响，但实际上，我国商业银行往往在居民的预防动机等影响下资金管理较为宽松，所以其融资方式并不像央行所期望的那样，可以通过再贷款或再贴现利率增加资金，而是向金融市场进行融资。

第三，国债利率不适合作为我国基准利率的原因是品种结构不协调，即中长期国债较多，短期国债较少。此外，国债现行无规律的发行方式和发行市场的分割，一方面使其不能具备反映资金流向的能力，从而不能通过其变动了解到资金供求状况；另一方面导致货币政策的传导受到不同分割市场形成的不同利率情况的阻碍。财政部门与央行之间的协调工作也影响着国债利率市场。针对我国的实际情况，国债市场仍然受到国家体制、自身发展不完善的束缚，使得其不适合成为我国基准利率的近似替代。

第四，央行票据发行利率受到自身缺点和政策的局限，与前三种利率一样，都有不能准确反映资金供求的缺陷，因而不适合作为我国的基准利率。具体来说，其局限性主要体现在：央行票据的市场主体对象为金融机构，居民是无法参与进去的；央行票据有3个月和1年期限的产品，期限结构较为单一，市场活跃度低；发行央行票据业务本身具有的特点使货币资金从实体经济流入央行体系内，增加了央行的负担，有可能造成社会效益低下，经济效益达不到预期目标；在政策管制下，央行票据的发行是没有市场规律可遵循的，它往往达到央行的政策意图如收回过多的基础货币等就暂停，无法对它的发行预计，也无法保证其发行的连续性。

第五，在我国，回购利率作为基准利率的近似替代也是不合理的。主要原因如下：一是回购利率种类少，包括隔夜和 7 天两种回购利率，这导致期限结构不合理。回购交易的可逆性使央行在执行货币政策时，以稳定短期利率为目标，这种操作会对资金的影响变成中性。期限结构的不合理致使回购利率的收益率曲线是不完整的，也会对回购利率的形成造成直接不利影响。二是存在交易所债券市场和银行间债券市场两种分割市场。由于这两种市场存在价格形成机制、市场范围、市场收益率、清算系统等方面的不同，结果就会阻碍货币市场与资本市场的资金对接，影响资金在市场上自由流动，从而对货币政策的推行造成了一定的阻碍。三是回购利率与股票市场的稳定程度有密切的关系。当股票市场有较大的震动，会导致回购利率的不确定性，当股市波动是由大资金控制时，回购利率此时便不能反映市场预期。

第六，银行间同业拆借利率同样存在其难以解决的问题而不适合作为我国基准利率的近似替代。原因如下：一是银行间同业拆借利率同样存在期限结构的问题，主要是中长期拆借交易在整个交易品类总量中比例过低；二是以实盘交易为特征的银行间同业拆借在数据的连续性和全面性方面具有很大的劣势，也就不能形成完整连续的收益率曲线；三是银行间同业拆借利率是在忽略交易主体的特性如信用级别，仅根据其实际成交量的简单加权平均算出的，这种计算方式使银行间同业拆借利率不能反映实际利率；四是银行间同业拆借业务完全脱离信用体系，在整个业务进行至结束的过程中，是没有任何担保的，这就加大了银行间同业拆借利率的风险，从而很难体现实际利率水平。

（三）我国当前货币中介目标弊端大

合意的货币政策在完善的利率传导机制条件下，会顺利实现预期政策目标。比如，在经济波动不尽如人意时，美联储通过调整联邦基金利率影响存贷款利率、需求等各经济变量，进而实现刺激经济增长的目标。我国实行泰勒规则这一货币政策准则时必须消除利率传导机制的障碍，促进市场化进程。我国虽然在部分利率市场，如银行间同业拆借市场等基本实现了市场化，但是从银行拆借利率过渡到真正的市场利率还需要进一步塑造、培养它们之间的生成机制。泰勒规则是通过短期利率影响存贷利率，而市场化的利率生成机制导致这个过程无法顺利进行。

我国必须尽快建立以利率为货币政策的中介目标，而这又与我国市场现状很不匹配，建立与其相匹配的市场经济对提高经济效益、协调产业结构、提升政策效率等方面都有极其重要的意义。要建立以利率为货币政策的中介目标，还有一个原因是我国之前的以货币供应量为中介目标对于调控我国经济自实施以来的效果表现为与政策预期偏差越来越大。回顾这个历程，我国先以信贷规模作为货币政策中介目标，在 20 世纪八九十年代的经济冲击后，修改为以货币供应量为中介目标，2003 年以来，以货币供应量为中介目标对改善经济的作用开始减弱。原因如下：

第一，央行对基础货币的投放难以控制。首先，我国的汇率制度没有放开管制，尽管其名义上为浮动汇率制度，实际上却围绕着美元的固定汇率制度为浮动标准，从而使基础货币的投放基准受到一定的束缚，使央行的货币政策失去了主观能动性。其次，央行对再贷款、再贴现的控制能力有所减弱。我国商业银行存在准备金存款与再贷款同时增加的特点，这样央行就难以通过提高再贷款利率限制商业银行的再贷款，从而使央行对 M1 和 M2 的控制力有所减弱。再次，金融创新使金融市场出现难以监管到的金融产品，从而对货币供应量的统计出现了困难，金融创新也使得 M1、M2 的构成复杂化，削弱了货币政策。最后，金融自由化加剧了货币传导机制的复杂性和控制货币供应量的难度。利率市场化、市场融资方式的转变使货币政策传导渠道由传统的信贷渠道转变为以利率、托宾 Q 以及股市财富效应的新渠道。金融自由化衍生出很多金融工具、新式电子支付工具，从而创造出更多的货币政策传导渠道，这就使货币政策传导方式更趋于复杂化，而不同层次之间的货币可以通过金融创新而相互转化，这就使原来的货币层次划分界限变得模糊起来，从而使以货币供应量为货币中介目标的优势，如相关性、可控性等降低，进而货币政策效果更具有不确定性了。

第二，指导我国货币政策的规则较为单一，应逐渐增加以利率为中介作用的泰勒规则来指导我国货币政策的实施，以应对金融创新逐渐活跃的新市场。

第三，货币乘数不稳定。货币乘数的影响因素有公众通货比率、存款比率、商业银行超额准备金率等，而以上这些因素在预测时又有一定的难度，所以央行很难把控货币乘数。

第四，我国的货币市场和债券市场还存在市场分割、期限结构问题等，央行公开市场操作调整基础货币的效果与预期目标的偏差仍然很大。

第五，微观经济主体的非理性化行为和非市场化行为削减了货币政策效果。央行货币政策取向和居民、企业、金融机构等微观经济主体共同影响着货币政策的传导机制。居民对利率的变动反应不敏感；国有企业缺乏危机感，对宏观经济环境的变化及货币政策的施行表现平静；金融机构市场化改革仍待完善。

（四）我国货币政策有效性制约因素多

《中国人民银行法》明确规定，中国货币政策的目标是保持币值稳定，并以此促进经济的增长。谢平（2000）、戴根有（2002）、蔡跃洲（2004）认为，中国货币政策的目标是单一的，即稳定物价，促进经济增长是其调控目标。由于我国中央银行制定货币政策时，受宏观经济变动和政府内外压力的驱使，不得不兼具物价稳定、经济增长、充分就业、国际收支平衡等多重目标。但是，多重政策目标使央行的政策规则更显得过于单一化，也不利于运用以利率为中介目标的泰勒规则作为我国货币政策利率调控的指导原则。虽然近年来我国在政策制度透明化等方面做出了很大努力，但仍不及美联储或者一些新兴市场经济国家，因此在货币政策效率问题上仍然很严重。制约我国货币政策的因素主要有：

第一，外汇储备高速增长。虽然外汇储备有增强综合国力、稳定本币汇率的作用，但是外汇储备过多就意味着过多的基础货币。2014 年年末，我国外汇储备累积约 3.84 万亿美元，增长了 217 亿美元，当央行运用货币政策回笼货币时，仍然不能对基数很大的基础货币造成显著的影响，在资本市场和货币市场上，超额外汇储备形成的基础货币资金流动性仍然过剩，央行紧缩性的货币政策实际上收效不乐观。

第二，政府投资规模过大。政府为实现 GDP 增长目标，会盲目引进投资，大搞基础设施建设，但这种以经济增长为唯一目标的增长方式往往带来的负面影响也较多。这些负面影响主要体现在：经济结构性矛盾突出，经济增长越来越依赖投资的增长，即投资与消费之比、消费内部元素之比更加不协调；收入差距拉大，城乡购买力差距增大，消费结构失调；区域经济不平衡；城乡差距扩大；挤出民间投资，投资转化机制有待构建和完善；通胀压力加大；政府投资规模过大等这些负面影响，使货币政策效果的不确定性加大，不利于货币政策的有效实施。

第三，财政资金存量过多。财政政策对货币有效性产生影响的方式是通过财政收支总量和结构影响央行的货币控制能力。具体为：财政赤字是通过向央行借贷的方式来弥补的，财政向政策性银行的借贷削弱了央行对货币总量的控制力；隐形赤字和信用财政化使银行体系的信贷变为刚性。我国财政资金年末支付对货币政策也会造成很多不利影响，主要体现在：财政资金年末支付使货币政策的影响从财政资金的支付时点开始渐渐散播开，加剧了货币政策的滞后性；财政年末集中支付即对基础货币的大量释放，使央行难以准确把握货币政策。

第四，货币市场功能残缺。货币市场的利率和基础货币等的变动具有很高的灵敏性，是反映资金流向和资本供求的优良场所，因此也成为央行施展货币政策调控经济的关键场所之一。货币市场作为央行实施货币政策的基础平台，是货币政策传导过程的关键。但是，我国的货币市场功能并不理想，仍然存在货币市场运行效率低，发达程度不高等方面的缺陷。除了本章前面已论述过的交易主体单一、交易工具单一、货币市场结构不协调等缺陷外，还表现在：我国货币市场发展程度不高、存在市场分割现象、导致流动性较差、关联度不高、活跃度低，从而对风险的识别、预防、控制能力较差。货币市场各子市场发展不均衡。一方面，区域不同，货币市场发展程度也不同，东部在规模、发展速度等方面优于西部；另一方面，从债券市场内部来看，企业债券市场的发展程度不及政府债券的发展程度。所以，货币市场作为货币政策公开市场操作的基础平台，由于各种原因而不能实现央行进行货币政策的预期目标。

第五，中央银行缺乏独立性。相关研究表明，央行独立性在维持一个国家的通胀水平、价格稳定等方面起到重要作用。具体表现为：一个国家的通胀水平与央行独立性呈现负相关关系，即央行独立性越高，通胀率往往越低，反之则越高。央行独立性较高与通胀率较低形成的这层关系中的低通胀率与降低经济增长导致的低通胀率是不同的，后者是通过牺牲经济增长来实现的低通胀。且央行独立性高的国家，失业率与央行独立性低的国家相比，差别并不大。从以上关系中可以推测出央行独立性与价格稳定之间存在显著的相关关系，而与经济增长没有必然联系，所以，央行独立性能促进货币政策的有效性。对我国来说，央行却不具备独立性这一优势。主要原因：其一是缺乏目标上的独立性。从央行所属部门来看，由于我国央行法律上隶属于国务院，因此，国务院是真正拥有货币政策决策的权利部门，而国务院本身的权利性质导致其决策受政府影响。从央行工作成员来说，货币政策委员会的成员是政府部门的成员，在这种情况下，货币政策必然受政府等多方牵制，其政策实施决策是央行、财政部门等互相博弈、谈判的结果，市场在整个决策过程中的地位是很渺小的，所以，货币政策与政府决策变动之间有密切联系，后者往往使前者出现动态不一致。央行为了实现宏观调控目标，如物价稳定、充分就业、经济增长等，需要与其他部门协商，做出让步，因而使央行货币政策的目标混入与其他经济部门相关的目标，如国企改革、配合财政政策等。多重目标加剧了货币政策实施的冲突，从而降低了货币政策效率。央行为协调平衡这些目标，不得不对自己的预期目标折中。其二是缺乏操作上的独立性。操作独立性意味着完全依赖市场发挥政策工具的调控作用，而这在我国目前还不能实现。主要是因为：作为施展货币政策的基础平台的货币市场不够发达，商业银行信贷调控就成为我国货币政策传导的主渠道，即央行通过货币政策来影响商业银行的反应行为，从而实现货币政策的传导。因此，央行对货币政策的操作要考虑商业银行的反应，即央行必须考察“窗口指导”政策执行的可行性及其结果。央行和商业银行间的关系在利率市场化没有实现之前，仍然保持紧密关系，而由以上分析可知，商业银行的反应与央行的货币政策操作也是具有一定关联关系的，因此，央行的操作独立性受到限制。

第六，金融创新发展迅速。央行通过基础货币影响货币供给量，但是金融创新的工具有大额可转让定期存单（CD）、可转让支付命令账户（NOW）、自动转账服务（ATS）、货币市场共同基金（MMMF）、货币市场存款账户

(MMDA)、卡式货币、电子货币、金融期权等，它们不仅使货币层次划分模糊，而且促进了资本流动性，加速了货币流通速度，从而削弱了央行的货币政策效果。具体来说，金融创新形成的金融工具会在信贷扩张时放大信用膨胀，在信贷紧缩时抵销信用紧缩。央行通过一些中间变量，如利率、基础货币等实现稳定发展的目标。由于金融创新使相关经济变量的统计计算变得更为复杂，这就加大了央行货币政策决策的难度，并且加大了货币政策结果的不确定性。

同时，金融创新工具对公众的影响也较大，对公众而言，货币和一些短期金融工具之间是可以近似相等的。

利率规则的成功运用必须在满足一定的经济金融环境条件下，例如，利率完全市场化、浮动的汇率制度和以抑制通胀和保持经济稳定增长为双重目标的利率调控。而中国的经济金融环境尚不能完全满足以上前提条件，故对于市场机制不发达、利率传导机制还不完善的中国而言，用泰勒规则进行操作的利率政策不能实现既定的目标。尽管如此，泰勒规则却可以作为我国货币当局调节利率的一个基准，用来判断当前的货币政策是偏松的还是偏紧的，因此，它还是具有一定价值和参考依据的。但在全面深化改革的时代背景下，随着我国利率市场化的逐步实现和外汇汇率机制的改革发展，利率指标将比货币供应量指标更适合充当我国货币政策的中介目标。因此，应当在全面深化改革、发挥市场在资源配置中的决定性作用环境下，根据金融发展和金融开放的经验，积极借鉴先进研究成果和他国实践经验。一方面，要把握宏观经济调控的一般规律，汲取先进国家在经济金融政策上的经验，认识到货币政策从货币供应量中介目标向利率指标进行调控的客观必然性，积极为利率机制的传导创造良好的金融经济环境，充分发挥中国人民银行作为货币政策制定者和实施者的作用。具体来说，就是逐步构建统一开放、竞争有序的金融市场环境，实现金融市场尤其是银行业对利率的自主决定，充分发挥央行对于引导市场预期和增强市场信心的作用，建立健全以中央银行基准利率为核心的利率调控货币政策传导机制，提高货币政策透明度、货币政策制定的前瞻性和市场灵敏性，建立适合国情的利率规则，以真正发挥利率调控的优势，促进我国金融市场多元化发展，改善货币政策的实施效果。另一方面，要立足本国实际，坚决反对生搬硬套。泰勒规则过于简单化和机械化，既没有考虑各国的制度因素，又没有为央行吸收外部信息、反馈信息和调整货币政策预留一定空间，只是单纯机械地强调利率变动与产出缺口和通货膨胀率缺口的对应关系。因此，在进行货币政策决策和实施过程中，必须坚持因地制宜、因势利导的原则。当然，货币政策的制定和实施是一项庞大复杂的系统工程，需要随环境的变化而调整，货币政策的实施不应拘泥于固化的理论，而要在调整变化中实现最优。

第四章

利率规则及其扩展规则对中国市场经济的拟合检验

第一节　变量选择与来源

在利率规则中涉及多个变量，主要有利率、通货膨胀率、长期均衡的真实利率、通货膨胀率目标值、实际产出、潜在产出及产出缺口。

一、利率

由于利率市场的多样化导致利率的多样化，所以探讨选择何种利率作为本章模型的变量是必要的。根据本章模型的需要，我们所选利率要满足市场化程度相对较高的要求，以配合本章利用货币政策分析市场的要求。泰勒选择联邦基金利率研究泰勒规则。但根据我国实际经济情况，考虑到既要满足高度市场化，又要满足具有相当大的信贷规模的条件，银行间同业拆借利率作为本章考察对象是最优选择。国债市场虽然经过逐步改革，在发行机制和二级市场的运作方面都已趋向市场化，但因其规模较小，不能映射出我国资金供求状况，所以并不能很好地体现本章模型的需要。但对于银行间同业拆借市场来说，我国自 1993 年以来在对利率市场化不断探索前进的过程中，多次对银行间同业拆借市场利率进行改革，于 1996 年初步形成统一的银行间同业拆借市场，这也成为终结拆借市场混乱局面的开始。并且，银行间的同业拆借市场与市场化程度也很高的银行间债券回购市场存在格兰杰（Granger）因果关系，这种关系使两者之间的利率有显著关系，在交易动机上同样具有很大的一致性（杨绍基，2005）。因此，选取同业拆借市场利率作为本次模型中市场利率的替代变量是具备一定合理性的。

1993年前后，拆借市场出现了混乱拆借的行为，具体来说就是某些金融机构利用拆借市场拆入的部分资金投资到证券和房地产等方面，由此将拆借市场当作他们的长期融资渠道，这实际上是一种银行规避信贷规模管理的行为（谢多，2001）。但是，对于上海地区的同业拆借市场来说，由于上海本身是当时国内的金融中心，也是国内最大的短期资金集散地，其秩序良好。在这种同业拆借市场环境下，上海同业拆借市场的业务、融资中心的交易量逐年攀升（陈人俊，1994）。综合上述对同业拆借市场的探讨，将上海地区的同业拆借市场作为我国1996年联网之前全国同业拆借市场的缩影是合理的（谢平、罗雄，2002），也正因为这样，将上海融资中心的同业拆借利率选作本模型在1992—1995年的利率，将7天同业拆借利率选作本模型在1996—2009年的利率，其数据均取自《中国人民银行统计季报》，又因为《中国人民银行统计季报》是按照月度来报告数据的，因此季度平均利率通过阅读数据加权平均得出。

二、通货膨胀率、目标通货膨胀率、实际利率与长期均衡的实际利率

本章选择以季度衡量的季度通货膨胀率，是通过月度通货膨胀率加权得到的。使用月度的全国CPI去衡量通货膨胀率。而月度CPI数据均是较上年同月上涨的幅度，即以上年同月CPI＝100来衡量月度CPI。从而转换后的季度通货膨胀率均是相对于上年同季度的CPI上涨率。根据公布的目标通货膨胀率及其他学者所采用的数据，本章决定选择的目标通货膨胀水平是4个百分点。

表4－1　我国政府公布的历年目标通货膨胀率

年　份	RPI*	CPI*
1992	6	
1993	6	
1994	10	

续表

1995	15	
1996	10	
1997	6	
1998	3	5
1999	2	4
2000	—	4
2001	—	1—2
2002	—	1—2
2003	—	1
2004	—	3
2005	—	4
2006	—	3
2007	—	3
2008	—	4.8
2009	—	4
2010	—	3
2011	—	4
2012	—	4
2013	—	3.5
2014	—	3.5

说明：RPI* 表示我国政府公布的目标零售商品价格指数（以上年为基期），CPI* 表示我国政府公布的目标居民消费价格指数（以上年为基期）。1998 年以前，是以零售商品价格指数作为通胀目标的中介，而 1999 年以后，以居民消费价格指数作为通胀目标的中介。实际利率为每个季度的名义利率减去该季度的通货膨胀率，而长期均衡实际利率为历年各个季度实际利率的平均值。因为，只要时期足够长，实际利率均值就能够反映长期均衡实际利率。根据计算得到长期均衡的实际利率的均值为 0.48%，中位数为 1.41%，则可以选择长期均衡实际利率为 1.5%。

三、真实 GDP、潜在 GDP 与产出缺口

真实季度 GDP，为名义季度 GDP 扣除通胀因素。因为采用的是从 1992—

2009 年的所有季度 GDP，92 个观察值，从统计局网站的季度数据中可以得到。但是，公布的季度数据都是按当年价格计算的名义季度 GDP。为了使得真实季度 GDP 可以有所比较，必须要有一个共同的基期。可以先设定以 1991 年 4 个季度分别为基期，可以得到 1992—2014 年 92 个季度相对于 1991 年各季度为基期的通货膨胀率，被称为累积通货膨胀率。

GDP 缺口是指实际 GDP 与潜在 GDP 之间的缺口，由于 GDP 缺口描述的是现有阶段资源利用情况，反映了经济周期波动中的供求差异，进而影响了通胀，成为理论界和实际工作较关注的问题之一。从理论上来说，如果 GDP 缺口为正，即实际 GDP 大于潜在 GDP，表明总需求增加的速度大于总供给，从而有拉动通胀上升的趋势；若 GDP 缺口为负，表明需求增加的速度小于总供给，有促进通胀下降的趋势。从实际工作的政策角度来说，为实现经济均衡发展的目标，正的 GDP 缺口意味着为阻止经济过热和通胀水平增加会偏向于紧缩的财政和货币政策；负的 GDP 缺口意味着阻止经济萧条和通货紧缩会偏向于宽松的财政和货币政策。所以，GDP 缺口的测算对政策制定的方向有重要意义，而 GDP 缺口的测算中，关键是潜在 GDP 的估计。

$$C_{\pi ti}=\prod_{k=1992}^{t}(1+\pi_{ki})-1,\ i=1,2,3,4\qquad t=1991,1992,\cdots,2014$$

其中，π_{ti}表示第 t 年第 i 个季度相对（t－1）年第 i 季度的通货膨胀率，$C\pi_{ti}$表示累积通货膨胀率，即第 t 年第 i 个季度相对 1991 年第 i 季度的通货膨胀率。再进一步可以得到相对于 1991 年 1 月份的累积通货膨胀率 $C\pi_{ti}$。需要知道 1991 年的 12 个月份的环比 CPI，进而通过环比 CPI 计算出 1991 年 4 个季度相对于 1991 年 1 月份累积通货膨胀率 $C\pi_{1991i1}$，利用 2008 年公布的各月环比 CPI，可以得到 2008 年 4 个季度相对于 2008 年 1 月份为基期的累积通货膨胀率，且与以 1991 年 1 月份为基期的累积通货膨胀率成比例，利用该比例关系，以及（$C\pi_{ti1}+1$）＝（$C\pi_{ti}+1$）（$1+C\pi_{1991i1}$）。可以得到 1991 年 4 个季度以 1991 年 1 月份为基期的累积通货膨胀率 $C\pi_{1991i1}$。

再次利用 $(C\pi_{ti1}+1)=(C\pi_{ti}+1)(1+C\pi_{1991i1})$ 可以得到 $C\pi_{ti1}$。从而第 t 年第 i 个季度以 1991 年 1 月份为基期衡量实际 GDP 的 y_{ti1}，可计算如下：

$$y_{ti1}=\frac{y_{ti}}{C\pi_{1991i1}}=\frac{y_{ti}}{(1+C\pi_{1991i1})\prod_{k=1992}^{t}(1+\pi_{ki})}$$

为了下面分析方便以后都记为 y_{ti}；时间序列记为 y_t。

为得到潜在季度 GDPy_t^p 需要经过两步：第一步，y_t 经过季节性调整，除去季节性因素，得到季节性调整季度 GDP；第二步，在第一步基础上，把经过季节性调整的季度 GDP 的趋势因素与循环因素区别开来，从而得到潜在季度 GDPy_t^p。

在季节性调整中，采用移动平均比率方法的乘法模型得到季节性调整的季度 GDP，需要通过五个步骤得到：

步骤 1：首先对时间序列 y_t 进行中心化移动平均，得到趋势循环：

$$TC_t=(0.5y_{t+2}+y_{t+1}+y_t+y_{t-1}+0.5y_{t-2})/4$$

步骤 2：计算 SI_t 序列：

$$SI_t=y_t/TC_t$$

步骤 3：计算季节调整因子 S_j (j=1，2，3，4)：

S_j 为 SI_t 时间序列中所有第 j 个季度的平均值。

步骤 4：标准化季节调整因子 S_j 得到 S_j：

$$S_j=S_j/\sqrt[k]{S_1\cdot S_2\cdot\cdots\cdot S_k}\quad(j=1,2,3,4,k=4)$$

步骤 5：计算季节调整最终结果得到季节性调整季度 GDP，记为 TCI_t：

$$TCI_t=y_t/S_j\quad(j=1,2,3,4)$$

采用 HP（Hodrick－Prescott）滤波方法将季节性调整季度 GDP，即 TCI_t 的趋势项 y_t^p 与循环项 y_t^c 区别开来。则有了 $TCI_t=y_t^p+y_t^c$。

HP 滤波方法实质上是使得下面的损失函数最小：

$$\min_{y_t^p}\left\{\sum_{t=1}^{T}(TCI_t-y_t^p)^2+\lambda\sum_{t=1}^{T}[(TCI_{t+1}-TCI_t)-(TCI_t-TCI_{t-1})]^2\right\}$$

一般 $\lambda=1600$。该函数最小化解就是潜在实际季度 GDPy_t^p。在得到潜在实际季度 GDPy_t^p 之后，才可以计算产出缺口 gap_t：$gap_t=100\ (TCI_t-y_t^p)\ /y_t^p$。

第二节　变量的描述

一、变量统计描述

表 4－2 显示了各变量的峰度、偏度、JB 统计量、中位数等的统计量，通过这些统计量，可以初步了解这些变量的分布特征。从 JB 统计量值及相应 P 值可以知道：我国实际产出 y_t、潜在产出 y_t^p、通胀率 π_t、利率 i_t 与产出缺口 gap_t 这五个变量在 5％的显著水平下拒绝它们服从正态分布。从偏度中可以知道：实际产出 y_t、潜在产出 y_t^p、通胀率 π_t、利率 i_t 与产出缺口 gap_t 这五个变量的偏度都为正，说明它们的分布较正态分布而言都是右偏的，长尾巴拖在右边，其中，以通胀率 π_t 与产出缺口 gap_t 右偏程度最强，而潜在产出 y_t^p 的右偏程度较弱。从峰度可以知道：所有变量的峰度都为正，说明它们的分布较正态分布更为陡峭，呈现出尖顶峰，其中，以通胀率 π_t 与产出缺口 gap_t 分布最为陡峭，峰顶也最尖，而利率 i_t 较弱。

表 4－2　变量基本统计量

	实际产出 y_t	潜在产出 y_t^P	通胀率 π_t	利率 i_t	产出缺口 gap_t
均　值	55528.02	55528.02	4.584891	4.973573	0.588585
中位数	33790.5	34691.44	2.600000	3.050450	0.031228
最大值	201440.8	169984.2	26.90000	12.79980	18.32521
最小值	5013.3	5604.063	－2.17000	0.670200	－6.897996
标准差	48148.33	47050.87	6.310449	3.834425	3.513110
偏　度	1.118764	0.970513	1.879297	1.035013	1.497004
峰　度	3.283782	2.677942	6.138371	2.453305	8.924007
JB 统计量	19.50040	14.83999	91.90955	17.57157	168.8888
P　值	0.000058	0.000599	0.000000	0.000153	0.000000
观测个数	92	92	92	92	92

表 4－3 显示了变量相关系数矩阵，通过表 4－3 可以了解变量间的相关程度。从中可以看出：实际产出 y_t 与潜在产出 y_t^P 呈现出正相关性，且相关系数为 0.979199。潜在产出 y_t^P 与利率 i_t、通货膨胀率 π_t 以及产出缺口 gap_t 的相关系数为负，表明潜在产出与货币因素有一定关系，而不是简简单单地认定它们无关，并且与利率的负相关关系最大，可以使用劳动力市场上磁滞理论来解释，因为紧缩性货币政策可能会使得劳动力失去劳动技能等；利率与通货膨胀率有很强的正相关性，根据费雪效应可以解释，更高通胀率会最终造成更高的

表 4－3　变量相关系数矩阵

	实际产出 y_t	潜在产出 y_t^P	通胀率 π_t	利率 i_t	产出缺口 gap_t
实际产出 y_t	1.000000	0.979199	－0.268301	－0.466254	－0.225543
潜在产出 y_t^P	0.979199	1.000000	－0.270056	－0.484088	－0.282642
通胀率 π_t	－0.268301	－0.270056	1.000000	0.754654	0.173126
利率 i_t	－0.466254	－0.484088	0.754654	1.000000	0.399517
产出缺口 gap_t	－0.225543	－0.282642	0.173126	0.399517	1.000000

利率；产出缺口 gap_t 与潜在产出 y_t^p 呈现负相关关系，而与利率 i_t 与通货膨胀率 π_t 存在正相关性。

二、变量时序图描述

虽然变量的统计特征可以发现变量自身一些例如分布方面的特征，但时序图把变量在整个观测区间的取值都直观展现出来，利用这些时序图能更进一步描述相关的经济现象。

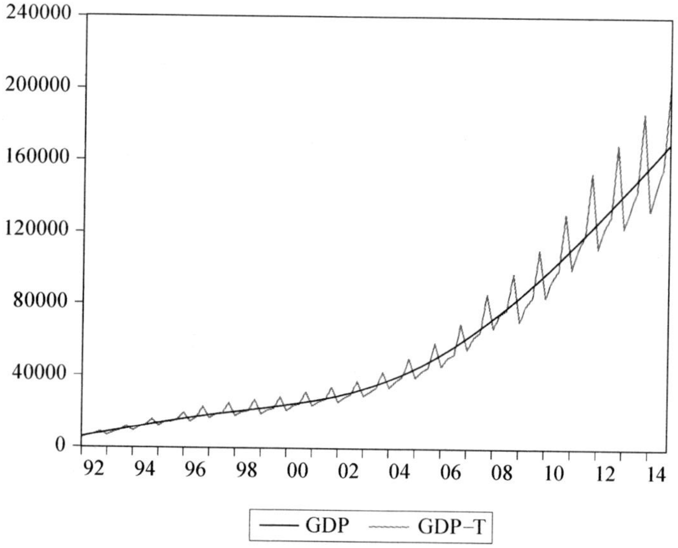

图 4－1　实际产出与潜在产出时序图

注：GDP 指实际产出，GDP－T 指潜在产出。

图 4－1 可以大致反映出：以 1991 年价格为基期，我国潜在产出可从 1992 年第一季度的 5000 多亿元，增长到 2014 年第四季度的近 201441 亿元，增长了约 40 倍，平均每年都会使得潜在产出增长一倍多。并且，实际产出因季节因素与周期性循环因素而围绕潜在产出水平波动，通过锯齿形的结构可以知道我国实际产出的季节性因素十分明显，一般都是第一季度的实际产出 y_t 较低，

到达第四季度实际产出往往会达到年度内单个季度的顶峰。通过图 4－1 可以大概反映出，2002 年第一、第二季度附近似乎我国潜在产出水平增长率开始变得更快，“预示着”2002 年以来我国经济似乎发生了质的飞跃。随着时间的推移，潜在产出也大幅度增加，与此相伴的是季节性与循环性因素也因经济体增大而有更大影响。

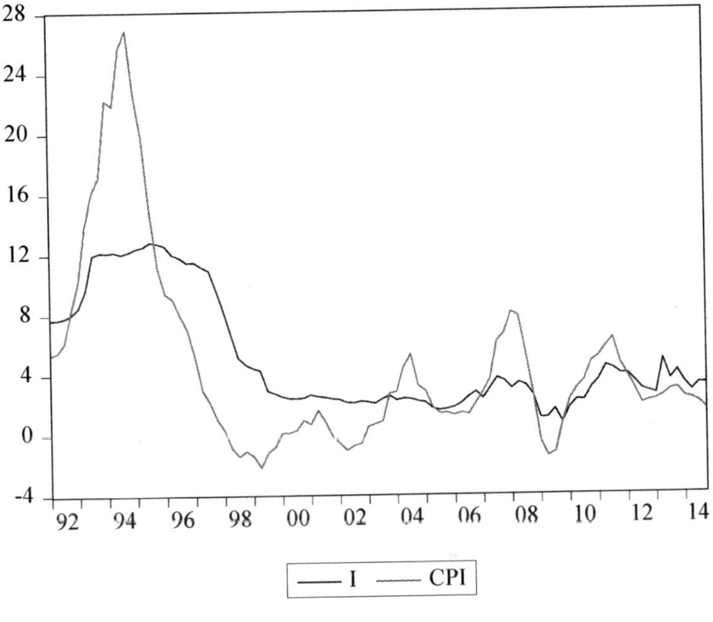

图 4－2　通货膨胀率与利率时序图

图 4－2 给出了我国利率 i_t 与通货膨胀率 π_t 的时序图，通过该图可以看出：一是我国实际利率在 1992 年第三季度至 1995 年第四季度长达两年多的时间内，通货膨胀率 π_t 远高于名义利率 i_t，在此期间也是我国通货膨胀率自 1992 年以来最高的时期，曾经一度达到 25％以上，背后的原因有 1993 上半年国内金融秩序混乱，大量资金投入到国内沿海地区房地产市场，与此同时，政府部门、诸金融机构与银行因利益关系纽带结合在一起，使得房地产融资量增

大，同时，这些机构也在逃避中央银行监管，使得货币信贷量大增，物价上涨，人民币也一度贬值超过 30%。之后开始采取紧缩性货币政策，通货膨胀率逐渐下降。2007—2008 年，我国通货膨胀率再次超过名义利率水平。二是虽然我国居民投资渠道较狭窄，但是在 1992—2014 年这 23 年的时序数据中，可以看出绝大多数名义利率是处在通货膨胀率之上，这符合基本的经济学规律。三是 1998—2000 年，2002 年左右及 2009 年前三季度我国通货膨胀率为负值，这些都与一些重大的国际事件相关，即亚洲金融危机、“9·11”事件及次贷危机引发的全面的经济危机。四是 2013—2014 年我国利率高于通货膨胀率，表明我国这段时间，经济发展速度放缓，经济过热现象减弱，通货膨胀率降低，利率市场化进程加快，银行间竞争加大，逐步提高利率水平。

第三节　国外参数在我国拟合的利率规则值分析

如果以西方国家利率规则中的参数拟合我国利率规则值，根据拟合的规则值比较我国利率水平，并对我国实际利率与规则利率的差距做出判断。利用该信息，可以得到我国利率是否要按照西方国家利率规则行事。

由于西方国家利率规则至少有三种形式，选择最为经典的泰勒规则去拟合。规则如下：

$$i_t^* = \bar{r} + \pi_t^m + 0.5\,(\pi_t^m - \pi^*) + 0.5gap_t$$

规则表明：第 t 期利率规则值 i_t^* 等于四项加权之和，分别是长期均衡的实际利率 $\bar{r}$、前四季度平均通货膨胀率 π_t^m、通货膨胀缺口（$\pi_t^m - \pi^*$）与产出

缺口 gap_t，权重因子分别是 1、1、0.5、0.5。按照前面分析长期均衡实际利率 $\bar{r}$ 可以通过平均样本期内（1992 年第一季度到 2009 年第四季度，共 92 个样本观察值）的真实利率 r_i（每个季度的利率实际值减去该季度的通货膨胀率）。前四季度平均通胀率 π_t^m 根据定义为 $\pi_t^m=(\pi_{t-1}+\pi_{t-2}+\pi_{t-3}+\pi_{t-4})/4$，真实利率 r_i 与长期 r 均衡实际利率 $\bar{r}$ 可计算为 $r_t=i_t-\pi_t$，$\bar{r}=\sum_{t=1}^{n}r_t/92$。

表 4－4　我国利率拟合值及相关变量值（以经典泰勒规则参数去拟合）

	通货膨胀率	平均通货膨胀率	产出缺口	利率规则值	利率实际值
199201	5.37	5.1305	18.32521	14.6219	7.6786
199202	5.53	5.3167	10.39937	10.8518	7.7195
199203	6.17	5.45	3.096017	7.2067	7.8094
199204	8.3	5.6889	－1.331425	4.7591	8.0504
199301	10.1	6.3425	－2.540552	4.5215	8.4799
199302	13.9	7.525	－2.577369	5.0313	9.6427
199303	16.1	9.6175	－3.883391	6.4439	11.9675
199304	17.13	12.1	－3.879589	9.2914	12.1284
199401	22.23	14.3075	－2.187084	11.6220	12.1
199402	21.87	17.34	2.166752	17.6796	12.166
199403	25.7	19.3325	2.917091	19.5879	12.0286
199404	26.9	21.7325	1.297367	21.4780	12.1621
199501	22.6	24.175	1.544251	25.7296	12.3822
199502	19.73	24.2675	2.686051	27.1336	12.491
199503	14.8	23.7325	2.538746	27.6237	12.7998
199504	11.13	21.0075	3.636484	25.6838	12.7119
199601	9.37	17.065	5.429458	22.0922	12.5406
199602	9.03	13.7575	4.990103	17.8231	11.9618
199603	7.93	11.0825	4.691008	14.6048	11.7756
199604	6.97	9.365	4.511917	12.6084	11.4327
199701	5.17	8.325	4.736889	11.8709	11.4552
199702	2.93	7.275	5.254696	11.3773	11.1417

续表

199703	2.13	5.75	5.55447	9.8209	10.8967
199704	1	4.3	3.766363	7.3969	9.6037
199801	0.3	2.8075	1.865669	4.7559	8.2176
199802	−0.87	1.59	1.54119	3.3643	6.6451
199803	−1.43	0.64	2.185107	2.6388	5.1116
199804	−1.1	−0.25	1.723856	1.2131	4.6333
199901	−1.43	−0.775	0.003271	−0.2209	4.3861
199902	−2.17	−1.2075	−0.911477	−1.0339	4.2397
199903	−1.17	−1.5325	−0.63633	−1.5526	2.8914
199904	−0.83	−1.4675	−0.468091	−1.4722	2.7084
200001	0.1	−1.4	−0.010405	−1.3915	2.5075
200002	0.1	−1.0175	0.912113	−0.4521	2.3823
200003	0.27	−0.45	1.118311	0.3179	2.3553
200004	0.93	−0.09	1.124372	0.6059	2.4083
200101	0.67	0.35	1.641248	1.4793	2.607
200102	1.57	0.4925	1.935326	1.5795	2.4975
200103	0.8	0.86	0.884885	1.7061	2.4379
200104	−0.13	0.9925	−0.453892	1.4349	2.337
200201	−0.6	0.7275	−0.743287	1.0764	2.2945
200202	−1.07	0.41	−0.069569	1.1339	2.1091
200203	−0.77	−0.25	−0.739101	−0.1009	2.0533
200204	−0.63	−0.6425	−1.821044	−1.1674	2.1611
200301	0.5	−0.7675	−1.113767	−1.2526	2.1144
200302	0.67	−0.4925	−2.154683	−1.4718	2.0293
200303	0.83	−0.0575	−1.518039	−0.6497	2.3072
200304	2.67	0.3425	−1.681609	−0.6915	2.5221
200401	2.77	1.1675	−1.037152	0.6370	2.2301
200402	4.4	1.735	0.663745	1.7893	2.3348
200403	5.27	2.6675	1.05066	2.9309	2.309
200404	3.17	3.7775	0.044092	4.3401	2.1613
200501	2.83	3.9025	−1.031118	4.0438	2.0803

续表

200502	1.73	3.9175	−1.10806	4.2990	1.6646
200503	1.33	3.25	−1.652725	3.2923	1.5534
200504	1.37	2.265	−2.42829	1.6633	1.6203
200601	1.22	1.815	−2.419269	1.1428	1.7398
200602	1.37	1.4125	−2.166866	0.7284	2.0084
200603	1.27	1.3225	−2.31792	0.5654	2.4308
200604	2.03	1.3075	−1.697027	0.6671	2.7432
200701	2.73	1.4725	0.060235	1.5769	2.3015
200702	3.6	1.85	1.547373	2.5749	2.9701
200703	6.1	2.4075	2.168027	2.9571	3.6686
200704	6.63	3.615	2.45398	4.4769	3.4709
200801	8.03	4.765	3.379759	6.0273	2.9438
200802	7.77	6.09	4.965817	8.5416	3.34
200803	5.27	7.1325	5.668916	10.8213	3.1304
200804	2.53	6.925	−5.56617	5.6294	2.4912
200901	−0.6	5.9	−5.083323	5.3720	1.0054
200902	−1.53	3.7425	−3.460577	3.7190	1.0258
200903	−1.27	1.4175	−2.702836	1.1267	1.5717
200904	0.67	−0.2175	−2.980275	−1.5408	0.6702
201001	2.2	−0.6825	−2.668922	−2.3489	1.6695
201002	2.93	0.0175	−1.300131	−0.9720	2.1753
201003	3.47	1.1325	−0.061838	0.9059	2.1569
201004	4.7	2.3175	0.169926	2.1955	2.9705
201101	5.07	3.325	0.629162	3.5920	3.5034
201102	5.73	4.0425	2.190946	5.1048	4.4046
201103	6.27	4.7425	4.065167	6.7819	4.2346
201104	4.6	5.4425	4.896158	8.4899	3.8811
201201	3.77	5.4175	−1.4159	5.5101	3.8811
201202	2.87	5.0925	0.018365	6.0460	3.388
201203	1.9	4.3775	2.064667	6.4179	2.8513

续表

201204	2.07	3.285	3.704998	5.8299	2.6899
201301	2.17	2.6525	−3.89083	1.2164	2.5202
201302	2.4	2.2525	−2.502221	1.3532	4.8394
201303	2.8	2.135	−0.129644	2.2926	3.4838
201304	2.9	2.36	2.148527	3.6880	4.042
201401	2.3	2.5675	−6.897996	−0.4259	3.2528
201402	2.2	2.6	−4.755542	0.7109	2.7152
201403	1.97	2.55	−2.229634	1.9689	3.1935
201404	1.5	2.3425	0.006698	2.5565	3.167

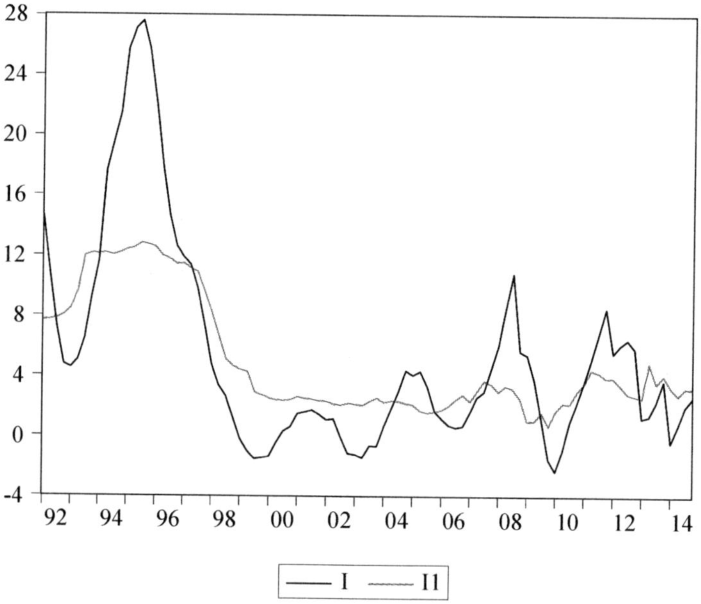

图 4－3　拟合利率规则值与实际利率规则值时序图

注：I 指的是实际利率规则值，I1 指的是拟合利率规则值。

通过图 4－3 可以发现：一是 1994 年第一季度至 1994 年第三季度，我国利率水平 i_t 与目标利率水平拟合值 i_t^* 相近，并一度使得二者差距在 1994 年第三季度相差程度达到最小，说明按照泰勒规则在美国的实证参数拟合的我国利率规则值 i_t^* 能很好地模拟我国利率 i_t 调整路径。二是从 1994 年第三季度起，我国利率的调整路径与目标利率调整路径相距越来越远，且利率实际调整水平远低于目标调整水平，并且在 1996 年第一个季度差距达到最大，拟合的目标利率比实际利率高达 25%以上。在此期间，由于 1993 年前后我国金融市场混乱，信贷剧增，通货膨胀率一直处在两位数的水平上。说明在反对通货膨胀率方面，如果按照泰勒规则的美国实证值来比较，我国利率调整力度较小。三是从 1996 年第一个季度起，我国利率调整路径与拟合的目标利率途径相距越来越小，并在 1997 年第三个季度二者差距最小。这期间目标利率也在逐渐下降，实际利率也在下降，与此对应的通货膨胀率也在 1996 年第四季度进入单位数轨道。四是从 1997 年第三季度起至 2004 年第二季度，长达近八年的时间内，我国拟合的利率目标水平都高于利率实际水平，这说明以美国泰勒规则参数作为参照系，我国利率水平在此期间更高，利率调整强度更大，预示着政府反对通货膨胀的决心，与此相对应的是我国通货膨胀率大多处在很低的水平，经常位于零附近，反通货膨胀率取得明显成效。五是为了应对 2007 年第一季度至 2008 年第二季度通货膨胀率上升的势头，利率水平也从 2007 年第一季度的 2.3015%提高到 3.34%，而拟合的利率水平也从 1.5769%提高到 8.5416%。六是 2009 年后，我国利率规则拟合值逐渐脱离实际值，这与金融危机的余震有一定相关性，利率变动不稳，拟合水平下降。2010 年过后，拟合值逐步拉回到实际值，表明中国一系列的经济措施取得效果，经济回稳，2011—2014 年拟合曲线波动较大，中国在这一时期进行了一系列改革措施，市场调控能力还有待提高，使得拟合曲线波动较大。七是虽然以泰勒规则在美国参数拟合我国的利率水平值不能很好地模拟我国利率实际调整路径，但是它也能大体度量我国货币政策紧松程度。

第四节　模型参数检验与经济含义分析

通过文献查找，找出具有代表性的经验研究，通过这些代表性文献与本章所设定的模型相对比，总结出这些文献相应的模型设定及估计结果，并由表4－5总结出。

表4－5　利率规则在我国实证研究中的估计结果表

作　者	样本区间	α	β	γ	ρ_1	ρ_2
谢平、罗雄(2001)	92Q1—01Q4	1.84 [068]	0.81 [2.76]	2.84 [1.49]	0.82 [8.49]	—
王建国(2006)	93Q1—03Q4	4.092 [0.5231]	1.4002 [0.0511]	0.0839 [0.3227]	—	—
		0.4589 [0.5119]	1.40335 [0.0489]	—	—	—
		1.6042	0.6901	—	0.9045	—
	93Q1—97Q2	11.3171	0.053	—	0.5263	—
	97Q1—97Q4	1.9397	0.1282	—	0.8456	—
卞志村(2006)	94Q1—05Q2	2.2279 [2.4099]	0.4151 [2.8296]	0.4958 [1.2914]	0.7744 [4.7351]	—
李琼、王志伟(2009)	94Q1—06Q4	0.67	1	−0.94	0.91	—
		0.9	0.9	0.1	0.9	—
		0.9	0.9	—	0.9	—
吕小锋(2010)	93Q1—09Q4	1.354736 [1.066]	0.619237 [3.114]	0.6611 [0.191]	0.940793 [20.835]	0.413637 [1.266]
		1.203127 [1.395]	0.646196 [5.635]	—	0.948082 [51.666]	0.469098 [4.858]

通过表 4－5 可以发现，在对我国利率规则的实证研究方面，所有学者均没有采用本章所采用的模型，但是仔细比较本章实证结果与这些研究的实证结果发现，本章所采用的模型在调整的 R^2 与系数的显著性方面都存在一定优越性，更为重要的是，本章较其他这些模型得到的残差相关性大大减弱，其他模型都存在相关性，使得估计量的一致性出现了问题，而本章所采用的模型所得到的残差却没有相关性。再一次说明本章模型的优越性。究其原因是在其他研究者的模型设定中并没有采用（$i_{t-1}-i_{t-2}$），而本章模型设定采用了这一项。从其他研究者的研究中，可以发现：几乎都估计出我国利率规则中利率对通货膨胀率的反应参数 β 小于 1，致使如谢平、罗雄等研究者均认为我国利率规则是不稳定的利率规则，该规则本身会致使经济发生波动。

第五节　平滑调整的前瞻性利率规则在我国的 GMM 估计

通过图 4－3 知道我国利率水平调整与拟合的泰勒规则相比较为平滑，因此估计我国的利率规则采用平滑调整的泰勒规则会更合适。同时，我国从 1992—1996 年的通货膨胀率均在 5%以上，所以我国通货膨胀率已经形成一定的前瞻性预期，需要考虑前瞻性的泰勒规则。因此本章选择在政策制定时，目标利率设定是前瞻性的，是建立在一定预期基础上的，而实际利率调整并不是按照目标利率进行调整，而是把目标利率与利率过去值综合起来考虑调整，为二者加权和。

令变量 $g_{y_t}=100\ (y_t-y_{t-4})\ /y_{t-4}$，则 g_{y_t} 代表某年某季度实际产出相对于上年该季度实际产出增长的百分数。

假设政策制定者在制定利率目标时所拥有的信息集不是完美的，即在 t 期制定政策时所拥有的信息集合包括之前的通货膨胀率、产出增长率、产出缺口及长期的目标通货膨胀率及长期的产出缺口目标值。则 $\Omega_t=\{i_{t-1}, \pi_{t-1}, gap_{t-1}, g_{y_{t-1}}, \cdots, i_1, \pi_1, gap_1, g_{y_1}, \pi^*, gap^*\}$ 代表制定政策时所掌握的信息集合。

$$i^*=\bar{i}+\beta E[\pi_t-\pi^* \mid \Omega_t]+\gamma E[gap_t-gap^* \mid \Omega_t] \quad (4-1)$$

$$i_t=(1-\rho_1)i_t^*+\rho_1 i_{t-1}+\rho_2(i_{t-1}-i_{t-2})+\mu_t \quad (4-2)$$

（4－1）式表明，第 t 期利率目标 i_t^* 的设置是前瞻性的，依赖于第 t 期制定利率目标所掌握的信息集 Ω_t，而 $\Omega_t=\{i_{t-1}, \pi_{t-1}, gap_{t-1}, g_{y_{t-1}}, \cdots, i_1, \pi_1, gap_1, g_{y_1}, \pi^*, gap^*\}$ 就假设了我国利率政策制定时具有长期记忆的特征，对以前所有利率、通胀率、产出缺口的历史都具有存储信息，并且知道目标通货膨胀率 π^* 与目标产出缺口 gap^*。（4－2）式表明，设定我国利率调整是平滑的调整方式，不仅要根据目标利率进行调整，而且还要根据过去的利率及过去利率变化进行调整。

设 $\alpha=\bar{i}-\beta\pi^*-\gamma gap^*$，$\varepsilon_t=(1-\rho_1)\beta E\{[\pi_t \mid \Omega_t]-\pi_t\}+(1-\rho_1)\gamma E\{[gap_t \mid \Omega_t]-gap_t\}$

则（4－1）式与（4－2）式可分别化简为：

$$i_t^*=\alpha+\beta E[\pi_t \mid \Omega_t]+\gamma E[gap_t \mid \Omega_t] \quad (4-3)$$

$$i_t^*=(1-\rho_1)\alpha+(1-\rho_1)\beta\pi_t+(1-\rho_1)\gamma gap_t+\rho_1 i_{t-1}+\rho_2(i_{t-1}-i_{t-2})+\varepsilon_t+\mu_t \quad (4-4)$$

由于 ε_t 代表 t 时期所无法预测到的第 t 期的通货膨胀率 $E\{[\pi_t \mid \Omega_t]-\pi_t\}$ 及无法预测到的产出缺口 $\{[gap_t \mid \Omega_t]-gap_t\}$ 的加权和。所以 Ω_t，集合中的变量不可能预测 ε_t，即：

$$E[\varepsilon_t \mid i_{t-1}, \pi_{t-1}, gap_{t-1}, g_{y_{t-1}}, i_{t-1}-i_{t-2}]=E[\varepsilon_t] \quad (4-5)$$

根据（4－2）式设定，可知 μ_t 代表第 t 时期具体进行利率平滑调整时候所面对的无法控制的扰动项，所以 Ω_t 集合中的变量不可能预测，μ_t 即：

$$E[\mu_t \mid i_{t-1}, \pi_{t-1}, gap_{t-1}, g_{y_{t-1}}, i_{t-1}-i_{t-2}] = E[\mu_t] \qquad (4-6)$$

根据（4－5）式与（4－6）式可以得到：Ω_t 集合中的变量不可能预测 $\varepsilon_t+\mu_t$，即：

$$E[\varepsilon_t+\mu_t \mid i_{t-1}, \pi_{t-1}, gap_{t-1}, g_{y_{t-1}}, i_{t-1}-i_{t-2}] = E[\varepsilon_t+\mu_t] \qquad (4-7)$$

根据（4－7）式，由条件概率知识知道：

$$E\begin{bmatrix}(\varepsilon_t+\mu_t)\ i_{t-1} \\ (\varepsilon_t+\mu_t)\ \pi_{t-1} \\ (\varepsilon_t+\mu_t)\ gap_{t-1} \\ (\varepsilon_t+\mu_t)\ g_{y_{t-1}} \\ (\varepsilon_t+\mu_t)\ (i_{t-1}-i_{t-2})\end{bmatrix} = \begin{bmatrix}0\\0\\0\\0\\0\end{bmatrix} \qquad (4-8)$$

再假设不可能预测的 $\varepsilon_t+\mu_t$ 的无条件期望为零，即它们的扰动和长期来看为零，即：

$$E[\varepsilon_t+\mu_t] = 0 \qquad (4-9)$$

由公式（4－8）与公式（4－9）可以得到相应的样本矩条件：

$$\frac{1}{T}\Sigma\begin{bmatrix}\hat{\varepsilon}_t+\hat{\mu}_t \\ (\hat{\varepsilon}_t+\hat{\mu}_t)\ i_{t-1} \\ (\hat{\varepsilon}_t+\hat{\mu}_t)\ \pi_{t-1} \\ (\hat{\varepsilon}_t+\hat{\mu}_t)\ gap_{t-1} \\ (\hat{\varepsilon}_t+\hat{\mu}_t)\ g_{y_t} \\ (\hat{\varepsilon}_t+\hat{\mu}_t)\ (i_{t-1}-i_{t-2})\end{bmatrix} = \begin{bmatrix}0\\0\\0\\0\\0\\0\end{bmatrix} \qquad (4-10)$$

$\hat{\varepsilon}_t+\hat{\mu}_t$ 代表 $\varepsilon_t+\mu_t$ 的拟合值，即（4－4）式拟合的残差。根据（4－10）

式知道，已经具有6个样本矩条件，而根据需要估计的（4－4）式中有5个参数α、β、γ、ρ_1、ρ_2，故可以使用广义矩估计法（GMM）。GMM估计的核心是样本矩模拟总体矩。GMM的估计量有一个好处是它对模型解释变量与模型扰动项之间是否具有相关关系保持稳健，即只要矩条件满足，则模型参数GMM估计量就是稳健的。

利用EViews6.0对模型（4－4）进行估计，所使用的6个工具变量分别为：常数项i_{t-1}，π_{t-1}，gap_{t-1}，$g_{y_{t-1}}$，$i_{t-1}-i_{t-2}$。

表4－6　模型（4－4）的GMM估计结果（1992Q1—2014Q4）

系　数	系数值	标准误	T统计量	P值
C	0.039960	0.093113	0.429156	0.6689
CPI	0.056803	0.019938	2.848975	0.0055
GAP	－0.047091	0.040430	－1.164762	0.2475
I（－1）	0.930298	0.033408	27.84661	0.0000
I（－1）－I（－2）	0.066753	0.180540	0.369743	0.7125
R^2	0.977776	Mean dependent var		4.802654
Adjusted _ R^2	0.976692	S.D. dependent var		3.874116
S.E. of regression	0.591462	Sum squared resid		28.68586
Durbin－Watsonstat	2.032973	J－statistic		0.003040

查D.W.上下限表得到：当观测个数为85，待估计参数为5个时，D.W.的下限，$d_l=1.550$，上限值$d_\mu=1.747$；而当观测个数为90，待估计参数为5个时，D.W.的下限值$d_l=1.566$，上限值$d_\mu=1.751$。而本章的观测个数为88，待估计参数为5个，且$1.751<D.W.=2.032973<4-1.751=2.249$，所以可以推知该模型估计的残差不存在一阶相关。

由于6个矩条件用于估计5个参数，模型过度识别，因此需要使用J统计量检验模型过度识别的有效性。$88\times J\sim\chi^2(1)$，查找χ^2分布表，可以得到P

$\{\chi^2(1)>\chi^2_{0.9}(1)\}=0.016$，根据表4－6的J统计量值，计算得 $88\times J=0.26752$，说明在10%的显著水平下都不能拒绝 $88\times J$ 服从 $\chi^2(1)$ 分布，所以J统计量强烈显示了识别约束是有效的。

模型也拟合得很好，R^2 与调整的 R^2 分别达到0.977776与0.976692。但是，i_{t-1} 系数估计量的P值显示 ρ_1 系数不显著，因此需要令 $\rho_1=0$：

$$i_t^*=(1-\rho_1)\alpha+(1-\rho_1)\beta\pi_t+(1-\rho_1)\gamma gap_t+\rho_1 i_{t-1}+\varepsilon_t+\mu_t \tag{4-11}$$

对模型（4－11）进行估计，估计结果如表4－7所示。

表4－7　模型（4－11）的GMM估计结果（1993Q1—2014Q4）

系　数	系数值	标准误	T统计量	P值
C	0.033040	0.096973	0.340717	0.7342
CPI	0.059990	0.018981	3.160512	0.0022
GAP	－0.050350	0.040434	－1.245227	0.2166
i_{t-1}	0.928384	0.034547	26.87330	0.0000
R^2	0.977630	Mean dependent var		4.802654
Adjusted _ R^2	0.976822	S. D. dependent var		3.874116
S. E. of regression	0.589813	Sum squared resid		28.87397
Durbin－Watson stat	1.885735	J－statistic		0.003653

查D. W. 上下限表得到：当观测个数为85，待估计参数为5个时，D. W. 的下限 $d_l=1.550$，上限值 $d_\mu=1.747$；而当观测个数为90，待估计参数为5个时，D. W. 的下限值 $d_l=1.566$，上限值 $d_\mu=1.751$。而本章的观测个数为88，待估计参数为5个，且 $1.751<D.W.=1.885735<4-1.751=2.249$，所以，可以推知该模型估计的残差不存在一阶相关。

由于6个矩条件用于估计5个参数，模型过度识别，因此需要使用J统计量检验模型过度识别的有效性。$88\times J\sim\chi^2(1)$，查找 χ^2 分布表，可以得到P

$\{\chi^2(1) > \chi^2_{0.75}(1)\} = 0.455$，根据表 4－7 的 J 统计量值，计算得 $88\times J=0.321464$，说明在 25％的显著水平下都不能拒绝 $88\times J$ 服从 $\chi^2(1)$ 分布，所以 J 统计量强烈显示了识别约束是有效的。

模型也拟合得很好，R^2 与调整的 R^2 分别达到 0.977630 与 0.976822。并且各相关统计指标都显示模型（4－11）比模型（4－4）能更好地拟合我国利率调整值。

参数 ρ_1 的 P 值都为零，强烈地显示它们不为零。由于所使用的模型是带有滞后因变量的模型，D. W. 统计量的效果大打折扣，需要进一步分析残差的相关性。表 4－8 给出了残差的相关表。Q 统计量、P 值表明，残差是序列不相关的。

表 4－8　残差的相关表

	自相关系数	偏相关系数	Q 统计量	P 值
1	0.047	0.047	0.1966	0.657
2	0.079	0.077	0.7622	0.683
3	－0.038	－0.046	0.8970	0.826
4	－0.110	－0.113	2.0213	0.732
5	－0.098	－0.084	2.9307	0.711
6	－0.192	－0.173	6.4554	0.374
7	－0.038	－0.023	6.5946	0.472
8	－0.016	－0.007	6.6208	0.578
9	－0.208	－0.250	10.904	0.282
10	－0.086	－0.143	11.640	0.310
11	－0.097	－0.129	12.595	0.321
12	－0.050	－0.135	12.855	0.380
13	0.070	－0.018	13.363	0.420
14	0.036	－0.073	13.503	0.487
15	0.287	0.142	22.376	0.098
16	0.062	－0.035	22.792	0.119

现在已经通过 GMM 得到我国利率规则的调整机制，即模型（4－11）的参数的一致性估计值。并且从统计角度得到，模型各个方面均表现不错。进一步利用估计的模型在样本范围内对利率水平进行预测，通过比较模型预测的利率值与实际的利率值来考察模型。图 4－4 给出了样本内预测的时序图，根据图 4－4 采用的静态预测手段，得到预测利率的两个单位的标准差的范围较小，即两条虚线的带宽，而预测的利率值位于其中间。

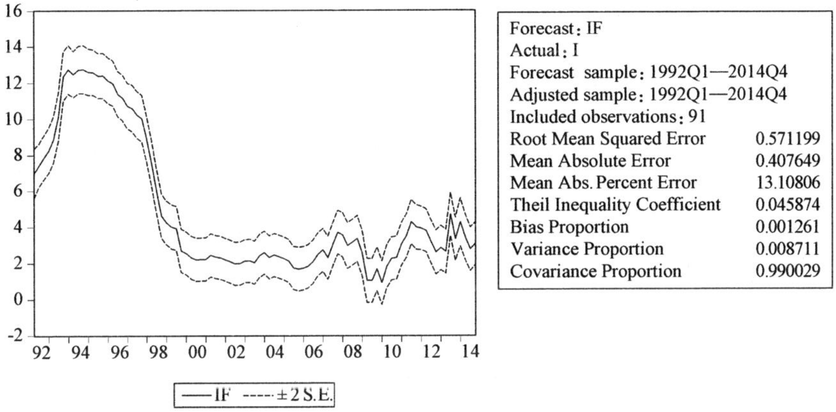

图 4－4　利率调整模型的样本内静态预测值时序图［基于模型（4－11）］

第六节　加入虚拟变量后的扩展的利率规则的拟合检验

一、扩展后的理论模型

利率规则的实施必须要以市场化的利率为前提。我国利率市场化从开始至今已近二十年，近年来，利率市场化步伐明显加快，利率市场化水平也明显提高。截至 2016 年 1 月利率市场化的最后一个阶段存款利率市场化也已完成，1 年期以上存款利率已完全放开，1 年期及以下存款利率的上浮空间为基准利率的 50%。利率市场化的不同阶段，实施利率规则的条件不同，实施的货币政策也不一样。因此，利率市场化程度不同，利率规则也存在着差异。按照利率市场化进程将利率市场化过程分为三个阶段：第一个阶段是 1996 年放宽银行间同业拆借市场利率，由拆借双方自主定价，这一事件意味利率市场化的起航；第二个阶段是 2012 年 7 月到 2013 年 7 月，金融机构贷款利率管制全面放开，贷款利率市场化完成；第三个阶段是 2013 年 7 月 20 日起至今，考虑利率市场化程度的影响，对传统利率规则模型进行扩展。虚拟变量模型是解决不能量化变量影响的有效方法。根据利率市场化进程的三个阶段，在传统利率规则模型中引入虚拟变量。

扩展后的传统利率规则模型形式如下：

$$r_t - r^* = (\alpha + \alpha_1 D_1 + \alpha_2 D_2 + \alpha_3 D_3)(\pi_t - \pi^*) + (\beta + \beta_1 D_1 + \beta_2 D_2 + \beta_3 D_3)\, gap_t \tag{4-12}$$

其中，D_1、D_2、D_3 为虚拟变量，第一阶段时 $D_1=1$，否则 $D_1=0$；第二阶段时 $D_2=1$，否则 $D_2=0$；第三阶段时 $D_3=1$，否则 $D_3=0$。利率市场化不同阶段时，模型形式如下：

第一阶段利率规则模型：

$$r_t - r^* = (\alpha + \alpha_1 D_1)(\pi_t - \pi^*) + (\beta + \beta_1 D_1)\, gap_t \tag{4-13}$$

第二阶段利率规则模型：

$$r_t - r^* = (\alpha + \alpha_2 D_2)(\pi_t - \pi^*) + (\beta + \beta_2 D_2)\, gap_t \tag{4-14}$$

第三阶段利率规则模型：

$$r_t - r^* = (\alpha + \alpha_3 D_3)(\pi_t - \pi^*) + (\beta + \beta_3 D_3)\, gap_t \tag{4-15}$$

通过比较上述三个模型的参数的不同，可以得到利率规则在利率市场化进程中适用性的变化。

二、加入虚拟变量后的扩展模型拟合检验

（一）变量选择与数据的基本特征

在利率规则中涉及多个变量，主要有利率、通货膨胀率、长期均衡真实利率、通货膨胀率目标值、实际产出、潜在产出及产出缺口。市场上利率种类多种多样，研究中国利率规则时，应重点关注银行间同业拆借市场（杨绍基，2005）。此外，如王胜和邹恒甫（2006）以同业拆借市场利率水平作为实证检验中的利率指标。也有采用其他数据的，如刘斌（2004）采用的是1年期（存）贷款利率作为名义利率。采用1年期（存）贷款利率为利率指标，这与中国将信贷规模控制作为货币政策事实上的中介目标的措施是分不开的，因此本章选取1年期存款利率，实际利率为名义利率减去通货膨胀率。实际均衡利率的设定方法各异，有的采用平均利率和平均通货膨胀率的差值作为实际均衡利率（王建国，2006；齐稚平、刘广伟，2007）；也有的采用银行1年期存款实际利率的平均值作为实际均衡利率（陆军、钟丹，2003）。我们参照第二种方法获得长期均衡利率。通货膨胀率采用CPI指标，国家统计局公布的CPI数据为月度数据，通过环比CPI可以得到CPI的季度数据。通货膨胀率的表达式：

$$\pi_{j+1}=\frac{P_j}{P_{j-1}} \quad j=1,2\cdots\cdots \tag{4-16}$$

通货膨胀率采用月度环比CPI指标，连乘可得累积通货膨胀率：

$$\Pi_{j=1}^{12}(\pi_j+1)=\frac{P_1}{P_0}\times\frac{P_2}{P_1}\times\cdots\frac{P_j}{P_{j-1}}$$

$$=\left(\frac{P_1}{P_0}\times\frac{P_2}{P_1}\times\frac{P_3}{P_2}\right)\times\left(\frac{P_4}{P_3}\times\frac{P_5}{P_4}\times\frac{P_6}{P_5}\right)\times\cdots\times\left(\frac{P_{j-2}}{P_{j-3}}\times\frac{P_{j-1}}{P_{j-2}}\times\frac{P_j}{P_{j-1}}\right) \tag{4-17}$$

其中，$(\frac{P_1}{P_0}\times\frac{P_2}{P_1}\times\frac{P_3}{P_2})$、$(\frac{P_4}{P_3}\times\frac{P_5}{P_4}\times\frac{P_6}{P_5})$、$(\frac{P_{j-2}}{P_{j-3}}\times\frac{P_{j-1}}{P_{j-2}}\times\frac{P_j}{P_{j-1}})$ 分别是第一、二和第 j/3 季度的通货膨胀率。

表 4－9　格兰杰因果关系检验

	I does not Granger cause CPI					CPI does not Granger cause I				
	2	3	4	5	6	2	3	4	5	6
p	0.0010	0.015	0.0015	0.0041	0.0043	0.1459	0.1787	0.0001	0.0001	0.0005
F	7.53946	3.72997	3.72997	3.83892	4.21470	1.97489	1.68085	6.6928	5.91397	4.7615
	80	79	78	77	76	80	79	78	77	76

注：这里给出的是 1 年期存款利率 I 与通货膨胀率采用的 CPI 指标之间的因果关系检验，第二行为滞后阶数，第四行为总的样本数，因为随着滞后阶数的增大，自由度损失的越多。

目标通货膨胀率的确定形式多样。有直接采用政府工作报告公布的通货膨胀目标（杨英杰，2002）；也有用 Fisher 的交易方程计算目标通货膨胀率（陆军、钟丹，2003），通过回归参数得出目标通货膨胀率（王建国，2006）。此外，王胜、邹恒甫（2006），齐稚平、刘广伟（2007）继续采用谢平、罗雄（2002）的模式。在这里选择政府工作报告公布的通货膨胀目标值为目标通货膨胀率（数据与第一节给出的数据保持一致）。真实季度 GDP 等于名义季度 GDP 扣除通胀率。GDP 为季度数据，环比 CPI 为月度数据。

通过环比月度 CPI 计算真实季度 GDP 的计算表达式如下：

$$RGDP_j=GDP_j/\Pi_{j=1}(\pi_j+1)=GDP_j\times\frac{P_0}{P_j},\ j=3,\ 6,\ 9,\ 12\cdots\cdots \quad (4-18)$$

$RGDP_j$ 是以零期价格为不变价计算的真实 GDP，j＝3，6……时分别代表第 1 个季度、第 2 个季度……为方便分析，真实 GDP 写为 $RGDP_t$，t＝1，2，3……在产出缺口的测算中，最为关键的是潜在产出的估计。产出缺口的估计很多都采用 HP 滤波法（刘斌，2004；王建国，2006；谢平、罗雄，2002）；也有一些学者采用线性趋势法（杨英杰，2002；李琼、王志伟，2006）和生产函数法（陆军、钟丹，2003）。采用 HP 滤波方法获取的结论与依据线性趋势法估算产出缺口的状况大致吻合（李琼，2006）。由于两者基本结论一致，本章依据 HP 滤波法估计潜在产出，之后根据潜在产出推算产出缺口。产出缺口计算表达式如下：

$$gap_t = (RGDP_j - GDPT_t) / GDPT_t * 100 \qquad (4-19)$$

$GDPT_t$ 代表潜在产出，gap_t 表示产出缺口。上述变量数据来源于国泰安数据库、国家统计局网站。样本区间 1995—2015 年季度数据。实际产出 $RGDP_t$、潜在产出 $GDPT_t$、通胀率 π_t、利率 i_t 与产出缺口 gap_t 各变量的基本统计量如下表所示：

表 4－10　各变量的统计信息

	$RGDP_t$	$GDPT_t$	π_t	i_t	gap_t
均　值	44208.89	44208.89	0.651172	3.697114	0.043693
中位数	34827.47	35534.45	0.704439	2.77333	－4.397764
最大值	129329.3	99910.87	5.476225	10.98000	34.9838
最小值	11541.22	12900.49	－3.745482	1.98000	－16.38059
标准差	28390.51	27186.07	1.716903	2.476937	13.80932
偏　度	0.874941	0.600759	－0.145674	1.942367	1.000294
峰　度	2.976549	1.989629	3.404426	5.681668	2.660060
JB 统计量	10.46401	8.420363	0.848850	76.131860	14.06954
P　值	0.005343	0.01494	0.654146	0.00000	0.000881
观测数	82	82	82	82	82

表 4－10 显示了各变量的峰度、偏度、JB 统计量、中位数等，通过这些统计量，可以初步了解变量的分布特征。五个变量的偏度绝对值都不大，近似对称分布。从峰度可知：所有变量的峰度都为正，说明它们的分布较正态分布更为倾斜，表现为尖顶峰，在这些变量中，以通胀率 π_t 与利率 i_t 分布倾斜程

度最大，峰顶也最尖，而潜在产出偏弱。从JB统计量值及相应P值可知：除通胀率外，中国实际产出、潜在产出、利率与产出缺口这四个变量的JB统计量值较大，相应P值都小于显著水平5%，因此无法认为这几个变量的样本来自正态分布总体。

（二）实证拟合结果分析

1. 实证结果

采用样本数据分别对传统利率规则模型和扩展利率规则模型进行参数估计。

传统利率规则模型的表达式如下：

$$r_t - r^* = 1.092^* (\pi_t - \pi^*) + 0.005^* gap_t \quad (4-20)$$
$$(0.00) \qquad (0.51)$$

经参数估计扩展的利率规则模型表达式为：

$$r_t - r^* = (0.923 + 0.0852D_1 - 0.169D_2 + 0.096D_3)(\pi_t - \pi^*)$$
$$(0.000)\ (0.25) \qquad (0.14) \qquad (0.099)$$
$$+ (0.00423 - 0.00431D_1 - 0.00426D_2 - 0.00164D_3)\ gap_t$$
$$(0.59) \qquad (0.81) \qquad (0.85) \qquad (0.9) \qquad (4-21)$$

通过扩展的利率规则模型估计式（4－21），可以得到利率市场化三个阶段的利率规则模型参数估计式，估计式如下：

$D_1=1$时，第一阶段利率规则模型：

$$r_t - r^* = (0.923 + 0.0852D_1)(\pi_t - \pi^*) + (0.00423 - 0.00431D_1)\ gap_t \quad (4-22)$$

$D_2=1$时，第二阶段利率规则模型：

$$r_t - r^* = (0.923 - 0.169D_2)(\pi_t - \pi^*) + (0.00423 - 0.00426D_2)\ gap_t \quad (4-23)$$

$D_3=1$ 时，第三阶段利率规则模型：

$$r_t - r^* = (0.923+0.096D_3)(\pi_t - \pi^*) + (0.00423-0.00164D_3)\ gap_t \quad (4-24)$$

2. 扩展后的利率规则模型与传统利率规则拟合效果比较分析

以传统利率规则模型和扩展利率规则模型在中国的具体表达式（4－19）和（4－20）拟合中国利率规则值，拟合效果如图 4－5 和图 4－6 所示。

图 4－5 和图 4－6 分别给出了传统利率规则和扩展形式利率规则的拟合效果，图中的残差表明拟合值与实际值之间的差在 2011—2012 年和 2007—2008 年较大，尤其是 2007—2008 年，其他时间残差都很小，中国利率规则拟合值能很好地模拟利率调整路径。

利率规则拟合值和实际值偏离较大的两个时段都是经济高速增长、物价高涨的时段。2007 年上半年 GDP 增长为 11.5%，其中 2 季度为 11.9%，创下近 10 年同期涨幅纪录，增长趋势不断走强。但同样 CPI 指数快速上攻，暴露了

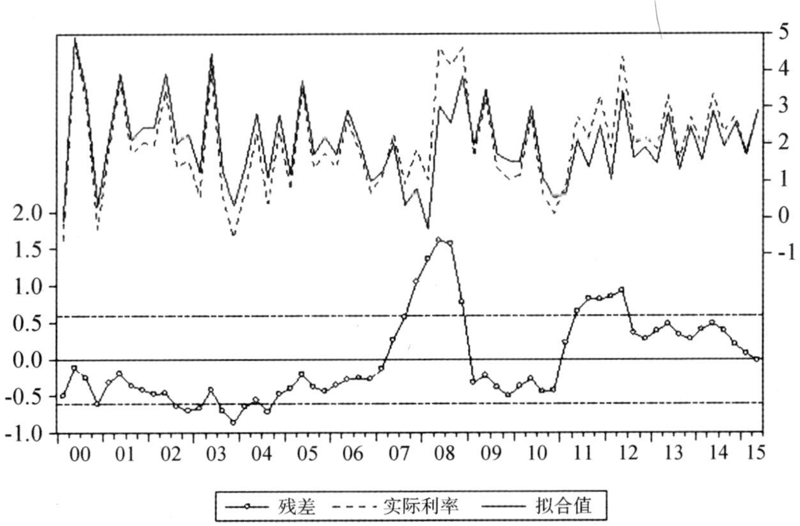

图 4－5　传统利率规则模型拟合效果图

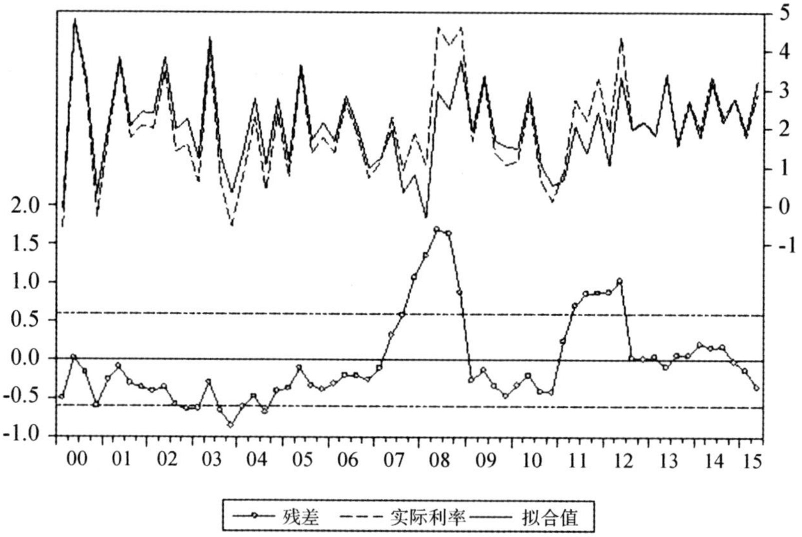

图 4－6　扩展形式利率规则模型拟合效果图

经济发展不平衡这一弊端。为抑制经济过热和物价上涨过快，利率不断上调。如果将这段时间的利率与按照利率规则的拟合值进行比较，得知中国利率调整力度过大，这也说明了央行反对通货膨胀的决心。2009 年金融危机之后，中国投放 4 万亿元刺激经济增长，导致 2011 年开始物价上涨，房价更是飞速增长。在这段时期内，为了抑制物价过快上涨和房地产市场持续升温，中国利率水平明显提高，调整利率的力度更强。这段时间实际利率值高于利率规则拟合值，表明政府抑制通货膨胀、防止房地产市场泡沫的决心。通过图 4－5 和图 4－6 可以看出，总体传统利率规则模型和扩展形式的利率规则模型拟合效果都较好。但是在拟合效果方面哪一个更好呢？通过表 4－11 对传统形式利率规则模型与扩展形式利率规则模型拟合效果比较，扩展利率规则模型只有 R^2 优于传统利率规则模型，通过调整的 R^2 可知，这是由于解释变量增加引起的错觉。总体上来说，传统利率规则在拟合效果方面较好。这也说明加入虚拟变量的做法不一定会使得利率规则拟合情况得到优化，只能说现阶段我国虽然完成了形式上的利率市场化，但相关的利率市场化运行的配套设施和相应的市场化的理念形成还需时间慢慢发展培养，因而，现阶段的利率市场化下的政策变量因素影响不应该给予过多的关注，还是要继续发挥市场的主体作用。

表 4－11　拟合效果比较

	R^2	Adjusted _ R^2	AIC	SC	LL 统计量	SE
传统利率规则	0.782	0.779	1.844	2.135	－55.1834	0.599003
改进利率规则	0.801	0.775	1.951	2.225	－52.4835	0.605599

第五章

利率规则对中国市场经济的稳定性检验

通过第四章的实证分析可以得到，我国利率规则的目标利率水平i_t^*的设定对通货膨胀率的反应小于1∶1，即公式$i^*=\bar{i}+\beta E[\pi_t-\pi^*|\Omega_t]+\gamma E[gap_t-gap^*|\Omega_t]$中的参数$\beta<1$。是否$\beta<1$一定意味着该规则对经济系统不稳定呢？本章主要通过一个简单的、具有我国经济“特色”的均衡理论模型及建立向量自回归模型实证阐述本章的核心结论：依照我国的经济实情，$\beta<1$并不意味着利率规则的目标利率设定是一种对经济系统不稳定性的规则设定。

第一节　利率规则对经济系统稳定性的均衡分析

虽然利率规则是货币政策调控的依事规则，但是只有将该规则与整个宏观经济结合起来才能认识该规则与宏观经济相互作用的机理。对这方面的研究已经成为利率规则研究的前沿。新维克赛尔学派是这方面的典型代表。但新维克赛尔分析是建立在西方国家经济基础上的，我国与西方国家经济现实又有很大差异，考察利率规则需要结合我国经济现实考察，这样研究才会更有说服力。本章采取的策略与新维克赛尔一样，对货币需求不做分析，直接使用利率规则代替货币市场均衡进入模型。Woodford 等已经通过研究证明这样做是可行的，这样做有许多好处，最重要的是摆脱了对货币需求的分析。虽然本章并没有从微观基础去推导出结构模型，但是这些结构模型都是被其他学者所经常研究的。本节所要做的就是将这些宏观经济结构模型与利率规则结合起来去考察利率规则的深层含义。

经典构建研究宏观经济分析思路是：从产品市场均衡导出 IS 曲线、从货币市场均衡导出 LM 曲线、利用 IS 曲线、LM 曲线导出产品市场与货币市场均衡的总需求曲线 AD、利用劳动力市场均衡导出总供给曲线 AS、将 AD 曲线与 AS 曲线结合起来形成 AD－AS 模型。但是，在新维克赛尔学派中，利率规则的研究并不是建立在货币需求与供给均衡的基础上，而是采用利率规则去代替货币市场均衡进入分析，形成新的 LM 曲线。本章采取的步骤正是如此。

假设：(1) 我国经济是开放且出口导向型经济增长模式，出口对经济带动作用明显；(2) 我国经济处于转型中，在转型中经济最显著的特征是劳动力转移；(3) 我国名义汇率 $\bar{E}$ 固定，国外物价P_f^* 固定。

依据假设 (1) 可以建立我国产品市场均衡模型：即实际利率r_t (名义利率i_t 减去通货膨胀率π_t) 提高会使得经济产量下降，而有效汇率e_t 提高会使得经济产量增加。建立半对数模型，则有：$\ln y_t = \omega - a(i_t - \pi_t) + b'e_t$，其中 $\bar{\omega}$ 为常数，y_t 为产出，a，b′均为正的参数。在潜在产出时，对应的有效汇率为 $e^* = \bar{E}p_f^*/p^*$，因此在潜在产出均衡时，通货膨胀率为零，利率处在均衡处 $\bar{i}$。则有 $\ln y_t = \omega - a(i_t - \pi_t) + b'e^*$，则有：

$$gap_t = (y_t - y^p)/y^p \approx \ln[1 + (y_t - y^p)/y^p] = \ln y_t - \ln y^p$$

利用$e_t - e^* = \bar{E}P_f^*\left(\frac{1}{P_t} - \frac{1}{P^*}\right) = -\bar{E}\frac{P_t - P^*}{P_t} \approx -\bar{E}\pi_t$，可以得到我国产品市场均衡的产出缺口结构模型：

$$gap_t = -a(i_t - \pi_t) + a\alpha - b'\bar{E}\pi_t = -a(i_t - \pi_t) + a\alpha + b\pi_t \quad (5-1)$$

货币市场均衡，采用新维克赛尔学派的假设，利率是由政策制定者确定的，而不是通过货币需求、供给去分析得到的。经典的泰勒规则设利率规则为泰勒规则，则有：

$$i_t = \alpha + \beta\pi_t + \gamma\, gap_t \quad (5-2)$$

设我国宏观经济的总供给曲线，可以使用宏观经济学经典的奥肯-菲利普斯曲线模型，但是考虑到在我国宏观经济中，劳动力市场上大量劳动力转移的情况，使用扩展的奥肯-菲利普斯曲线，黎德福 (2005) 研究了我国二元经济结构的奥肯-菲利普斯曲线。曲线数理模型为：

$$gap_t = c(\pi_t - \pi_{t-1}) + d\, m_t \quad (5-3)$$

其中，m_t 为劳动力转移率 (由农业产业向非农产业转移的劳动力数量除非农产业就业者数量)，d 为正的参数。其含义是，当产出缺口为正时，不仅会使通货膨胀率上升，而且会使得劳动力转移发生。

则由 (5-1)、(5-2)、(5-3) 式可以构成一个宏观经济结构模型系统，如下：

$$\begin{cases} gap_t = -a\ (i_t - \pi_t)\ + a\alpha + b\ \pi_t \\ i_t = \alpha + \beta\ \pi_t + \gamma\ gap_t \\ gap_t = c\ (\pi_t - \pi_{t-1})\ + d\ m_t \end{cases}$$

其中，a、b、c、d 均为非负参数。

求解该模型可以得到：

$$\left(\frac{c}{a} + \gamma c + \frac{b}{a} + \beta - 1\right)\ \pi_t = \left(\frac{c}{a} + \gamma c\right)\ \pi_{t-1} - \gamma d\ m_t \qquad (5-4)$$

现在对（5－4）式进行讨论，考察利率规则对经济系统的稳定性。(5－4)式本质上可以写成 AR（1）的一阶自回归模型，即：

$$\pi_t = \left[\left(\frac{c}{a} + \gamma c\right)\ /\ \left(\frac{c}{a} + \gamma c + \frac{b}{a} + \beta - 1\right)\right]\pi_{t-1} -$$

$$\left[\gamma d /\ \left(\frac{c}{a} + \gamma c\right)\ /\ \left(\frac{c}{a} + \gamma c + \frac{b}{a} + \beta - 1\right)\right] m_t$$

根据 AR（1）的稳定性的充要条件是：$\left(\frac{c}{a} + \gamma c\right)\ /\ \left(\frac{c}{a} + \gamma c + \frac{b}{a} + \beta - 1\right) < 1$。则充要条件，进一步等价于：$\frac{b}{a} + \beta - 1 > 0$，将不同参数假设，所相对应的经济含义及相对应的稳定性条件列在表 5－1 中。

表 5－1　不同经济环境下，利率规则参数稳定性条件

参数假设	参数假设含义	稳定性条件
$b=0$	该经济体是浮动汇率，汇率会调整到均衡的汇率处，且经济增长不以出口导向为主。例如，美国。	$\beta > 1$
$c=0$	该经济体城乡二元结构极其严重，并且劳动力转移规模较大，对产出变化反应敏感。	任何 β 皆可
$b\neq 0$ $c\neq 0$ $d\neq 0$	该经济体的名义汇率刚性，并且国内物价对有效汇率有很大影响，存在一定规模的劳动力转移，但是产出缺口对物价影响也较大。例如，中国。	$\beta > 1 - \frac{b}{a}$

根据表 5－1 可知：在美国经济特征的条件下，实施利率规则在 $\beta>1$ 的条件下，利率规则对经济系统而言是稳定的；而当在我国经济条件下，实施利率规则在 $\beta>1-\frac{b}{a}$ 的条件下，利率规则对我国经济条件而言是稳定的。这就是本书与其他研究者的不同认识，其他研究者在估计出我国利率规则参数 $\beta<1$ 时，就断言我国利率规则对于经济系统稳定性而言是一种不稳定的利率规则，而本书不这样认为，只要当 $\beta>1-\frac{b}{a}$ 时，即使 $\beta<1$ 都会使得经济系统是稳定的。

因此，在理论上并不能仅仅根据我国利率规则估计参数 $\beta<1$ 就认为，我国利率规则对经济系统而言是不稳定的。由于参数 a、b 尽管为正，但是并不知道它们具体的数值是多少，因此不能判断我国利率规则估计的参数是否能够表明我国利率规则对经济系统而言是稳定的。

在这样的困境下，本书从另一个角度去思考，即如果利率规则参数显示该规则对经济系统是不稳定的，则对利率有长期的影响，且影响随时间增加而增大；如果是一个稳定的影响，可以使用向量自回归模型进行方便的分析。

第二节　利率规则对经济系统稳定性的实证分析

建立向量自回归模型基本步骤，一般如下：变量平稳性检验、滞后阶数选择、因果性检验、模型稳定性判断、模型选择、参数估计。之后，可以利用建立的向量自回归模型分析经济扰动的脉冲响应。直接采用的样本数据区间为 1996 年（全国统一的同业拆借市场建立）以来的历年季度数据，恰巧这个区间的利率与通货膨胀率经检验是平稳的，对于 1993 年以来的季度数据分析，见第四章。

一、模型建立

向量自回归模型对结构要求较弱，所有变量都是内生变量，外生变量是扰动项，并且这些扰动项并不是独立的。根据表 5－2、表 5－3、表 5－4、表 5－5 可以分别得到：首先，通货膨胀率π_t、利率i_t、产出缺口gap_t这三个变量在 5％的显著性水平下，π_t和i_t都是一阶单整的，非平稳的，即 I（1），但之间存在着协整关系，通过了协整检验，因而不影响建模分析。其次，根据 SC 准则，选择的滞后阶数是一阶。最后，通货膨胀率π_t与利率i_t互为格兰杰因果关系，但是产出缺口gap_t在很高的显著性水平下不能拒绝其作为向量自回归模型的外生变量。因此本书选取的向量自回归模型是将产出缺口作为模型外生变量，而把通货膨胀率π_t与利率i_t作为模型的内生变量，并且其模型稳定性也得到满足。即：

$$\begin{bmatrix}\pi_t\\ i_t\end{bmatrix}=\begin{bmatrix}c_1\\ c_2\end{bmatrix}+\begin{bmatrix}\alpha_1 & \beta_1 & \gamma_1\\ \alpha_2 & \beta_2 & \gamma_2\end{bmatrix}*\begin{bmatrix}\pi_{t-1}\\ i_{t-1}\\ gap_t\end{bmatrix}+\begin{bmatrix}\eta_{1t}\\ \eta_{2t}\end{bmatrix}$$

从表 5－2 的检验结果来看，通货膨胀率π_t，在 1％、5％、10％三个显著性水平下，单位根检验的 Mackinnon 临界值分别为－3.508326、－2.895512、－2.584952，t 检验统计量值为－2.606208，大于相应的临界值，从而不能拒绝H_0，表明通货膨胀率π_t序列存在单位根，是非平稳序列。利率i_t，在 1％、5％、10％三个显著性水平下，单位根检验的 Mackinnon 临界值分别为－3.503879、－2.893589、－2.583931，t 检验统计量值为－0.876651，大于相应的临界值，从而不能拒绝H_0，表明利率i_t序列存在单位根，是非平稳序列。产出缺口gap_t，在1%、5%、10%三个显著性水平下，单位根检验的Mackinnon临界值分别为－3.507394、－2.895109、－2.584738，t检验统计量值为－3.835059，小于相应的临界值，从而拒绝H_0，表明产出缺口gap_t序列不存在单位根，是平稳序列，即产出缺口gap_t序列是零阶单整。

虽然π_t、i_t为一阶单整非平稳变量，但之后通过协整检验，发现π_t、i_t与gap_t之间存在着协整关系，通过Johensen协整检验，可以构建向量自回归模型进行具体的分析。

表5－2　变量平稳性检验

变量	类型 (CTN)	ADF统计量	临界值 1%	临界值 5%	临界值 10%	P值	结论
π_t	(005)	－2.606208	－3.508326	－2.895512	－2.584952	0.0956	I (1)
i_t	(000)	－0.876651	－3.503879	－2.893589	－2.583931	0.7915	I (1)
gap_t	(004)	－3.835059	－3.507394	－2.895109	－2.584738	0.0039	I (0)

表5－3　滞后阶数确定

滞后期	0	1	2	3	4	5
SC	16.03946	10.06100	10.01066	10.20821	10.54790	10.13584

表5－4　格兰杰因果性检验（滞后一阶）

Dependent variable：CPI			
Excluded	Chi－sq	df	Prob.
GAP	5.427827	2	0.0663
I	3.855643	2	0.1455
All	7.555548	4	0.1093
Dependent variable：GAP			
Excluded	Chi－sq	df	Prob.
CPI	0.033062	2	0.9836
I	5.388517	2	0.0676
All	8.907302	4	0.0635

续表

Dependent variable: I			
Excluded	Chi－sq	df	Prob.
CPI	15.27602	2	0.0005
GAP	1.111332	2	0.5737
All	18.93058	4	0.0008

表 5－5　利率、通货膨胀率、产出缺口向量自回归模型稳定性条件检验

Root	Modulus
0.953767	0.953767
0.745952 － 0.081880i	0.750432
0.745952 ＋ 0.081880i	0.750432
0.362528 － 0.355153i	0.507504
0.362528 ＋ 0.355153i	0.507504
0.008633	0.008633

结论：经检验，模小于 1，没有根位于单位根之外，因此所建立的向量自回归模型是稳定的。

二、向量自回归模型估计

对上面建立的向量自回归模型进行估计得到：

$$\begin{bmatrix}\hat{\pi}_t \\ \dot{i}_t\end{bmatrix} = \begin{bmatrix}0.180696 \\ 0.110017\end{bmatrix} + \begin{bmatrix}0.998589 & -0.035520 & -0.099927 \\ 0.061965 & 0.911610 & -0.011243\end{bmatrix} * \begin{bmatrix}\pi_{t-1} \\ i_{t-1} \\ gap_t\end{bmatrix}$$

根据表 5－6 可知，在 10％的显著性水平下，除常数外，其余参数都显著。

表 5－6 估计结果列表（小括号内表示标准误，中括号内表示 t 统计值）

	CPI	I
CPI（－1）	0.998589 (0.03976) [25.1174]	0.061965 (0.01514) [4.09191]
I（－1）	－0.035520 (0.07079) [－0.50178]	0.911610 (0.02696) [33.8093]
C	0.180696 (0.28979) [0.62355]	0.110017 (0.11038) [0.99673]
GAP	－0.099927 (0.06189) [－1.61451]	－0.011243 (0.02357) [－0.47692]
R^2	0.942036	0.977100
Adjusted _ R^2	0.940037	0.976311
Sum sq. resids	210.0142	30.46933
S. E. equation	1.553691	0.591796
F－statistic	471.3070	1237.395
Log likelihood	－167.1758	－79.34009
Akaike AIC	3.762105	1.831650
Schwarz SC	3.872472	1.942018
Mean dependent	4.576264	4.943847
S. D. dependent	6.344864	3.844995
Determinant resid covariance (dof adj.)		0.769392
Determinant resid covariance		0.703240
Log likelihood		－242.2282
Akaike information criterion		5.499521
Schwarz criterion		5.720256

三、脉冲响应

但是，在上面建立的向量自回归模型中，模型的扰动项并不相互独立，现在采用 Cholesky 分解手段进一步分析来自不同变量的独立冲击对利率和通货膨胀率的传导路径，可以清楚地显示，来自通货膨胀率与利率的冲击对利率与通货膨胀率的影响路径是一条稳定的路径，即影响随时间增长最终减弱。由于 Cholesky 分解对不同顺序的设计有不同的反应，因此分别选择 Cholesky 顺序为i_t、π_t与π_t、i_t。

通过图 5－1 与表 5－7 可知：首先，在利率受到来自利率结构模型的 1 个单位的独立冲击后，该冲击首先会产生约 2.5 个单位的影响，在不同 Cholesky 分解顺序中，虽然它们下降程度不同，但都在下降。其次，在利率受到来自通货膨胀率结构模型的 1 个单位的独立冲击后，该冲击向右下方倾斜，影响逐渐降低，但其影响在第 8 期后会不断下降，说明对来自通货膨胀率的扰动会使对利率的影响在 2—3 年内达到最大。在第 25 个季度还有约 0.03 个单位的影响，说明我国利率对通货膨胀率反应持续时间很长。我国在 20 世纪 90 年代经历高通胀后，利率持续保持在高位，致使通货膨胀率一直在下降。

通过图 5－2 与表 5－8 可知：首先，在受到来自利率的 1 个单位独立扰动后，通货膨胀率呈现出 U 字形，在第 4—12 期达到最大的负的影响，之后逐渐上升，至接近零水平。其次，在通货膨胀率受到来自通货膨胀率的 1 个单位独立扰动后，之后各期影响逐渐减弱，在第 21—23 个季度后，其影响减弱为零。

综上可得：无论来自利率或者通货膨胀率的扰动对利率或者通货膨胀率的冲击都会越来越弱，直至削减为零，所以可以证明经济系统是稳定的，所估计的利率规则并不暗含着利率规则对经济系统是不稳定的。

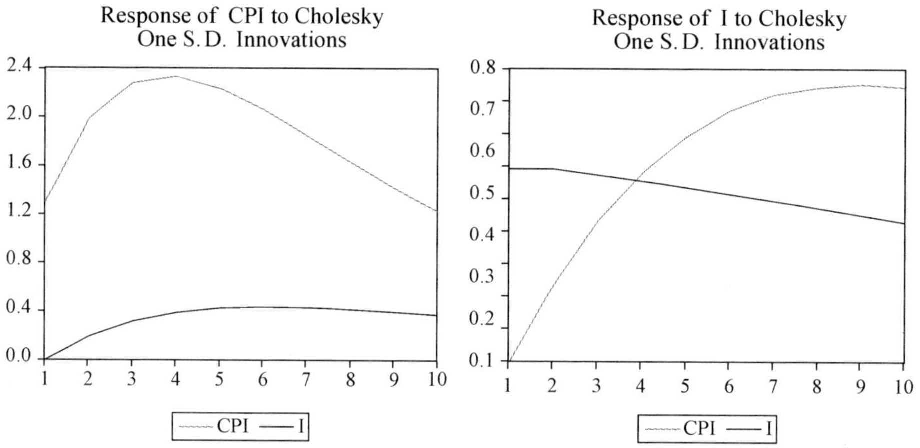

图 5－1　利率对来自利率与通货膨胀率的独立冲击脉冲响应

表 5－7　利率的脉冲反应

Cholesky 顺序	CPI、I		I、CPI	
Period	CPI	I	I	CPI
1	0.114775	0.567348	0.578841	0.000000
2	0.294935	0.568388	0.615583	0.176377
3	0.443803	0.553845	0.630848	0.325173
4	0.559456	0.539374	0.639596	0.441399
5	0.644839	0.524715	0.642158	0.527993
6	0.703963	0.509512	0.638980	0.588957
7	0.741125	0.493653	0.630804	0.628526
8	0.760481	0.477186	0.618503	0.650763
9	0.765807	0.460244	0.602953	0.659343
10	0.760391	0.442995	0.584972	0.657455
11	0.747000	0.425617	0.565284	0.647775

续表

12	0.727900	0.408275	0.544500	0.632493
13	0.704903	0.391116	0.523121	0.613355
14	0.679425	0.374260	0.501548	0.591725
15	0.652548	0.357803	0.480089	0.568645
16	0.625081	0.341818	0.458975	0.544893
17	0.597615	0.326357	0.438374	0.521037
18	0.570564	0.311453	0.418403	0.497479
19	0.544213	0.297127	0.399136	0.474492
20	0.518745	0.283385	0.380618	0.452255
21	0.494269	0.270228	0.362868	0.430873
22	0.470838	0.257646	0.345890	0.410402
23	0.448470	0.245627	0.329675	0.390862
24	0.427156	0.234154	0.314203	0.372246
25	0.406869	0.223209	0.299453	0.354531

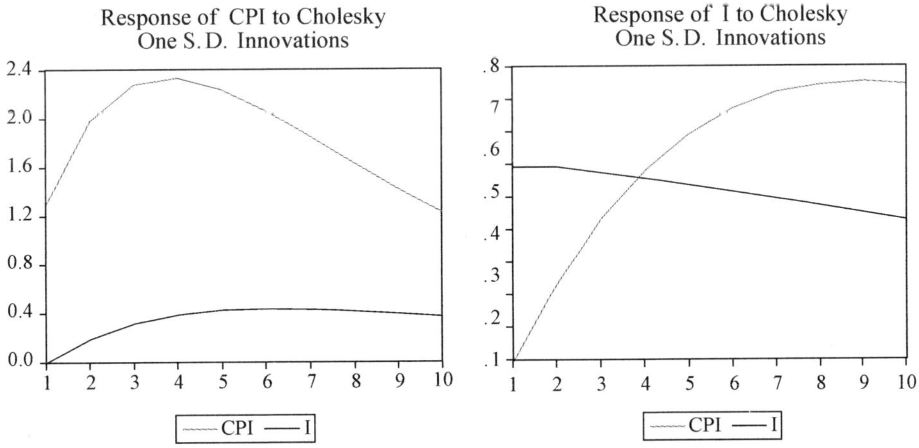

图 5－2　通货膨胀率对来自利率与通货膨胀率的独立冲击脉冲响应

表 5－8　通货膨胀率的脉冲反应

Cholesky 顺序	CPI、I		I、CPI	
Period	CPI	I	I	CPI
1	1. 302134	0. 000000	0. 258192	1. 276280
2	1. 984082	0. 189023	0. 578681	1. 907207
3	2. 282602	0. 313633	0. 760009	2. 175092
4	2. 336021	0. 386045	0. 841576	2. 213092
5	2. 241255	0. 421852	0. 857881	2. 113107
6	2. 065131	0. 432883	0. 833770	1. 938293
7	1. 852308	0. 427805	0. 786594	1. 730703
8	1. 631422	0. 412831	0. 728119	1. 517172
9	1. 419774	0. 392309	0. 666038	1. 313795
10	1. 226857	0. 369198	0. 605134	1. 129292
11	1. 056955	0. 345437	0. 548156	0. 967474
12	0. 911014	0. 322236	0. 496477	0. 829031
13	0. 787971	0. 300293	0. 450572	0. 712782
14	0. 685663	0. 279959	0. 410356	0. 616537
15	0. 601438	0. 261356	0. 375422	0. 537674
16	0. 532542	0. 244464	0. 345205	0. 473495
17	0. 476349	0. 229179	0. 319081	0. 421448
18	0. 430492	0. 215354	0. 296438	0. 379243
19	0. 392915	0. 202829	0. 276710	0. 344896
20	0. 361890	0. 191441	0. 259397	0. 316744
21	0. 335990	0. 181041	0. 244068	0. 293422
22	0. 314071	0. 171495	0. 230365	0. 273830
23	0. 295223	0. 162685	0. 217993	0. 257103
24	0. 278740	0. 154512	0. 206714	0. 242568
25	0. 264079	0. 146892	0. 196338	0. 229710

第六章

利率规则对中国市场经济的协整检验

本章所论述的利率规则包括泰勒规则及前瞻性的泰勒规则，因此主要包括两部分：一是对泰勒规则进行协整检验，并在此基础上建立向量误差纠正（VEC）模型分析相关的脉冲响应；二是对前瞻性泰勒规则进行协整检验，并在此基础上建立向量误差纠正模型分析相关的脉冲响应。

第一节　方法说明

本书第四章使用广义矩估计法估计我国前瞻性利率规则，第五章基于向量自回归模型之上的对利率进行脉冲响应与方差分解都直接或间接地回避了一个问题，即数据的平稳性。在估计我国利率规则时，许多研究者直接估计，并没有对变量进行平稳性检验。因此正如本节第四章所分析的那样，这些模型估计的残差往往存在很强的正自相关性，即 D. W. 值较小。虽然本书在第四章使用上期利率变化作为解释变量，获得了较高的 D. W. 值，但是并没有完全解决这一问题。第五章直接采用的样本数据区间为 1996 年以来的历年季度数据，恰巧这个区间的利率与通货膨胀率经检验是平稳的。当使用不平稳的时间序列进行回归时，往往会出现伪回归，即因为它们具有趋势项（确定性或随机性）而使得并没有实际关系的变量之间存在显著的相关关系。而协整检验的目的是对这些变量之间是否具有真正相关关系做出判断，但是与通常回归所使用的 t 分布的临界值不同的是它的临界值更大。有两种方法可以进行协整检验，一种是基于回归残差的 EG 两步法；另一种是基于回归系数的 JJ 检验法。本书选择 JJ 检验法，理由是本章需要在协整的基础上，进行进一步分析，涉及向量误差纠正模型。建立 VEC 模型后，可以进一步去分析脉冲响应。

第二节　泰勒规则在我国的协整分析

分析的主要步骤是：先对估计的泰勒规则理论形式进行说明，接着采用JJ检验法进行协整检验，然后建立VEC模型，最后分析相关的脉冲响应。

一、理论模型说明

泰勒规则的理论形式是$i_t=\gamma+\pi_t+\alpha(\pi_t-\pi^*)+\beta gap_t$，其中，$i_t$表示名义利率，r表示长期的实际利率或者目标实际利率，π^*表示目标通货膨胀率。在美国估计的参数约为：a＝0.5，β＝0.5。根据第二章使用美国的泰勒规则参数得出的我国的目标利率与实际利率相差很大，因此在本章进一步对泰勒规则理论形式进行扩展，这也被许多研究者所采用，即目标实际利率是变化的，目标通货膨胀率也是变化的，并不是一成不变的。则相应的泰勒规则形式可以表示为：$i_t=\gamma+\pi_t+\alpha(\pi_t-\pi^*)+\beta gap_t$，参数α、β均大于零。因此该泰勒规则表明：当通胀率缺口$(\pi_t-\pi^*)$增大时，则利率i_t应该被政策制定者调整提高；当产出缺口gap_t增大时，则利率i_t应该被政策制定者调整提高。

根据我国历年国民经济和社会发展计划草案的报告，可以得出我国历年的目标通货膨胀率，因为目标通货膨胀率是1年，因此本书选择的实际利率也以1年期来计算。1年期的实际利率r_t采用金融机构1年期个人定期存款利率减去以CPI衡量的季度通货膨胀率。因为采用季度通货膨胀率数据，所以在同年四个季度的（长期）实际利率r_t是不相同的，但同年四个季度的目标通货膨胀率是相同的，因为它们都等于年度公布的目标通货膨胀率。

二、协整分析

先对变量进行平稳性检验，得到表 6－1：

表 6－1　平稳性检验

变量	类型	ADF 统计量	临界值			P 值	结论
	(CTN)		1%	5%	10%		
i_t	(000)	－2.123487	－2.590622	－1.944404	－1.614417	0.2358	I (1)
D (i_t)	(001)	－4.594389	－3.505595	－2.894332	－2.584325	0.0003	I (0)
π_t	(005)	－2.606208	－3.508326	－2.895512	－2.584952	0.0956	I (1)
D (π_t)	(004)	－3.974791	－3.508326	－2.895512	－2.584952	0.0024	I (0)
r_t	(001)	－2.641875	－3.504727	－2.893956	－2.584126	0.0885	I (1)
D (r_t)	(000)	－6.220812	－3.504727	－2.893956	－2.584126	0.0000	I (0)
$\pi_t-\pi^*$	(005)	－2.606208	－3.508326	－2.895512	－2.584952	0.0956	I (1)
gap_t	(004)	－3.835059	－3.507394	－2.895109	－2.584738	0.0039	I (0)

通过平稳性检验表，可以知道：在 1% 的显著性水平下，利率 i_t、通货膨胀率 π_t、实际利率 r_t、通胀缺口（$\pi_t-\pi^*$）与产出缺口 gap_t 是一阶单整的。然后，通胀缺口（$\pi_t-\pi^*$）、通货膨胀率 π_t、利率 i_t、实际利率 r_t 可与产出缺口 gap_t 进行 JJ 协整检验。

选取两阶数滞后，JJ 检验得到这些变量间存在三个协整关系。

选取最大特征值所对应的协整关系，得到协整方程如下，其中小括号为标准差。

$$i_t=1.478284\,r_t+1.275885\,\pi_t+0.142462\,(\pi_t-\pi_t^*)+0.017142\,gap_t$$

协整方程说明利率 i_t、通货膨胀率 π_t、实际利率 r_t、通胀缺口（$\pi_t-\pi^*$）可与产出缺口 gap_t 之间存在长期稳定关系。其中，通货膨胀率的系数为 1.418347＝1.275885＋0.142462，与美国的经验系数 1.5 接近。通货膨胀率系

表 6－2 **Unrestricted Cointegration Rank Test (Trace)**

Hypothesized		Trace	0.05	
No. of CE (s)	Eigenvalue	Statistic	Critical Value	Prob. * *
None *	0.467227	146.9994	69.81889	0.0000
At most 1 *	0.355888	90.95972	47.85613	0.0000
At most 2 *	0.269993	51.81013	29.79707	0.0000
At most 3 *	0.204936	23.80171	15.49471	0.0022
At most 4	0.037385	3.391100	3.841466	0.0655

数与前面的第四章得到的系数相比有很大差别，通过第五章知道这意味着经济模型是否稳定。参数与第五章估计得到的显著不同，究其原因可能如下：首先，估计的模型的确不同，并且这里把（长期）实际利率与目标通货膨胀率看作变量，而在第五章看成常量。其次，模型估计方法有显著差异，因为 JJ 协整检验是基于多方程的向量自回归之上的，而第五章采用的是单方程 GMM 估计方法。最后，协整估计的是长期的均衡关系。因此，这三点原因可能造成通货膨胀率的估计系数有很大差别。产出缺口gap_t的负系数也有可能归因于这些原因。但是为了使分析更有意义，需要采用建立在向量误差纠正模型基础上的脉冲响应去具体分析利率对来自通货膨胀率与目标通货膨胀率的缺口（$\pi_t-\pi^*$）以及产出缺口gap_t的广义脉冲的反应路径。通过利率的反应路径来研究我国利率规则。

最终，泰勒规则的优点在模型中得到很好的体现。在泰勒规则条件下，不仅能体现政策的偏重目的还能够使市场政策锁定目标，从而实现市场的正确的判断，熨平波动以及达到政策效果的最大化。制度化模型可以相对快地达到上述目标并且对央行调节利率的目的有更全面的认知。通过模型我们可以得出，央行自 2006 年以来，货币政策的重点并不在于产出而在于对价格水平的控制以防止通胀，这正好与近年来从保增长变化为保民生的政策基调变动是相符的。

通过选择模型标准的 AIC 与 SC（尽量使得二者均小）以及估计结果的经济学含义，可以选择滞后 2 阶的 VEC 模型。并且通过滞后结构检验中 AR roots table 可以知道滞后 2 阶后，所建立的 VEC 模型是稳定的（具体的 AIC 和 SC 检验系数表及 AR 表在这里不具体列出）。

现在基于 VEC 分析利率 i_t 对来自通货膨胀率与目标通货膨胀率的缺口（$\pi_t - \pi^*$）以及产出缺口 gap_t 的广义脉冲响应。

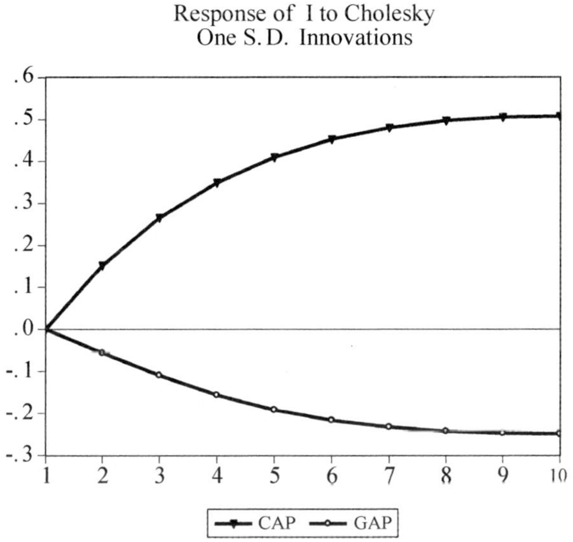

图 6－1　名义利率 i_t 对通货膨胀率缺口（$\pi_t - \pi^*$）与产出缺口 gap_t 的广义脉冲响应

注：图中 CAP 为通货膨胀率缺口（$\pi_t - \pi^*$），GAP 为产出缺口 gap_t。

通过该脉冲响应图，可以发现通货膨胀率与目标通货膨胀率缺口（$\pi_t - \pi^*$）一个单位的正的广义脉冲可以使得利率上升。产出缺口 gap_t 一个单位的正的广义脉冲却使得利率各期都下降，这与利率规则含义有很大差异。同时在做估计时，通过选择另外一种方法去衡量（长期）实际利率 r，即 1 年期的实际利率 r 采用金融机构 1 年期个人定期存款利率减去以 CPI 衡量的年度通货膨胀率，还尝试另一种方法去衡量（长期）实际利率 r，即 1 年期的实际利率 r 采用金融机构 1 年期个人定期存款利率减去目标年度通货膨胀率。但是这些尝试并没有使得估计结果改变多少，即产出缺口 gap_t 的系数仍然为负，来自产出缺口 gap_t 的一个广义脉冲响应使得利率下降。这与利率规则含义不是很符合。

第三节　前瞻性泰勒规则在我国的检验

分析的主要步骤是：先对估计的前瞻性泰勒规则理论形式进行说明，接着采用 JJ 检验法进行协整检验，然后建立 VEC 模型，最后分析相关的脉冲响应。

一、理论模型说明

Clarida，Gali and Gertler（2000）最早提出了前瞻性的泰勒规则，即目标名义利率是包含了预期的产出缺口和预期通货膨胀的函数，表达形式如下：

$$i_t = r + \pi_t + \alpha E\left[\left(\pi_{t,q} \mid \Omega_t\right) - \pi^*\right] + \beta\left[E\left(x_{t,k} \mid \Omega_t\right)\right]$$

其中，i_t 为目标名义利率，π_t 为当前的通货膨胀率，r 为经济实际均衡利率，$x_{t,k}$ 表示 t 期到 t+k 期的产出缺口的平均值，$\pi_{t,q}$ 为 t 期到 t+q 期的通货膨胀率，π^* 为预期时间区间内政府已公布的实际目标通胀水平。Ω_t 为时间 t 的信息集，E（.）表示预期。前瞻性泰勒规则与泰勒规则原式的不同点在于，泰勒规则原式把利率政策的制定放在对滞后产出和通货膨胀的调整变动上，而没有对这些变量的预期做出反应。对变量的前瞻性扩展使货币当局具有更多的选择能力。在泰勒规则原式条件下，货币当局依据实际发生的通货膨胀和产出与各自目标值的偏差来设定下期利率。这种明确而被动的信息可以为货币当局的反通胀政策树立较好的声誉。然而在实际决策过程中，由于专业技术优势，货币当局比公众拥有更多的信息，这使其在进行利率设定时能够依据预期变量而非上期的实际值，从而更有效地实现目标优化。

在泰勒规则中加入预期因素的主要原因在于，传统的泰勒规则里以当期的经济变量作为利率规则的主要影响因素，而没有考虑到政策制定和实施过程中所发生的预期因素，即央行在制定货币政策时更多地基于对未来宏观经济的预测。由于价格和工资的刚性，金融市场中存在的摩擦以及金融市场传导的不畅通，从央行采取政策措施到有关经济变量如工资收入发生变动需要一定的时间间隔，从而引起了货币政策的时滞性问题，货币政策本身存在的时滞性问题使得前瞻性的货币政策成为可能。

根据我国历年国民经济和社会发展计划草案的报告可以得到我国历年的目标通货膨胀率，因为目标通货膨胀率是 1 年，因此本书选择的实际利率也以 1 年期来计算。1 年期的实际利率 r 采用金融机构 1 年期个人定期存款利率减去以 CPI 衡量的年度通货膨胀率。在同年四个季度的（长期）实际利率 r 是相同的，同年四个季度的实际目标通货膨胀率 π^* 也是相同的。因此这里采用的衡量 1 年期的实际利率 r 与前面分析泰勒规则协整性的实际利率 r 不同。

二、广义脉冲响应分析

在进行估计之前，需要得到预期通货膨胀率缺口 $E[(\pi_{t,q}|\Omega_t)-\pi^*]$ 的数据。假设预期的某季度通货膨胀率与上年同季度的通货膨胀率及该年上季度的通货膨胀率相关性最大，同样根据菲利普斯曲线，通货膨胀率与产出缺口有关。因此采用模型 $E(\pi_{t,q}|\Omega_t)=a\pi_{t-1}+b\pi_{t-4}+c\,gap_t$ 去估计预期的通货膨胀率 $E(\pi_{t,q}|\Omega_t)$，从而可以得到预期通货膨胀率缺口 $E[(\pi_{t,q}|\Omega_t)-\pi^*]$ 的

数据。

先对变量进行平稳性检验，得到表 6－3。

表 6－3 平稳性检验

变量	类型 (CTN)	ADF 统计量	临界值 1%	临界值 5%	临界值 10%	P 值	结论
r	(001)	－2.759377	－3.504727	－2.893956	－2.584125	0.0683	I (1)
$E[(\pi_{t,q}\mid\Omega_t)-\pi^*]$	(001)	－2.685566	－3.504727	－2.893956	－2.584126	0.0805	I (1)
$E(x_{t,k}\mid\Omega_t)$	(004)	－3.83505	－3.50739	－2.89519	－2.584738	0.0039	I (1)

平稳性检验表 6－1 表明，在 1%的显著性水平下，利率i_t、通货膨胀率π_t是一阶单整的，而平稳性检验表 6－2 表明，实际利率 r、预期通胀缺口 $E[(\pi_{t,q}\mid\Omega_t)-\pi^*]$ 与预期产出缺口 $E(x_{t,k}\mid\Omega_t)$ 都是一阶单整的。接下来对预期通胀缺口 $E[(\pi_{t,q}\mid\Omega_t)-\pi^*]$，利率$i_t$、实际利率r、通货膨胀率$\pi_t$与预期产出缺口 $E(x_{t,k}\mid\Omega_t)$ 进行 JJ 协整检验（与第二节的协整检验内容相似，也通过了具体的协整检验，这里不具体列出结果）。

通过相关协整检验可以看出，利率i_t、通货膨胀率π_t、实际利率 r、预期通胀缺口 $E[(\pi_{t,q}\mid\Omega_t)-\pi^*]$ 与预期产出缺口 $E(x_{t,k}\mid\Omega_t)$ 之间存在着某种长期稳定的关系，这里不对协整的具体检验进行详细的说明，更重要的分析在于通过建立在向量误差纠正模型基础上的脉冲响应去具体分析名义利率i_t 对预期目标通货膨胀率的缺口 $E[(\pi_{t,q}\mid\Omega_t)-\pi^*]$ 以及预期产出缺口 $E(x_{t,k}\mid\Omega_t)$ 的广义脉冲的反应路径，并且通过利率对这些变量的反应路径来研究我国利率规则。

通过选择模型标准的 AIC 与 SC（尽量使得二者均小）以及估计结果的经济学含义，可以选择滞后 1 阶的 VEC 模型。并且通过滞后结构检验中 AR roots table 可以知道滞后 1 阶后，所建立的 VEC 模型是稳定的（碍于篇幅有限，这里不列出具体的 VEC 模型选择的检验结果）。基于 VEC 分析名义利率 i_t 对来自预期目标通货膨胀率的缺口 E［（$\pi_{t,q}|\Omega_t$）$-\pi^*$］以及预期产出缺口 E（$x_{t,k}|\Omega_t$）的广义脉冲响应结果如图 6－2。

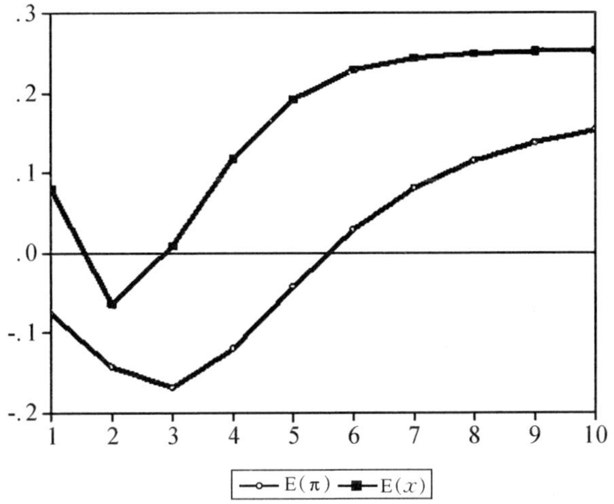

图 6－2　名义利率 i_t 对预期目标通货膨胀率的缺口 E（π）以及预期产出缺口 E（x）的广义脉冲响应

注：E（π）为预期的通胀缺口 E［（$\pi_{t,q}|\Omega_t$）$-\pi^*$］的表达式；图中 E（x）为预期产出缺口 E（$x_{t,k}|\Omega_t$）的表达式。

通过该脉冲响应图，可以发现预期通货膨胀率缺口 E［（$\pi_{t,q}|\Omega_t$）$-\pi^*$］的一个正的广义脉冲可以使得利率上升，这与利率规则含义是一样的。同时，预期产出缺口 E（$x_{t,k}|\Omega_t$）一个单位的正的广义脉冲却使得利率也上升，这与利率规则含义也是一致的。现在需要思考一个问题，即利率对产出缺口的广义脉冲响应与前面长期协整关系中负的系数如何理解。其实，协整关系仅仅表明这些变量之间长期存在这种稳定关系，但是在做脉冲响应时，考虑的是经济系统相互作用。因此协整方程可以看作变量间一个结构方程，但是脉冲响应是建立在整个变量的系统之间多个结构方程基础上的，各个结构方程之间并不是独

立的，通过广义脉冲手段能给出其结构关系，因此这些结构方程通过各自的扰动项相互形成反馈系统。

三、结论

以上采用的两种检验方法很好地体现了利率对通胀缺口和产出缺口做出的反应，这也从另一个侧面说明泰勒规则可以运用于我国的银行业同业拆借率上。对产出缺口的反应分别为 0.404170 和 0.430487，对通胀缺口的反应系数大致在 0.4—0.5 左右，明显小于 1。谢平、陆军通过研究得出的结果分别是 0.81 和 0.89，在通胀缺口的反应系数的研究上与谢平、罗雄（2002）以及陆军、钟丹（2003）等人的研究是相符的。我们知道当满足利率对通胀的反应系数比 1 小时，泰勒规则的不稳定性便会体现出来。换一种说法就是，当通货膨胀率增加 1%时，通货膨胀率的上涨速度将大于名义利率的上涨速度，这将会引起实际利率水平的下降和通胀率升高，从而达到刺激总需求的目的，反之亦然。泰勒规则在这一方面上，产出缺口的反应系数与陆军等人的研究结论 0.497 基本没有差别，但与谢平等人的研究结论 2.84 却存在明显的不同，我们可以得出的结论是我国的利率水平对产出的反应并非一定是过度的。

目前，泰勒规则拥有了在中国运用的初步条件，泰勒规则只有借助拥有完善的利率形成机制、市场反应灵敏以及利率市场化程度高的、国家的政策传导机制才能实现以利率影响预期，从而调控经济运行，可见在泰勒规则指导下的货币政策是可以获得成功的。在不断完善的改革举措中，我们收到了一些成效，利率市场化程度不断提高，利率对市场的反应程度也在变强。此外，我们假定的货币当局对利率控制的独立性情况在现实中很难实现。正如 Orphanides（1997）所指出的，在固定汇率制下，中央银行操纵银行间同业拆借利率的自由度会由于固定汇率的需要而降低。因此，在我国，现行的固定汇率制要进行一定的修正才能正确地运用泰勒规则。2005 年 7 月 21 日，我国开始实行有管理的浮动汇率制度——BBC（Basket，Band and Crawling，一篮子，区间浮动与爬行）模式，是单一的浮动汇率制度，是以市场供求作为基础以及参考一篮子货币进行调节的制度。但中国汇率水平的小幅度波动这一实际情况必须加以考虑，中央银行对汇率形成的干预仍然存在，而且有些技术上的因素也制约了泰勒规则在我国的运用。正如在估计 GDP 时会存在着对缺口的估计问题，所以不同的估计方法会得出不同的产出缺口估计值。而且这些年来国内学术界也没有形成统一的认识。本章采用 HP 滤波法估算 GDP 缺口，剔除了一些季度干扰因素，力求数据接近实际，但是估计值终究会有误差，随着以后的深入研究，数据会越来越接近实际。同样，数据估算过程中采用了大量估计方法，估计方法的差异性也会出现信息失准，这些也为正确讨论泰勒规则在中国的适用性问题带来了障碍。找到正确的核算方法，核算出准确数据，才能使中国利率对泰勒规则的适用性增强。

第七章

非线性利率规则的实证检验

第一节　基于平滑转换模型的非线性泰勒规则的检验

一、传统泰勒规则简单回顾

传统的泰勒规则的表达式如（7－1）所示：

$$i_t^* = r^* + \pi_t + \alpha(\pi_t - \pi^*) + \beta y_t \quad (7-1)$$

这是原始的泰勒规则表达式，在泰勒的研究中，他将通胀缺口和产出缺口的系数α和β都设定为0.5，并且在进行早期的实证检验的时候证明了其可靠性，但后来随着经济全球化的发展，全球各经济体的货币政策之间的交互影响加上经济环境在美国次贷危机之后变得更加复杂多变，使得模型单独针对国内数据检验得出的结果受到了质疑。传统泰勒规则式的核心思想在于央行通过对短期名义利率的调控，并通过最终的传导机制传递至实体经济的过程中，央行应该集中钉住名义通胀水平对实际目标通胀水平的偏离，以及实际产出对潜在产出的偏离水平，以这两个缺口值作为观察经济形势的指标和制定做出利率调控反应的影响因素，从而使得利率水平的变化跟上经济环境的变化并且前瞻性地做出调整，从而引导经济状况的改善实现货币政策操作的目标。后来的学者认为名义通胀率并不能很好地观测指标，从而引入预期因素将预期通胀率代替公式中的名义通胀率，从而在货币政策的制定和发挥作用的过程中要考虑到公众对政策的预期因素的影响。另外，在传统的泰勒规则中引入利率平滑的概念，使得货币政策的政策惯性因素得以量化。

$$i_t = (1-\rho) i_t^* + \rho i_{t-1} + v_t \quad (7-2)$$

$$i_t=(1-\rho)[r^*+\pi_t+\alpha(\pi_t-\pi^*)+\beta y_t]+\rho i_{t-1}+v_t \qquad (7-3)$$

式（7－2）和式（7－3）就是完整地结合了利率平滑惯性因素在内的新的泰勒规则。在对泰勒规则的实证检验中，大部分学者都通过实际数据的检验发现，引入利率平滑因素后的泰勒规则似乎比传统的泰勒规则具有更好的政策效果。

二、STR 模型理论简介

（一）STR 模型介绍

STR 全称为平缓转换模型，具体的数学定义如下：

$$y_t=\phi' z_t+\theta' z_t G(\gamma, c, s_t)+\varepsilon_t \quad t=1, \cdots, T \quad \varepsilon_t \sim iid(0, \sigma^2) \qquad (7-4)$$

$\varepsilon_t \sim iid(0, \sigma^2)$ 表示随机扰动项独立同分布为标准正态分布，$z_t=(1, i_{t-1}, \cdots, i_{t-n}; \pi_t, gap_t, x_{1,t}, \cdots, x_{m,t})'$ 为解释变量，$h=n+m+2$，$\phi'=(\phi_0, \phi_1, \cdots, \phi_h)$ 为模型中线性部分的系数向量，$\theta'=(\theta_0, \theta_1, \cdots, \theta_h)$ 为模型中非线性部分的系数向量。

$$G(\gamma, c, s_t)=\{1+\exp[-\gamma\prod_{k=1}^{K}(s_t-c)]\}^{-1}, \gamma>0 \qquad (7-5)$$

这是转换函数的标准形式。

一般来讲，K=1 时只有单一的线性变换阈值，STR 模型形式为 LSTR1 模型：

$$G(\gamma, c, s_t)=\{1+\exp[-\gamma(s_t-c)]\}^{-1} \qquad (7-6)$$

此转换函数为（0，1）上取值的连续函数，并且是转换变量 s_t 的单调递增函数，$s_t \to -\infty$，$G(\gamma, c, s_t) \to 0$，$s_t \to +\infty$，$G(\gamma, c, s_t) \to 1$。s_t 为转换变量，它可以是 z_t 中的一个元素或者是其中多个元素的线性组合，也可以是确定的时间趋势项。$\gamma>0$ 是模型的一个识别性约束条件。斜率系数 γ 反映的是平滑机制转换的速度，γ 越大模型由一个机制转向另一个机制的可能性就越大——线性转化为非线性部分即由 G（γ，c，s_t）→0 到 G（γ，c，s_t）→1 的过程，用位置参数 c 来确定状态转换的时刻，LSTR1 以 c 点为转换变量的转折点。LSTR1 主要用来表述转换变量发生变化后带来的整个系统的变化，如果假设转换变量为通货膨胀率 π_t，即 $s_t=\pi_t$ 时，模型可以用来表述央行对高低通货膨胀率的容忍目标值的大小不对称性。如果转换变量为产出缺口时，即 $s_t=gap_t$，模型又可以用来解释央行在不同经济周期阶段对产出缺口大小的目标不一致性，例如，在经济低迷时期采用扩大产出缺口的方式来刺激生产、消费和投资的发展，而在经济繁荣阶段又不大关注产出缺口的大小而是把主要目标放在控制通货膨胀水平的恶化上面。

当 K=2 时，标准的 STR 模型扩展为 LSTR2 模型。这是因为在现实经济生活中，经济行为的平滑转换机制不一定总是能保持单调转换，比如，大多数国家央行都放弃了单一的钉住通货膨胀值的严格单一通胀目标制，而是遵循通货膨胀目标区间或者说内部通货膨胀制目标，这时候转换的时刻不仅仅是单一的绝对的数值，而是一个可允许接受的目标区间范围。LSTR2 的基本形式为：

$$G(\gamma, c, s_t) = \{1+\exp[-\gamma(s_t-c_1)(s_t-c_2)]\}^{-1},\ \gamma>0,\ c_1<c_2 \tag{7-7}$$

此转换模型关于（c_1+c_2）/2 这一点对称，并且 $s_t\to\pm\infty$ 时，有 G（γ，c，s_t）→1；在 $c_1\leqslant s_t\leqslant c_2$ 范围内，$\gamma\to\infty$ 时，G（γ，c，s_t）→0，而 γ 取其他任何值时，都有 G（γ，c，s_t）→1。

（二）非线性检验和转换变量的确定法则

在进行非线性模型估计之前，需要对所构建的模型进行线性检验。线性检验的零假设为模型具有线性特征，即 $H_0: \eta=0$，备择假设为 $H_1: \eta\neq0$。理论上对模型的线性检验的识别问题是通过对转换函数 G（.）在 $\gamma=0$ 处进行三阶泰勒级数展开来解决，即构造下面的函数式：

$$G^{*}(\gamma, c, s_t)=\delta_0+\delta_1 s_t+\delta_2 s_t^2+\delta_3 s_t^3+R(\gamma, c, s_t) \quad (7-8)$$

其中，$R(\gamma, c, s_t)$ 为三阶泰勒级数展开项的余项，将（7－8）式代入式（7－4）可以得到：

$$y_t=\phi' z_t+\theta' z_t \sum_{i=0}^{3} \delta_i s_t^i+\varepsilon_t^{*} \quad (7-9)$$

对公式（7－9）重新参数化之后可以得到下面的新式子：

$$y_t=\mu_0 z_t+\mu_1 z_t s_t+\mu_2 z_t s_t^2+\mu_3 z_t s_t^3+\varepsilon_t^{*} \quad (7-10)$$

其中，$\mu_0=\phi'+\theta'\delta_0$；$\mu_i=\theta'\delta_i$；$i=1, 2, 3$；$\varepsilon_t^{*}=\varepsilon_t+\theta' z_t R(\gamma, c, s_t)$。此时，线性假设的零假设为：

$$H_{00}: \mu_1=\mu_2=\mu_3=0 \quad (7-11)$$

备择假设为 $H_{01}: \mu_j \neq 0$，$j=1, 2, 3$。只要在后面三个参数中有一个不为零，就认为模型中存在着非线性部分而拒绝接受模型为线性的假设推断。在零假设成立的条件下，可以通过构造 LM 统计量进行检验，此时 LM 统计量渐进服从 λ^2（3H）分布。但是，在样本容量较小甚至是中等容量的情况下，LM 统计量的准确性明显受影响，因而需要进一步构造 F 统计量进行进一步的检验，Granger and Terasvirta (1993) 在他们的研究中就构造了这个统计量，具体的检验方法内容参考他们的专著内容，在 F 统计检验过程中，小样本容量的检验效果也明显提高，因而本章在接下来的线性检验部分采用的也是 F 统计量的检验指标。当零假设被拒绝的情况下可以进一步进行接下来的非线性检验部分，具体是采用 LSTR1 还是 LSTR2 模型需要根据具体检验的结果和具体的经济实际情况的因素去分析。具体来说，就是进一步进行下列的序贯检验：

$$H_{02}: \mu_3=0,\ H_{03}: \mu_2=0 \mid \mu_3=0,\ H_{04}: \mu_1=0 \mid \mu_2=\mu_3=0$$

当且仅当 H_{03} 最显著的时候采用 LSTR2 模型，其他情况下都采用 LSTR1 形式。

三、STR 模型下的非线性泰勒规则检验

（一）理论介绍

前面简单地介绍了一下 STR 模型的理论，在这个基础上，我们得出本节的关键模型即非线性泰勒规则检验的 STR 模型。

$i_t=\phi' z_t+\theta' z_t G(\gamma, c, s_t)+\varepsilon_t \quad t=1, \cdots, T \quad \varepsilon_t \sim iid(0, \sigma^2)$，这里解释变量 z_t 中包括短期名义通货膨胀率 π_t、产出缺口 gap_t、滞后一期名义利率水平 i_{t-1}，之所以引入这个变量在于模拟央行在钉住货币政策目标时货币政策调整过程中的利率平滑过程。标准的非线性泰勒规则如下式：

$$i_t=\phi_0+\phi_1\pi_t+\phi_2 gap_t+\phi_3 i_{t-1}+(\theta_0+\theta_1\pi_t+\theta_2 gap_t)G(\gamma, c, s_t)+\varepsilon_t \tag{7-12}$$

加入与财政政策相关联的因素变量政府财政支出同比增长率（fzs）后得到进一步扩展的非线性泰勒规则式，在这里称作考虑政策联动性的非线性泰勒规则式：

$$i_t=\phi_0+\phi_1\pi_t+\phi_2 gap_t+\phi_3 i_{t-1}+\phi_4 fzs+(\theta_0+\theta_1\pi_t+\theta_2 gap_t+\theta_3 fzs)G(\gamma, c, s_t)+\varepsilon_t \tag{7-13}$$

这两组模型将成为本章试图通过构建 STR 模型检验泰勒规则的非线性平滑转移形式的主要模型。

依照上章所述的检验方法，构造下列辅助回归式进行序贯检验：

$$i_t=\mu_0 z_t+\mu_1 z_t s_t+\mu_2 z_t s_t^2+\mu_3 z_t s_t^3+\varepsilon_t^* \tag{7-14}$$

其中，$\mu_0=\phi'+\theta'\delta_0$，$\mu_i=\theta'\delta_i$，$i=1, 2, 3$，$\varepsilon_t^*=\varepsilon_t+\theta' z_t R(\gamma, c, s_t)$。按照上文所述的检验方法进行线性检验，拒绝线性假设之后再具体根据构造的 F 统计量的大小来选择模型的具体形式。在相关软件中具体运行后得出本章需要论证的实证检验模型。

(二) 数据的选取与处理

这里实证分析所选取的数据指标主要有：利率 i、GDP 和产出缺口 gap、通货膨胀率 π 和政府财政支出同比增长率 fzs。数据选取的样本区间为 1995Q1—2015Q4 共 80 个季度观测值。

1. 利率

由于我国的利率市场化改革步伐在 20 世纪比较缓慢，隔夜拆借市场并没有完全放开，在 2002 年之前的隔夜拆借数据也难以获得，因而在 2002 年之前的利率指标都是选取 Chibor 做代理变量，数据源自中经网。这里所计算的季度数据都是根据可获得的月度数据进行三项移动平均获得的。2002 年之后，央行开始公布每年的隔夜拆借市场利率月度数据，因而之后的数据都是根据可获得的月度数据进行算术平均计算出来季度数据。由于之前未完成市场化改革，利率的市场化体系不健全，某些利率还存在着管制行为，因而在样本期间内采取尽可能市场化的利率作为研究指标是保证实证研究科学性的必要条件。隔夜拆借市场主要是银行间互相资金借贷的市场，不涉及民间借贷，而且更新速度快，比较符合央行的货币政策变动的利率传导机制要求。另外，央行操控

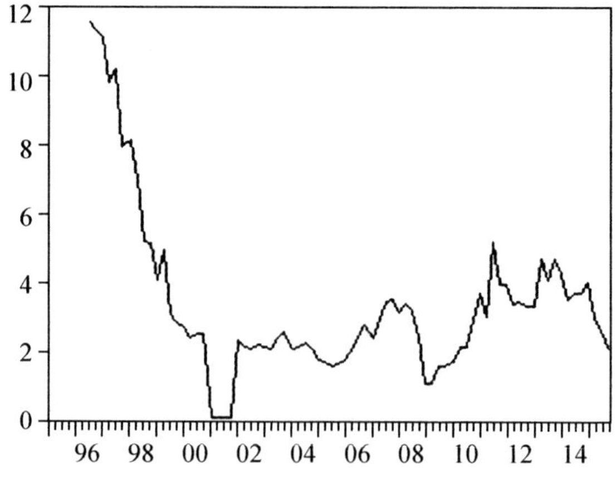

图 7－1 利率的时间序列图

利率的目的是希望通过变动某个利率水平最终经过利率体系的传导影响到实体经济层面的企业和家庭的经济行为，银行间拆借利率变动后最终会通过各银行头寸的变化传递至银行间存贷款利率的浮动变化，因而最终传导至实体经济。这里在可获得的数据前提下，选择 7 天银行间同业拆借利率作为利率指标数据，2002 年之前未能获得的数据用 Chibor 数据代替。

2. **GDP 和产出缺口 gap**

GDP 数据源自国家统计局公布的季度数据。由于国家公布的是名义 GDP 数值，因而需要换算成实际 GDP 数据。这里以 1995 年第一季度为基期，以名义 GDP 数据除以 CPI 价格换算成实际 GDP 数据。产出缺口的计算方法有多种，目前学界比较普遍的做法有两种：第一种是生产函数法，也就是在充分就业水平下，用资本存量和劳动力来评估实际产出，这种方法严格依赖于准确的生产函数数据和符合实际情况的生产函数，但是在我国目前来说还是比较缺乏完整的生产函数数据，这一方法操作实施起来比较困难。第二种就是大多数学者普遍采用的时间序列分解法。首先可获得的名义 GDP 数据除以某一年为定基年的 CPI 数据进行换算得出实际 GDP 数据；其次再利用 X－11 季节调整的

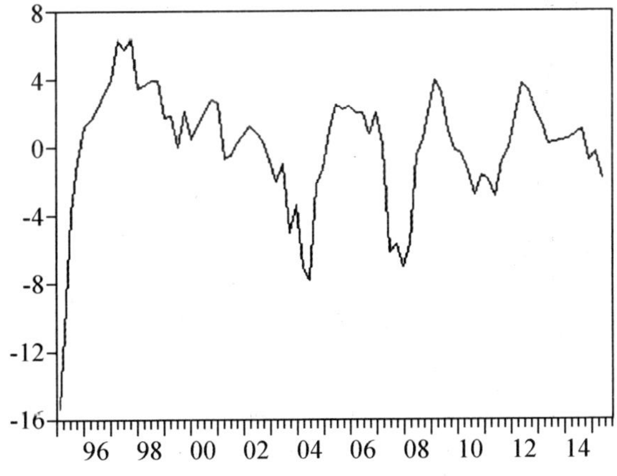

图 7－2　产出缺口 gap 的时间序列图

方法进行季节调整，季节调整后的实际 GDP 数据再利用 HP 滤波方法分离出潜在 GDP 的值，最后再依据产出缺口的公式计算产出缺口值。公式为：gap＝（季节调整后的实际 GDP－潜在 GDP）/潜在 GDP×100%。

当然也有人采用对数形式的计算公式：$gap=\ln(y_t/y_t^*)\times100\%$，其中 y_t 为经季节调整后的实际 GDP 数据，y_t^* 为 HP 滤波方法估算出来的潜在产出数值，这个公式的含义表示实际产出关于潜在产出的百分比对数偏离程度，图 7－2将给出其变动走势图。

3. 通货膨胀率

通货膨胀率主要是采用居民消费价格指数和商品零售价格指数（RPI）两个指数来代替，由于商品零售价格指数并没有把服务业内第三产业的价格统计在内，因而并不能完全反映国内的物价变动程度，因而采用居民消费价格指数似乎更符合实际情况。而且居民消费价格指数与 GDP 关系更加密切，大多数学者愿意以它作为通货膨胀率的代理变量。当然也有学者提出以 GDP 平减指数作为通货膨胀率的代理变量。在这里由于 GDP 平减指数的数据可获得性比较低，并且更新的周期长，我们就以居民消费价格指数作为通货膨胀率的代理变量。

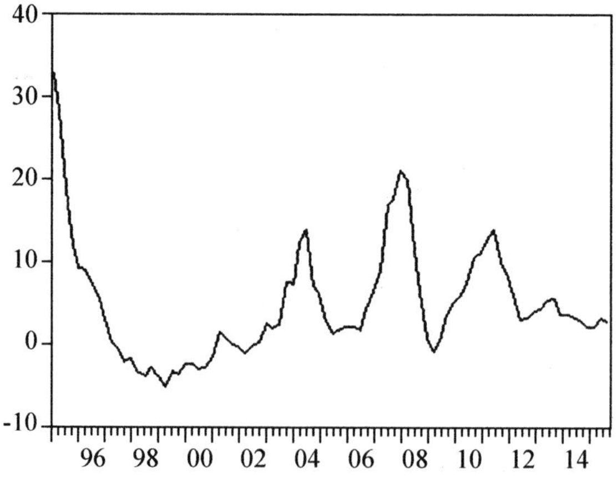

图 7－3　通货膨胀率 π 的时间序列图

由于居民消费价格指数的数据来自国家统计局每年公布的月度同比统计数据，这里通过三项移动平均的方法先求出季度CPI数据，然后再利用公式$\pi_t=(cpi_{jidu}-1)\times 100\%$计算得到通货膨胀率的数据。图7－3给出了通货膨胀率变化的时间趋势图。

4．政府财政支出同比增长率

由于在我国的经济政策框架内，货币政策大部分是与财政政策连同发挥作用，而不是央行做独立决策的。因而在研究泰勒规则的非线性问题时，这里把政府财政开支增长比的变化因素作为财政政策的代理变量，来综合考虑我国货币政策中利率变化的区制平滑问题。

由于国家统计局只公布了2002—2015年的月度政府财政支出变化比例，在这里的数据采用了算术平均的方法计算出了各季度的财政支出增长比数据，2002年之前的数据依据可获得的年度数据按一定的计量方法折算成季度数据。

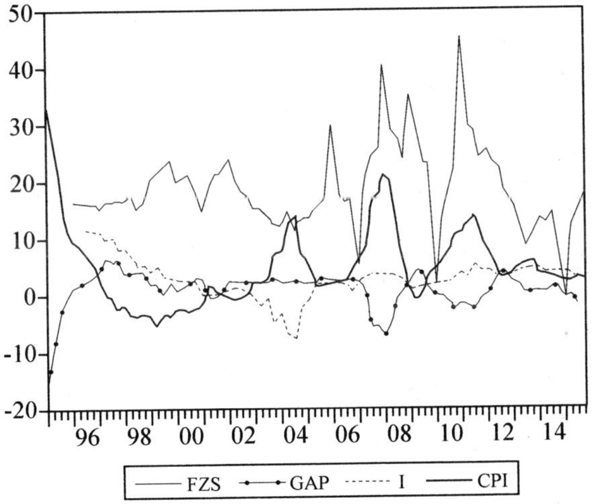

图7－4　各经济变量的时间序列趋势图

注：其中，CPI序列衡量的是实际的通货膨胀率π_t的大小变化趋势。

图 7－4 给出了几个相关变量的对应时序图。

（三）数据的平稳性检验

表 7－1　单位根检验

检验/变量	ADF 检验值	KPSS 检验值	临界值（ADF/KPSS） 1%	5%	10%
i	－3.5964	0.3161	－3.517/0.739	－2.899/0.463	－2.587/0.347
π	－2.7819	0.13775	－3.515/0.739	－2.758/ 0.463	－2.586/0.347
gap	－4.3983	0.08324	－3.512/ 0.739	－2.897/0.463	－2.585/0.347
fzs	－4.2311	0.1641	－3.515/0.739	－2.898/0.463	－2.586/0.347

注：ADF 检验依据修正的 AIC 原则选择最优滞后期，KPSS 依据 Bartlett Kernel 方法确定 Newey－West 带宽。很明显，在两个检验 1%水平下都通过了数据为平稳数据的假设检验，也就通过了平稳性检验。因而为后面的进一步实证研究提供了基础。

在上述平稳性检验中，因为 ADF 检验方法为大多数时间序列数据的检验方法，因而我们在这里也采用这个方法来检测，但由于样本时间较短，我们补充 KPSS 检验方法来检验以解决这个问题。就相关检验的结果来看，这里选取的利率、通货膨胀率、产出缺口和政府财政开支增长幅度的季度数据都通过了严格的平稳性检验。我们已经对可获得的原始数据进行了进一步的处理。由于都是平稳序列，因而就省去协整检验的步骤，进行下文的进一步分析。

（四）非线性检验及转换变量的确定

如前文所述，在非线性检验中，如果接受 H_{00} 假设，则模型为线性模型，非线性部分不存在，若接受 H_{01} 假设，则需要进一步确定模型的具体类型。接受 H_{02} 的概率 p 值最显著推荐为 ESTR 模型，H_{03} 最显著为 LSTR2 模型，H_{04} 最显著则为 LSTR1 模型。表 7－2 给出了依据辅助回归式（7－14）所进行的序贯检验具体值，这些检验结果是选择具体模型的判断依据。

表 7－2　非线性检验及转换变量的确立检验

变量	F1	F4	F3	F2	推荐模型
i	1.5732e－31	3.9743e－02	3.5642e－05	6.2185e－31	LSTR1
π	1.5148e－0.5	2.261e－04	0.000018	6.5028e－04	LSTR2
gap	1.1151e－21	6.8064e－07	1.1425e－02	2.2061e－17	LSTR1
fzs	1.1947e－27	1.5959e－02	5.8472e－05	3.9427e－27	LSTR1

注：为考虑央行货币政策的平滑倾向，我们在模型自变量 z（.）中都加入了滞后一阶利率变量 i_{t-1}，然后为了考虑与财政政策的配合效应在模型 2 中加入了利率滞后一阶变量 i_{t-1} 和政府财政支出同比增长率 fzs 。表内数值为线性检验的 F 统计量的 p 值。

从上述表格中可以看出，综合各变量的 F 统计量的 p 值来看，各个变量作为转换变量都通过检验得知以通货膨胀率 π 建立 LSTR2 模型为最佳模型，并且从 p 值大小可以判断出来以通货膨胀率 π 作为转换变量是最合适的。下面就以通货膨胀率作为转换变量，并且分别就利率及滞后一期利率、通货膨胀率和产出缺口建立模型 1；就利率水平及滞后一阶变量、通货膨胀率、产出缺口再加上政府财政开支增长比为相关变量建立模型 2。

在进行模型的估计之前，首先要确定 LSTR2 模型内的起始参数。起始参数的正确设置是模型进一步估计的基础，利用软件嵌套的二维格点搜索法来估计模型的初值，γ 取值区间为［0.1，10］以 0.1 为步长等距离的选取 100 个值，c1、c2 的取值区间为［－3，5］分别从小到大依次以 0.1 为步长等距离取 80 个值，从而一起构造 8000 个取值组合，分别把取出的值代入非线性模型 1 和模型 2，从而把得到的模型拟合的残差平方和最小的值设置为初始值。然后分别对不包含财政支出增长比率的非线性模型 1 和包含财政支出增长比率的非线性模型 2 进行非线性估计，估计结果如表 7－3 所示。

表 7－3　我国非线性泰勒规则的估计结果

模型参数	模型 1		模型 2	
	参数值	t 统计量	参数值	t 统计量
ϕ_0	－0.3988	(－0.1537)	0.3794	(－0.1567)
ρ	0.88681*	(26.61)	0.9061*	(24.61)
ϕ_π	1.793*	(2.6109)	1.537*	(3.761)
ϕ_{gap}	0.542	(1.905)	－1.594*	(1.5199)
ϕ_{fzs}			－1.3243	(－1.1629)
θ_0	1.40593	(0.705)	2.72	(0.1808)
θ_π	－1.336*	(－3.3440)	－ 1.1236*	(－4.26)
θ_{gap}	－0.25112	(0.245)	1.648	(－1.020)
θ_{fzs}			1.846	(－1.3376)
γ	6.3475	(0.3632)	47.6395	(0.7530)
c1	1.8486	(－2.048)	1.5325	(－0.6592)
c2	7.10409	(9.4097)	6.20134	(4.1174)
$\phi_\pi+\theta_\pi$	0.457		0.4134	
$\phi_{gap}+\theta_{gap}$	0.29088		0.054	
$\phi_{fzs}+\theta_{fzs}$			0.5217	
Adjusted _ R^2	0.9115		0.9024	

注：模型 1 为自变量组合，包含（i_{t-1}，π，gap）；模型 2 包含有（i_{t-1}，π，gap，fzs）四个变量因素在内。之所以采用利率之后一阶变量在内是为了更好地表示利率的平滑倾向。模型 2 加入 fzs 是为了更好地模拟包含财政政策的交互影响对利率政策变化的因素。

从表 7－3 的模型估计结果来看，非线性模型 1 中，非线性部分的转换区间为 [1.8486，7.10409]，可以得出转换函数关于（c1＋c2）/2＝4.4763 对称，在这一点上转换函数 G（.）＝0，非线性部分消失，模型进入线性部分，当通货膨胀值为临界值时，G（.）＝0.5。从模型 1 的估计结果来看，利率平滑系数 ρ 为 0.88681，基本上大于 0.8，这也与大部分的国内研究得出的平滑系数范围相一致，即央行的货币政策行为里存在着很大的惯性平滑行为。γ＝6.3475，表示模型的线性与非线性之间的转换速度不是很快，非线性部分整体来说对模型的整体影响力较弱，从而也淡化了原来模型假设的在利率操作过程中存在着平滑转换机制的非线性行为。当通货膨胀水平处在［0.457，1.793］时，利率对通货膨胀的水平会处在反应不足和稳定反应之间的位置。整体来看，在非线性模型1当中，我国的利率对通货膨胀的变动存在着正反馈，对产出缺口的反应不是很显著，线性部分系数也只有0.542，结合非线性部分的影响，也只有0.29088的作用，因而可以推断出央行的货币政策目标常常是钉住通货膨胀的，而对产出缺口的关注远远不足，这也说明央行在制定货币政策的时候，大多数时间关注的是物价和通货膨胀水平的高涨危机，而不大关注经济的疲软、有效产出不足的问题，另外，凯恩斯主义学派也一直认为有效产出的问题来自需求方的刺激，因而动用财政政策来激励才是主要的手段，我国货币政策也不会像美联储那样既钉住通胀水平区间又关注有效产出下就业的长期增长问题。

为了观察财政政策的刺激作用下对我国货币政策尤其是利率水平的影响，我们在非线性模型2里引入了政府财政支出增长比率这个变量，从侧面来衡量财政政策对货币政策的交叉影响。从模型的估计结果来看，引入财政支出增长率的变量后，利率的平滑倾向变得更大了（$\rho=0.9061$），转换速度也从模型1中的6.3475转变到47.6395，从而使得非线性转换的速度加快。在模型2的条件下，可以看出通货膨胀的转换区间也缩小到［1.5325，6.20134］，在积极财政政策的刺激下，从长期来看更容易引致高通胀的风险，因而利率政策非线性转换的区间上限值趋向于收紧，甚至连下限也从紧。这也反映出我国货币政策在一定程度上是从属于财政政策的框架，利率的变动只是为了钉住通货膨胀的目标区间变动，并且趋向于通过利率变动来改善财政扩张带来的流动性风险问题。在突破转换区间值后模型的非线性部分会迅速发挥作用，在低通胀和高通胀的区间外值时，通货膨胀率每上升1个百分点，利率会上升0.475个百分点，产出缺口扩大1个百分点，利率也上升0.29个百分点；财政支出每上升1个百分点，利率将上调0.522个百分点，虽然下调的幅度不算大，但也制约了完整的泰勒规则条件下钉住通胀缺口和产出缺口变动的规则惯例。这也从侧面反映出我国的利率调控的实施不能简单地从规则的利率规则来执行，还要更多地参考财政政策，如财政支出增加和税收减免等因素对市场货币供应量和各实体经济层面的影响因素来详细分析。

图7－5和图7－6是模型1和模型2的转换函数曲线图：

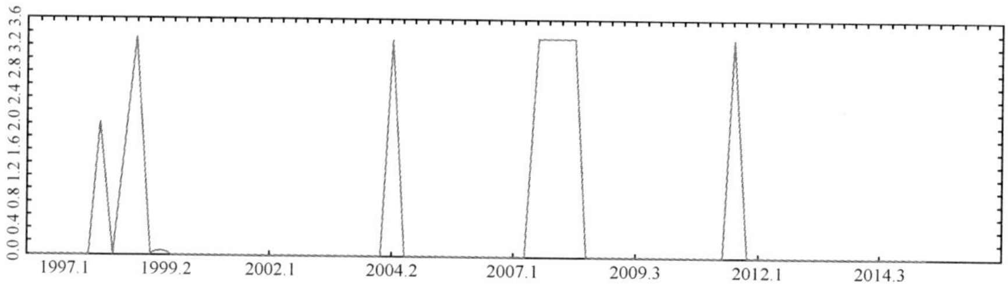

图7－5　模型1的转换函数曲线图

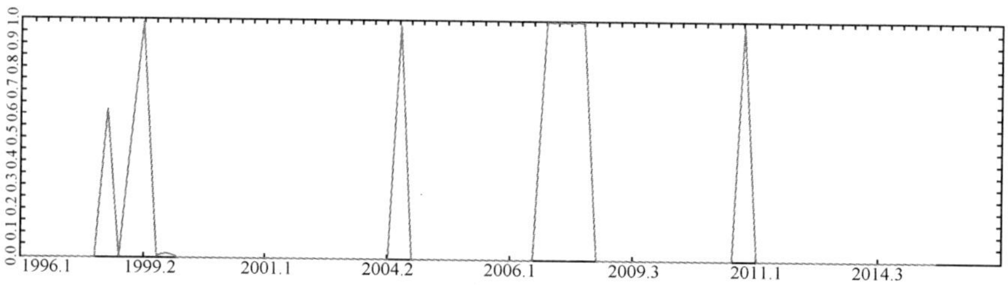

图7－6　模型2的转换函数曲线图

从两个模型的转换函数曲线图可以看出，在1997Q4—1999Q2、2004Q2—2005Q1、2008Q3—2009Q2以及2010Q3—2011Q4这几个阶段都明显存在非线性调整过程，央行在面对突然的经济危机和累积过于严重的通货膨胀压力时，会改变线性利率调控规则的原则转向特殊阶段的特殊调控方式，值得一提的是，这只是短时间内的转换而已，待经济恢复正常情况后就会再回归到线性利率调控规则的控制范围内。如20世纪90年代后期积累的超级通货膨胀问题需要及时调整利率，并且在持续一段时间内可持续性地连贯操控，直至通胀水平出现明显的下降并回归至正常可控区间内。2008—2009年之后的经济危机由外部经济条件传导进入，需要等待一段时间才能发现，并且持续性较强，因而在2008—2009年阶段，利率调整做出迅速的反应并且持续关注通胀目标区间的限度值，从模型2的转换函数图可以看出，在加入政府财政开支增长比这个变量因素后，非线性转换的时间段相对于模型1有一定的推移，这是因为财政开支计划的实施需要一定的时间段来发挥作用，因而与财政政策实施相联动的货币政策的出击时间也要相对调整延后。

最后，从模型1和模型2的调整后的R^2来看，模型的拟合优度较好，是比较合理的。当然基于LSTR2模型的非线性分析也仅仅是从一方面来刻画我国利率调控中所需要面对的问题，而且，模型关于平滑转换的时间点是内生的，假设不大符合实际情况，这样制约了模型的解释能力。因而在后面有必要进一步分析从数据结构自身得出来的区制转换的马尔科夫区制转换的非线性泰勒规则的检验问题，并从两者的对比中找出利率调控规则的非线性区制转换问题的答案。

第二节　基于马尔科夫区制转换的非线性泰勒规则检验

一、基于马尔科夫区制转换的具有时变参数的泰勒规则理论简介

中央银行的政策反应函数由于受经济周期变化和外生因素影响的经济冲

击，会随着货币政策体制的改变而变动，因此，传统的线性泰勒规则显得过于简单而不足以反映实际的经济波动对政策的影响。马尔科夫区制转换模型可以根据历史数据本身的变化来发现经济体中可能存在的不同体制区间变化，这些体制变化并不是像STR模型那样是可以事先假定得到的，而是依据数据本身的结构性变化从宏观经济数据的估计中直接得到，这样，基于马尔科夫体制转换的泰勒规则不仅可以得到央行对于通胀和产出缺口变动的反应系数，而且还能在随着实际经济状况的变化所引致的货币政策体制的转变过程中，得到这些反应系数是如何随着央行货币政策体制的变化而变化的转变过程。因而，可以得到一个时变的参数变化结果。

考虑到系数时变的过程，基于马尔科夫区制转换的非线性泰勒规则的具体形式如下：

$$i_t=(1-\rho_{s_t})[r^*+\pi_t+\alpha_{s_t}(\pi_t-\pi^*)+\beta_{s_t}y_t]+\rho_{s_t}i_{t-1}+v_t \quad (7-15)$$

其中，式（7－15）中的 s_t 为状态变量，是随着宏观经济数据内包含的体制的改变而改变的时变变量，在不同的体制下取值会不同，短期名义利率对通货膨胀和产出缺口的反应系数也是不同的，常数项和平滑系数也是时变的（我们在这里的模型中将实际利率和通胀目标处理为常数项不进行估计）。另外，随机扰动项的方差也会随着数据的内在体制的不同而相应变化，数学表达式为：$v_{s_t}\sim N(0,\sigma_{s_t}^2)$，$\sigma_{s_t}^2\in(\sigma_1,\sigma_2)$，当且仅当 $\sigma_1=\sigma_2$ 时，模型的非线性体制变换特征消失，一般情况下 $\sigma_1\neq\sigma_2$。在这里，假设央行针对短期利率水平的调控关于通胀缺口和产出缺口的反应存在着两个体制，也就是说在式（7－15）内，s_t 取离散值1和2中的某一个值，并且服从一阶马尔科夫链过程，常数转移概率假设为：

$$Pr(s_t=1\mid s_{t-1}=1)=P_{11},\ Pr(s_t=2\mid s_{t-1}=1)=P_{12}$$

$$Pr(s_t=1\mid s_{t-1}=2)=P_{21},\ Pr(s_t=2\mid s_{t-1}=2)=P_{22};$$

其中，$P_{ij}=Pr(s_t=j \mid s_{t-1}=i)$ 表示从第（t－1）时刻状态 i 转移到状态 j 发生的伴随概率。

由于之前的分析都只是基于传统的泰勒规则及其延伸基础上的实证研究，但是没有考虑财政政策的施行对货币政策效果发挥的交互影响作用，因而本书在前人研究的基础之上试图在具有马尔科夫区制转换特征的非线性泰勒公式（7－15）的基础上加入另外一个 fzs 的变量构建新的模型。模型形式如下：

$$i_t=(1-\rho_{s_t})[r^*+\pi_t+\alpha_{s_t}(\pi_t-\pi^*)+\beta_{s_t}y_t+\gamma_{s_t}fzs]+\rho_{s_t}i_{t-1}+v_t \tag{7-16}$$

二、具有时变参数的马尔科夫区制转换的泰勒规则的实证检验

（一）数据选取与处理说明

这里实证分析所选取的数据指标主要有：利率 i、GDP 和产出缺口 gap、通货膨胀率 π 和政府财政支出同比增长率 fzs。数据选取的样本区间为 1995Q1—2015Q4 共 80 个季度观测值。

1. 利率

由于我国的利率市场化改革步伐在 20 世纪比较缓慢，隔夜拆借市场并没有完全放开，2002 年前的隔夜拆借数据也难以获得，因而 2002 年前的利率指标都是选取了 Chibor 做代理变量，数据源自中经网。这里所计算的季度数据都是根据可获得的月度数据进行三项移动平均获得的。2002 年后，央行开始公布每年的隔夜拆借市场利率月度数据，因而之后的数据都是根据可获得的月度数据进行算术平均计算出来季度数据。由于之前未完成市场化改革，利率的市场化体系不健全，某些利率还存在着管制行为，因而在样本期间内采取尽可能市场化的利率作为研究指标是保证实证研究科学性的必要条件。隔夜拆借市场主要是银行间互相资金借贷的市场，不涉及民间借贷，而且更新速度快比较

符合央行的货币政策变动的利率传导机制要求。另外，央行操控利率的最终目的是希望通过变动某个利率水平、最终经过利率体系的传导而影响到实体经济层面的企业和家庭的经济行为，银行间拆借利率变动后最终会通过各银行头寸的变化传递至银行间存贷款利率的浮动变化，因而最终传导至实体经济。这里在可获得的数据前提下，选择七天银行间同业拆借利率作为利率指标数据，2002年之前未能获得的数据用Chibor数据代替。

2. GDP和产出缺口gap

GDP数据源自国家统计局公布的季度数据。由于国家公布的是名义GDP数据，因而需要换算成实际GDP数据。这里以1995年第一季度为基期，以名义GDP数据除以CPI价格换算成实际GDP数据。产出缺口的计算方法有多种，目前学界比较普遍的做法有两种：第一种是生产函数法，也就是在充分就业水平下用资本存量和劳动力来评估实际产出，这种方法严格依赖于准确的生产函数数据和符合实际情况的生产函数，但是在我国目前来说还是比较缺乏完整的生产函数数据，这一方法操作实施起来比较困难。第二种就是大多数学者普遍采用的时间序列分解法。首先可获得的名义GDP数据除以某一年为定基年的CPI数据进行换算得出实际GDP数据，之后再利用X－11季节调整的方法进行季节调整，季节调整后的实际GDP数据再利用HP滤波方法分离出潜在GDP的值，最后再依据产出缺口的公式计算产出缺口值。公式为：gap＝(季节调整后的实际GDP－潜在GDP)/潜在GDP×100％，当然也有人采用对数形式的计算公式：$gap=\ln(y_t/y_t^*)\times 100\%$。其中，$y_t$为经季节调整后的实际GDP数据，$y_t^*$为HP滤波方法估算出来的潜在产出数值，这个公式的含义表示实际产出关于潜在产出的百分比对数偏离程度。

3. 通货膨胀率

通货膨胀率主要是采用居民消费价格指数和商品零售价格指数两个指数来

代替，由于商品零售价格指数并没有把服务业内第三产业的价格统计在内，因而并不能完全反映国内的物价变动程度，因而采用居民消费价格指数似乎更符合实际情况。而且居民消费价格指数与 GDP 关系更加密切，大多数学者愿意以它作为通货膨胀率的代理变量。当然也有学者提出以 GDP 平减指数作为通货膨胀率的代理变量。在这里由于 GDP 平减指数的数据可获得性比较低，而且更新的周期长，我们就以居民消费价格指数作为通货膨胀率的代理变量。由于居民消费价格指数的数据来自国家统计局每年公布的月度同比统计数据，这里通过三项移动平均的方法先求出季度 CPI 数据，然后再利用公式 $\pi_t=(cpi_{jidu}-1)\times100\%$ 计算得到通货膨胀率的数据。

4. 政府财政支出同比增长率

由于在我国的经济政策框架内，货币政策大部分是与财政政策连同发挥作用，而不是单独央行做独立决策的。因而，在研究泰勒规则的非线性问题时，这里把政府财政支出同比增长率的变化因素作为财政政策的代理变量来综合考虑我国货币政策中利率变化的区制平滑问题。由于国家统计局只公布了 2002　2015 年的月度政府财政支出变化比例，在这里的数据采用了算术平均的方法计算出了各季度的财政支出增长比数据，在 2002 年之前的数据依据可获得的年度数据按一定的计量方法折算成季度数据。

（二）数据平稳性检验

通过表 7－4 所示数据的平稳检验，发现数据基本上是平稳的，除了通货膨胀变量存在着部分非平稳因素，但在 5%水平下也通过了平稳性的检验，因而下面直接要用到的数据之间不存在因为非平稳而引起的伪回归的问题。由于数据获取的大部分为月度数据，所以在加权平均计算季度数据时基本上消去了趋势项，gap 和 π 都是经过了 X－12 季节调整的数据。

表 7－4　变量平稳性检验

检验变量	ADF 检验值	检验形式（C，T，L）	临界值		
			1%	5%	10%
i	－3.5964	（C，0，0）	－3.51784	－2.8996	－2.5871
π	－2.7819	（C，0，4）	－3.51553	－2.7586	－2.5866
gap	－4.3983	（C，0，0）	－3.5123	－2.8972	－2.5858
fzs	－4.2311	（C，0，0）	－3.5155	－2.8986	－2.5866

注：（C，T，L）中，C 表示 ADF 检验中包含了常数项，T 表示包含趋势项，L 表示滞后阶数。

（三）基于马尔科夫区制转换模型的泰勒规则的估计

由于在马尔科夫区制转换模型中，央行的货币政策体制依据获得的宏观经济数据的事实依据进行变化，但这种变化不是具体可以衡量的，可以通过检验发现发生转换变化的概率大小，模型本身并不能解释发生这种变化本身的原因，可以通过数据本身的特征发现体制的变化趋向。

从表 7－5 可知，我国的货币政策可明显地分为两个区制，在区制 1 中，央行对通胀的反应不是那么敏感，对于产出缺口的反应系数也相对较小，但为正值，这与很多学者做出的结果为负值不同。相对而言在区制 2 中，央行对通胀的反应相对较明显，在国内线性泰勒规则的研究中，大部分都从通胀缺口的系数来分析，而在这里的系数参数是经过进一步变形处理的，得到的仅仅是与通货膨胀率相关的系数，而把目标通胀率包含在常数项内不单独进行估计，并且把与之相关的通胀缺口的系数拆分开来，即 $\chi^1_{s_t}=(1-\rho_{s_t})(1+\alpha_{s_t})$，其他系数也是如此处理的。另外，这里分析的重点是两区制间的差异，相对于其他非线性分析方法提前设置固定的非线性转换值的做法，这里的估计结果是完全依据数据本身的特性得出的结果，因而不一定要参照传统的系数要求。而且在区制 2 的条件下产出缺口的参数值要小于区制 1 条件下的参数值。此外，新加入的政府财政开支增长相对这一个变量来说在两个区制中的反应系数都较小，

表 7－5 基于马尔科夫区制转换模型的延伸泰勒规则的估计结果

	区制 1	区制 2
$\chi^0_{s_t}$（常数项）	0.3149 (0.1641)	0.6180 (0.6897)
$\chi^1_{s_t}$（π 的系数）	0.0931 (0.0144)	0.1523 (0.0584)
$\chi^2_{s_t}$（gap 系数）	0.0275 (0.0254)	0.0138 (0.1540)
$\chi^3_{s_t}$（fzs 系数）	－0.0029 (0.0081)	－0.083 (0.0237)
$\chi^4_{s_t}$（i_{t-1} 平滑项）	0.8441 (0.0507)	0.8513 (0.1160)
σ_{s_t}	0.3369	0.2408
$\begin{pmatrix} P_{11} P_{12} \\ P_{21} P_{22} \end{pmatrix}$	$\begin{pmatrix} 0.7836, 0.2164 \\ 0.3278, 0.6722 \end{pmatrix}$	
Log－likelihood	－59.0201	
Linearity LR－test	0.0002	

注：1. 由于模型的估计采取的是极大似然估计方法，因而在估计参数时为了避免内生性问题，我们采取了滞后一阶变量来进行估计。

2. 这里通胀目标 π^* 和实际均衡利率 r^* 都包含在常数项内没有单独进行估计。i_{t-1} 系数反映的是央行的利率平滑调控行为的惯性。

3. 小括号内为各参数估计的标准差。

4. LR 检验直接给出了模型线性检验的相伴随概率值，转移概率矩阵也以矩阵形式给出。

可以认为财政开支大小本身并不存在着区制转换效应，它应该是独立于货币政策各变量因素中的，结合实际来看，财政开支的规模有不断增大的趋势。虽然说在模型内的反应系数很小，但并不显著为零，这也从侧面验证了本章之前的假设，即货币政策适当从属财政政策或者说两个政策体系之间存在着互动交叉影响的关系。从系数为负数值也反映出这一关系，当经济处于过热时期应该适当提高利率，同时降低财政支出的比例；反之亦然。此外，从央行的平滑系数来看，两区制内都大于 0.84，央行的利率平滑倾向明显，这与大多数国内研究得出的结论相一致。从区制转换的概率，矩阵来看，系统维持在区制 1 的概率为 0.7836，大于维持在区制 2 的概率 0.6722。无论是从区制 1 滑向区制 2 的概率，还是从区制 2 滑向区制 1 的概率相对来说都较小，说明在样本区间内，区制间转换的频率不是很明显，货币政策存在着明显的稳定倾向。最后，在模型的线性 LR 检验中，概率相对来说很小。这就拒绝了模型为线性的原假设，因而模型的非线性假设得以通过。

综合来看，区制 2 应该是货币政策的积极区制，而区制 1 应该是央行货币政策的正常区制。从区制间的转换概率可以看出，系统在区制 1 内维持的概率最大，表明央行货币政策要维持稳定性的目标，如果经济不是遭受特别明显的冲击压力的话，央行是不愿意频繁改变自己的货币政策的。在正常区制内，央行对通货膨胀有一定的关注，但不会那么敏感，对产出缺口的关注较为明显，这说明在正常条件下经济未达到高通胀的风险区间时，央行的货币政策主要是钉住产出缺口的大小配合国家财政政策的实施，以解决较高失业率和经济增长乏力的问题。在货币政策的积极区制 2 内，央行着力关注通货膨胀的变动，主要是通胀压力明显增大，通胀水平的变动对经济的后续压力增加，此时应该着力解决经济中的高通胀风险，而暂时可以不那么关注充分就业问题。

从实证的估计结果来看，我国的利率市场化进程虽然加快了节奏，但单一利率调控方式并不完全为央行接受，短期利率作为央行货币政策调控工具的作用并未得到充分发挥，因而在模型的估计结果里，通胀水平和产出缺口的系数都相对较小，因而短期内名义利率对通胀和产出等变动的反应不是很明显，利率的变动主要还是为了调整市场流动性的目标。

（四）货币政策的区制转换特性（平滑概率图）

在对马尔科夫区制转换模型进行估计的同时，还可以根据模型中每组数据在某一个时点的具体信息来计算处于某个区制的平滑概率。平滑概率是在已经给定的所有样本信息条件下对每一时点所处的体制进行判断，这样一来便可得到某一时点所处的具体区制的概率值，从而为我们的区制判别分析提供依据。表 7－6 给出了两个区制具体的概率值和持续期，也给出了我国不同货币政策区制发生时间的具体时间段。

表 7－6　区制平滑概率值与持续期

区　制	区制持续平滑概率	持续期
区制 1	0.6023	4.62 季度
区制 2	0.3977	3.05 季度

依据估计计算的各区制货币政策的平滑概率可以得到图 7－7 所示的平滑概率图。当平滑概率越大的时候，货币政策处于该机制的可能性更大，我们依据平滑概率的大小来判断数据内含的区制范围，依据平滑概率是否大于 0.5 这个界限值来判断所属区制范围。图 7－7 还给出了短期名义利率的具体走势图。表 7－7 是依据图 7－7 给出的平滑概率图得到的不同区制区间段的具体时间表。

表 7－7　我国不同货币政策体制发生的区制区间段

区制 1	区制 2
2000Q1—2002Q4；2003Q4—2008Q1； 2010Q2—2012Q1；2013Q3—2015Q3；	1997Q2—1998Q3；2002Q4—2003Q3； 2008Q2—2010Q1；2012Q2—2013Q2；

平滑概率图显示，区制 1 所处的时间较长，结合转换概率可以知道，这个区制内为经济处于正常运行状态下，通货膨胀处于温和的可接受范围内，在这个区制内央行为了维持经济的平稳运行和自身的政策信誉，不会轻易改变自己的政策走向，央行的政策更多的是为了适应市场流动性变化和市场对利率的反应程度的一个微调，不会有频繁的政策变动。相对应而言，区制 2 一般反映的是经济在遭受重大外在因素冲击和自身环境持续恶化的条件下，央行为了阻止经济进一步恶化（主要是为了防止国内通货膨胀的持续恶性膨胀发展和受大范

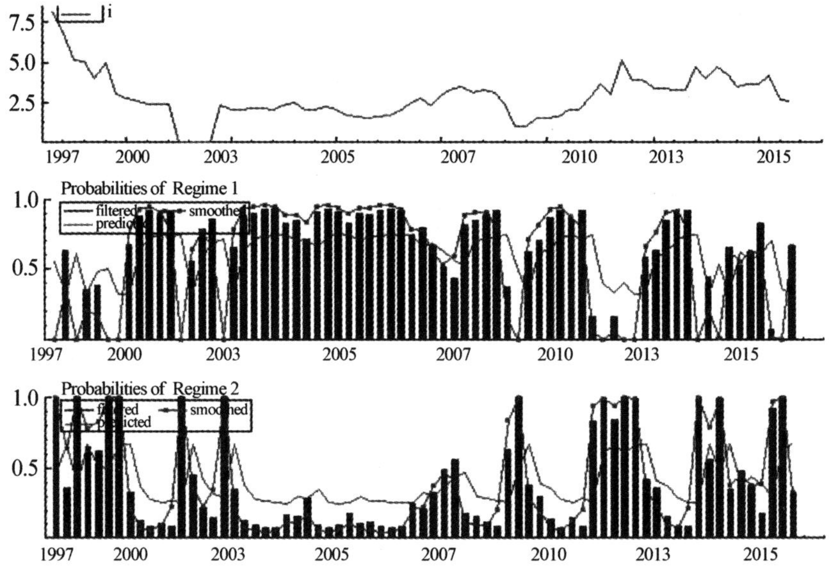

图 7－7　利率趋势图和货币政策区制转换图

围经济危机影响引致的经济低迷状况)，而对利率进行大范围的高频调整，以适应不断恶化的经济环境以期望改变市场预期和市场的经济状况。如 1997 年第二季度一直到 1999 年第二季度亚洲金融危机给我国国内经济造成的外部冲击，加上国内市场化改革的推进引致的持续的通货膨胀上升的压力，2008 年第三季度开始一直到 2009 第二季度，由于美国次贷危机引起的经济危机的传导效应，我国的经济形势持续恶化，为避免经济持续低迷，虽然产出缺口此阶段依然为正，但国家不惜以继续扩大产出缺口为手段，同时降低利率刺激更多的内需与投资，以防止受经济危机影响而使经济步入低迷状态，同时财政主张的四万亿人民币直接刺激经济计划实施配合以利率的不断调整来完成更好的政策激励效果。从这里可以看出，我国的货币政策与财政政策交互影响，央行的主要目的是为了调控通胀目标，而对产出缺口关注过少，并且在经济危机阶段配合财政刺激计划。

第三节　非线性泰勒规则检验与线性泰勒规则检验的比较

前文针对泰勒规则的最新研究，尝试了平滑转换模型和马尔科夫区制转换两种非线性泰勒规则模型的估计。下面将两种非线性模型的估计结果与传统的基于 GMM 方法线性泰勒规则进行比较，以进一步分析我国现阶段泰勒规则的具体适用方式。

表 7－8　非线性泰勒规则与线性泰勒规则估计比较

变量系数	LSTR2 平滑转换模型	马尔科夫区制转换模型	基于 GMM 方法的线性前瞻性泰勒规则模型
	模型 1	区制 1	
	模型 2	区制 2	
常数项 C	－0.3988	0.3149	0.033040 (0.09697)
	－0.3794	0.6180	
π	$\theta_{\pi}-1.336$，$\phi_{\pi}1.793$	0.0391 (0.0144)	0.05999 (0.01898)
	$\theta_{\pi}-1.123$，$\phi_{\pi}1.537$	0.1523 (0.0138)	
gap	$\phi_{gap}0.542$，$\theta_{gap}-0.25112$	0.0275 (0.0254)	－0.050350 (0.0404)
	$\phi_{gap}-1.594$，$\theta_{gap}1.648$	0.0138 (0.1540)	
利率平滑系数 ρ	0.88681	0.8441 (0.0507)	0.9283 (0.0345)
	0.9061	0.8513 (0.1160)	

续表

fzs		−0.0029 (0.0081)	
	ϕ_{fzs} −1.3243，θ_{fzs} 1.846	−0.083 (0.0237)	
模型 JB 统计检验		2.1688	6.4751
JB 统计量 p 值		0.34713	0.0639
(c1，c2)	1.8486，7.10409 1.5325，6.20134		
γ，$\begin{pmatrix} P_{11} P_{12} \\ P_{21} P_{22} \end{pmatrix}$	6.3475 43.6395	$\begin{pmatrix} 0.7836, 0.2164 \\ 0.3278, 0.6722 \end{pmatrix}$	

注：1. 表内为模型估计标准差。

2. LSTR 模型 1 为没有加入 fzs 变量，模型 2 为加入 fzs。

3. 区制转换模型内区制 1 为正常区制，区制 2 为货币政策积极区制。

4. 区制转换模型内都没有对通胀目标和实际利率进行单独估计。

从表 7－8 的比较中，我们可以具体得到的结论有：

第一，在平滑转换模型和马尔科夫转换模型的比较中可以得知，尽管两者的前提假设不同（平滑转换假设模型有一个内生的由人为设置的转换变量，并且说明该转换变量为货币当局政策发生变化的主要原因，而马尔科夫区制转换模型假设的是模型的体制转换由数据本身的特性决定，只能在模型中寻找出区制差异的特性却不能找到形成这种区制差异的原因），但是相对于传统的泰勒规则只能表述利率调整对通货膨胀和实际产出的线性反应模式并不能反映我国货币政策的真实动态变化实际的缺陷。非线性泰勒规则的研究涉及通货膨胀率的时变参数方面的影响，同时打破了传统线性泰勒规则对于目标式内通胀和产出缺口赋予过于简单化的固定值的缺陷，平滑转换模型内以通货膨胀率为转换变量，可以很好地捕捉到央行在面对具体复杂的经济形势时所能忍受的通货膨胀具体的区间上下限值，在区间内使央行的货币政策与线性规则相似，但是超越区间后明显转换到非线性规则下的特殊政策，着力解决通货膨胀率偏离目标区间的问题。在马尔科夫区制转换模型内，央行的货币政策往往在两个不同的体制间转换，在经济企稳的正常体制下，央行为维持自身信誉和经济的平稳运行一般不会有轻易改变利率水平的动机，利率的微幅变动只是为了更好地调整市场的流动性和加强利率市场化的常规操作。而在货币政策的积极区制内，一般是整个经济环境遭受较大的外部冲击和内在波动时（诸如遭受外部经济危机的传染或国内经济过热导致的累积的过高通货膨胀率水平，以及潜在的资产价格泡沫危机等），央行会集中手中的政策工具着力解决经济面临的危机/危险，利率对通胀和产出缺口的反应加剧，而且就实证结果来看，我国央行对通货膨胀的偏离厌恶度要明显高于实际产出对产出缺口的偏离度。

第二，具体来看，在平滑转换模型内，模型 2 在模型 1 的基础上加入了 fzs，以试图结合财政政策的交叉影响来分析我国央行独立性相对较差的货币政策更多地与财政政策相交融的实际问题。实证结果表明，在通胀系数和产出缺口系数内，变化不是很大，但利率平滑的系数上升，从 0.88681 上升至 0.9061，同时通货膨胀的目标区间也有所缩小，从（1.8486，7.10409）变到（1.5325，6.20134），最显著的问题在于，加入了 fzs 变量后，模型的非线性转换斜率明显增大，从 6.3475 变化至 43.6395，这也说明了在面对经济环境显著变化时，由于财政政策的应用，货币当局在制定货币政策时规则的非线性平滑转换行为更加明显。

第三，在马尔科夫的区制转换模型内，短期利率对通货膨胀和产出缺口的反应系数均为正数，这符合泰勒规则的要求，但系数值明显小于 0.5 的权重，这也从侧面凸显我国的货币政策并没有完全接受泰勒规则的要求，只是或多或少的参考而已。在货币政策的积极区制内，利率对通胀的反应系数相对较大，为0.3149，大于正常区制内的0.1523。产出缺口的系数为正，这与国内很多学者研究的为负值的结论相反，可能是由选取的数据和研究方法的差异引起的，这里得出的结论虽然为正值但绝对值相对较小，也倾向于证明我国央行对产出缺口的重视度远没有对通胀的关注度高。在区制转换模型内利率平滑的趋势也相对明显，为0.85左右，这是小于传统线性泰勒规则研究的0.90以上数值的。反映财政政策的变量fzs的参数相对较小，几乎没有什么影响，这与平滑转换模型内加入该因素对模型的改善效果明显不同。区制转换的转换概率相对较大，在区制内的持续期较长，也从侧面反映我国央行货币政策的相对稳定惯性，不会大起大落。

第四，与线性模型比较，无论是平滑转换模型还是马尔科夫区制转换模型，非线性模型内短期利率对通胀的反应度在平稳阶段都要小于线性模型(0.05)的估计，而在经济遭受冲击的条件下，央行政策损失函数的非对称性尤为明显，短期利率对通胀的反应程度变得愈加明显，显著大于线性条件下不变的值(0.05)。而非线性模型关于产出缺口的系数都为正，这与GMM模型下的线性估计下的负值有很大的反差，可以说非线性模型由于结合了央行货币政策非对称性与通胀时变的实际，估计的结果说服力要显著好于线性模型的估计。当然，在非线性模型内加入反映财政政策影响因素的变量——政府财政支出同比增长率，效果因模型的差异而差异，在平滑转换模型内对模型的转换效果有明显的提高，而在马尔科夫区制转换模型内，效果甚微。但由于参数没有显著为零就不能说没有影响。最后通过模型残差的JB检验，非线性模型的残差里的信息得到了充分的提取，不存在异方差的问题，因而模型的设置更加贴合实际情况。

第八章

利率规则在中国应用的相关制度要求与政策建议

第一节　金融制度的改革

一、利率市场化的改革进一步深入推进和完善

当今世界，许多国家尤其是一些经济发达国家已经完成了利率市场化的进程。这一改革的目的，最终是要放开政府等相关权力部门对市场利率的过多管控，让利率按照市场自身供求关系进行自由浮动，各金融机构基本上在经济能够承受的范围内按照市场供求关系自行决定自由浮动利率的大小。

从我国利率市场化改革的指导原则来看，1993 年，党的十四届三中全会《关于建立社会主义市场经济体制若干问题的决定》和《国务院关于金融体制改革的决定》提出了利率市场化改革的基本设想。1995 年，《中国人民银行关于“九五”时期深化利率改革的方案》初步提出利率市场化改革的基本思路。1996 年，正式拉开了利率市场化改革的帷幕。2002 年，党的十六大报告重点指出：“稳步推进利率市场化改革，优化金融资源配置。”2003 年，党的十六届三中全会《关于完善社会主义市场经济体制若干问题的决定》重申：“稳步推进利率市场化，建立健全由市场供求决定的利率形成机制，中央银行通过运用货币政策工具引导市场利率。”2005 年 10 月，中共中央《关于制定国民经济和社会发展第十一个五年规划的建议》进一步指出，要稳步推进利率市场化改革。2007 年，第三次全国金融工作会议提出：“加快培育市场基准利率体系，稳步推进利率市场化改革。”2011 年，《国民经济和社会发展第十二个五年规划纲要》再次强调“稳步推进利率市场化改革，加强金融市场基准利率体

系建设”的具体改革方向。2013 年，党的十八届三中全会《关于全面深化改革若干重大问题的决定》在深化金融体制改革关键节点上，首次提出“加快推进利率市场化”的改革要求。2015 年 11 月，国务院常务会议提出“确定深化利率市场化改革，完善利率形成和调控机制”的具体方针。

而从我国利率市场化改革的实践经验来看，自 1996 年以来，随着统一的银行间同业拆借市场的建立，我国利率市场化改革拉开了序幕。经过 20 年的努力，利率市场化改革稳步推进，并取得重大进展。利率市场化的重心已经从监管机构主动放开利率管制阶段，逐步转移到市场主体参与形成市场基准利率和利率结构的阶段。首先从商业银行利率市场化的改革进程来看，商业银行在利率市场化方面的任务已基本实现。人民币贷款利率市场化取得重大突破，银行的贷款自主风险定价机制基本形成。1987 年 1 月，中国人民银行首次进行了贷款利率市场化的尝试。在《关于下放贷款利率浮动权的通知》中规定，商业银行可根据国家的经济政策，以国家规定的流动资金贷款利率为基准上浮贷款利率，浮动幅度最高不超过 20%。经过多年的稳步推进，继 2004 年取消金融机构（不含城乡信用社）人民币贷款利率上限后，2013 年 7 月 20 日，中国人民银行报经国务院批准，决定取消贷款利率下限，对城乡信用社贷款利率不再设立上限。至此，我国金融机构人民币贷款利率管制已全面放开，金融机构的自主风险定价机制基本建立。总体来看，放开金融机构（不含城乡信用社）贷款利率管制及取消城乡信用社贷款利率上限的政策效果逐步显现，金融机构按照贷款风险状况确定贷款利率的格局初步形成，金融服务水平进一步提高。同时，人民币存款利率市场化迈出历史性一步，基本实现银行存款利率自由浮动。1999 年 10 月，我国从大额存款入手，实行保险公司与商业银行双方协商利率，进行存款利率市场化的有益尝试，到 2004 年 10 月，中国人民银行决定允许金融机构人民币存款利率下浮。至此，人民币存款利率实行下浮制度，实现了“放开下限，管住上限”的既定目标。时隔一年，2005 年 9 月，中国人民银行颁布《中国人民银行关于人民币存贷款计结息问题的通知》，决定将通知存款等 6 种存款计结息方式的决定权下放给商业银行，由其自主确定。这使得商业银行有了一定的利息定价权和更大的自主空间。此次的利息定价权虽然微小，但可以说是存款利率市场化的探路石。经过 2006 年、2012 年、2013 年和 2015 年 2 月的存款利率浮动区间多次扩大调整后，2015 年 10 月，央行决定对商业银行和农村合作金融机构等不再设置存款利率浮动上限。存款利率管制全面放开，银行存款利率实现自由浮动，这标志着我国利率市场化改革经过 20 年的历程，取得了历史性突破。

此外，与商业银行的利率市场化改革配套的，由货币市场的利率市场化和资本市场的利率市场化的相关改革，同时从央行的改革来看，央行的政策利率也在不断推进市场化改革的进程。这些都一同构成了我国利率市场化改革的整个体系的改革。

在传统的利率渠道传导理论中，货币政策制定者只要改变当前的短期利率，就可以通过经济系统里的一系列的利率传导渠道影响长期利率的调整，从而对宏观经济发生作用，也就是仅仅依靠利率工具和经济系统内完善的利率传导渠道就可以调控经济。中央银行调控的短期利率与市场长期利率之间的联系是自动的，利率之间的传导不存在任何问题。而在货币政策借以发挥作用的利率传导渠道中，市场主体对于政策内容和政策调整及执行等问题的市场预期的形成，是保证货币政策有效的一个重要保障渠道，市场对未来政策走势的预期是决定长期利率的关键，是联系长短期市场利率的纽带。

然而，在我国的利率政策传导机制中，利率政策能直接影响到货币供应量，进而影响到实际利率，但是在最后由实际利率再到实体经济这个利率传导环节中，传导渠道并不十分顺畅，即在货币政策的早期执行上，“货币供应量一实际利率”和“固定资产投资—工业增加值”之间都能实现利率政策调控的有效传导效应，但是在“由实际利率传递到固定资产投资及整个实体经济的投资等活动”这一环节出现了问题。利率调整的效应在整个经济体内各个部门各个环节都能被有效消化吸收是货币政策的调节能够真正发挥作用的基础。在发达国家，利率具有外生性和内生性，外生性指的是国家可以通过培育有效的政策基准利率，并将其作为市场利率浮动的基准利率，通过对基准利率的调整来影响整个市场的利率体系的浮动变化，从而实现对宏观经济的有效政策调控的作用；利率的内生性指的是利率由资金供求双方等市场主体之间的相互博弈谈判形成的资金市场价格，是经济体内生的一个经济变量。而我国的中央银行想通过利率来进行政策调控，需要改变以往以传统的货币供应量为操控中介指标，并间接引导至利率调整的数量型货币政策调控方式，渐渐转向通过对市场利率体系的构建和政策基准利率的培育，并通过这一外生的基准利率来影响市场体系内生的市场利率的变化，从而实现货币政策更为有效的价格型调控方式。

总体来看，我国的利率市场化同产品市场改革所遵循的方式相同，也是尝试着渐进式、稳妥推进的改革步骤。在总体思路上，是按照先外币、后本币，先贷款、后存款，存款先大额长期、后小额短期的基本步骤，逐步建立由市场资本供求关系决定的金融机构对存、贷款利率水平实施自主定价的市场化的利率形成机制，中央银行通过对正在培育和完善的市场基准利率体系的调节和引导来引导市场利率的波动，使金融市场的资源调节效率在金融资源配置中发挥主导作用。市场化的顺序起步于货币市场，先放开银行间同业拆借市场利率和债券市场利率（其中债券市场利率是先放开二级市场，再放开一级）；存款利率是先放开大额、长期存款利率，最后放开一般存款利率上限要求；贷款是按照逐步扩大浮动幅度的思路稳妥推进，这些目标已经在 2015 年存款利率上限管制的放开之后基本全部实现，下一步是要继续深入调整资本市场和货币市场内的市场运行的配套设施，同时完善市场化运行的法律法规，建立一个规范的金融市场体系，并且与外币市场上利率的放开和资本的流动管理的放松等改革进程相匹配，需要进一步深入利率市场化的改革。在整个利率改革过程中，始终注意改革的深入进程要与商业银行的自我管理能力、风险防范能力及中央银行对利率的宏观控制能力相适应。

利率市场化的进一步深入改革有利于完善我国政府对经济的宏观调控职能。利率作为一种重要的经济杠杆，是连接宏观经济和微观经济的纽带。不仅如此，利率市场化还有助于完善本国的金融市场结构，推动金融市场的国际化深入发展。利率市场化有利于产生出一个跨国界、多元化、富有分配和投资效率、发育比较完善的金融市场，在这样的金融市场中，商业银行可以通过多种交易方式以及分散资产组合等方式来有效地规避运营风险。另外，随着改革的继续深入，对国外市场的开放度不断提高，这对政府的宏观调控和国际风险传导的把握能力提出了更高的要求，在不断对外开放本国金融市场的同时，需要始终保持国内货币政策的独立性，尽可能减少国际货币政策的外溢效应对国内经济的不利影响。

二、关于汇率市场化的改革

尽管我国目前已经进入经济体制改革全面深入发展时期，但是市场化程度还不够完善。主要表现在以下几个方面：在利率的市场化方面，利率市场化尽管初步完成，但仍然存在着利率的部分管理和限制，完全市场化的利率水平和利率决定机制并没有建成；在市场内市场主体对于利率变化的弹性反应也不足，消费需求和投资需求对于利率变动的弹性较低；在汇率制度改革方面，一方面汇率的变动弹性不足，甚至缺乏有效弹性，外汇供求的变化主要由外汇储备数量的变化来表现；在资本的国际流动性方面，因为存在着政策三难困境的难题，相关部门也一直不敢贸然开放资本流动的管制限制，国际资本在我国缺乏流动性。而我国现阶段施行的汇率制度基本上沿袭了1994年外汇管理体制改革框架下的主要内容，随着市场化整体改革的进程而改变。当时改革目标是汇率统一、以结售汇制度取代留成制、以全国联网的统一的银行间外汇市场取代市场和分散隔离的调剂市场、以管理浮动汇率制度取代官方固定调剂价浮动的双重汇率间巨大的套利空间作用，在汇率并轨后出现人民币汇率的大幅贬值，但事实证明这种超幅贬值只是短期的一种市场调整反应，在市场适应了新的汇率制度后，汇率的波动会回归正常区间。在实现有管理的浮动汇率制度后，基本上是一种变相的固定汇率制度，一方面允许汇率依据国际资本流动市场的情况而部分浮动调整；另一方面又不允许浮动的区间超过经济能够容忍的区间限值。在近两年，随着人民币加入特别提款权（SDR）货币篮子后，人民币国际化的改革进程也进一步加快，但真正要实现人民币的国际化和国际的可自由兑换仍然需要相当长的时间。随着近两年国际经济形势的持续低迷，我国的外汇储备数量也在近几年不断下降，进出口业务的低迷造成传统外汇结算占款在外汇储备中数量下降。以外汇储备为人民币币值稳定做背书的传统外汇管理的作用受到了一定程度的削弱，这也引致了近两年人民币的贬值趋向。

随着中国对外开放的进一步深入推进，我国经济开始全面融入全球经济，这样，国内经济及货币政策的调控操作受外部因素的影响也越来越大，需要进一步加大我国汇率制度的改革以更好地适应国际市场的变化，维持货币政策的稳定性，并减少受外部市场国家的货币政策的外溢效应的影响，并且需要不断完善我国的金融市场体系和资本市场的结构改革，以更好地适应下一步的资本的国际流动增强的变化。汇率作为开放经济中的一个基本价格变量，起着调节内外部均衡的重要作用，汇率制度的健全性决定了国内对于国际经济环境影响的抗击能力的大小，同时也是国内货币政策最大发挥作用的一个有力保障。

需要注意的是，我国汇率制度的转轨调整与市场经济体制改革的步伐需要保持一致的步调。尽管我国长期以来过于严格的汇率管理制度在隔绝外部风险作用明显，可是过于刻板的管理已经与市场化深入改革和利率的市场化全面改革不相适应了。一方面，国内的市场机制不断丰富完善，投资和消费的利率弹性不断提高，市场主体对于市场利率的变化逐渐敏感起来；另一方面，随着对外开放继续深入，资本账户并不能一直实行严格的限制管理，汇率的变化需要有更大的弹性空间。随着市场开放度的拓展，利率—汇率之间的联动性效应也会逐渐扩大。浮动区间的汇率制度建设是汇率改革的一个主要方向，而在浮动制下，长期利率的波动变化将大于短期市场内的利率波动变化，主要是国际经济环境的影响需要通过影响汇率再进一步通过汇率和利率的联动效应影响到国内利率水平的波动，而短期市场利率主要是受国内短期因素的影响，对国际市场的影响因素关注不多，而长期利率是投资等活动的主要参考指标，因而在未来汇率制度改革下，要着重关注汇率波动变化对于利率变化的间接传导影响。此外，国内利率变化会经由市场的复杂传导渠道影响到本国的汇率变化幅度，当然，在目前来看，决定我国汇率变化的因素并没有多少是吸收了利率变化等市场因素的影响，大部分源自政策性变化和传统进出口变化引起的外汇储备的变化因素影响。

在目前我国的汇率缺乏足够的弹性变化空间，而且利率与汇率之间的直接关联度不高，并且对资本项下的资本流动的严格限制的做法只是名义上限制了资本流动对国内经济的影响，实际上，即使本国的汇率缺乏浮动弹性，资本流动也受到严格限制，但国内利率变化的市场因素最终会经由一系列的市场传导机制影响到进出口的变化和外汇储备的变化，从而引致汇率的变化。另外，资本可以在各种隐性的条件下实现缓慢的流动，这里的隐性主要是各种非法资本的流动。国内利率变动会引起利率平价的变动，从而有刺激资本实现跨国流动的可能并引致汇率的波动，在固定汇率下这种情况能够很好地控制，但在逐步放开管制实现更加自由的浮动时，就需要进一步关注资本流动对国内汇率的影响，还有引致国内利率水平非正常波动的影响。利率和汇率作为中央银行货币政策对于国内和国际因素的调节的主要政策工具，在进行政策调控的过程中是彼此交互影响的。汇率的变化可能引起国内利率的波动，国内利率的变动也可能引致本国汇率的波动，至于具体影响因素的大小取决于市场内的信息流动和政策传导效应的时滞，也取决于本国经济开放度的大小。假使本国利率的变动是受国内经济因素的影响，主要是受国内通胀因素影响的时候，则本国利率的波动会引起本币汇率的反向变动；而本国利率的变动不以国内的经济因素为主要影响因素时，在具备完善的货币市场和外汇市场的背景下，利率对汇率的影响主要通过国际购买力平价影响下的利率平价的制约。

可以看出，得益于我国长期推行的管制的汇率制度，国际资本并不能够实现自由的流动，我国的利率工具目标更多的是针对本国国内市场的经济调节，而汇率主要用于平衡国外因素对于本国经济造成的不利影响因素的调节。两个政策工具之间的交互影响效应的存在，使得在制定国内利率改革和利率政策工具时需要充分考虑可能存在的汇率波动因素对其造成的不利影响，需要更加紧密地将两者联合起来，综合国内的经济环境实际情况综合取舍政策工具的调控。利率已经放开了严格的限制管理，这样汇率制度也需要在合适时机有步骤地逐步放开严格的限制，实现国内国际市场的全面市场化改革。

三、关于基准利率的选择

市场基准利率作为利率调节的一个基础利率，如何在整个复杂的利率体系内寻找到一种或几种最具代表性的利率作为基准利率这一点非常重要。只有找到了明确的市场基准利率，央行的政策调控才能有一个良好的市场化的调控基准，才能实现货币政策的有利传导。目前，央行关注的基准利率大致有央行的票据利率、市场回购利率、同业拆借利率和国债回购利率4种。这些利率在市场化的程度上来看，都是央行在早期就着力培育的市场利率，在利率市场化不断深入的过程中也实现了市场化，然而发展的时间有限，与美联储的联邦基准利率那种政策基准利率的市场化相比还是有很大的差距。从有关数据上来看，在2006年第一季度的利率基准方面，3月份银行间市场同业拆借月加权平均利率1.98%，同比下降0.09个百分点，环比下降0.33个百分点；质押式债券回购月加权平均利率1.70%，同比降低0.23个百分点，环比降低0.35个百分点。显示出银行流动性的充沛，这为央行进一步调整创造了有利环境，这种调整分为两个方面：一方面是短期利率基准的形成，应该说央行从2003年4月开始发行1个月、3个月、半年、1年期的央行票据，使得短期国债缺失的问题未影响到短期基准利率的形成；另一方面是中长期利率基准的培育，央行在之前几年就已经通过创新中期借贷便利操作（MLF）、抵押补充贷款（PSL）等政策工具来引导中长期利率。用中长期利率的培育来规范引导市场的利率调整，这几年的实践也不断完善这些中长期利率政策工具的调节引导作用。

根据利率市场化的目标，中国要形成以央行重点培育的市场基准利率为基础，以短期市场利率为中介，由市场供求决定金融机构存贷款利率水平的市场利率形成机制，其中，起着引导和调节市场利率水平的基准利率是整个利率体系的基准和关键。但当前我国货币市场还没有真正能够担当基准利率重任的利率。基准利率必须能够反映资本市场资金供求的变化，基准利率的选择必须是资本市场交易量最大的资金的利率。例如，英国商业银行主要用国债调节日常资金头寸，而英国基准利率就选择国债利率作为资本市场的基准利率。虽然，我国国债市场通过逐步改革，在发行机制方面也在逐步市场化，同时国债二级市场也取得了不小的发展，但是交易规模较小，不能很好地反映我国社会借贷资金需求和供给信息。央行票据虽然交易规模大，但其受央行货币政策的影响大，不是由纯粹的市场力量影响利率的走势，因此，央行票据利率也不具备作为基准利率的条件。1 年期存贷款利率也不能作为货币市场的基准利率，因为当前我国对 1 年期存贷款利率仍是采取行政调控的方式，1 年期存贷款利率虽然可以在一定的幅度内上下波动，但仍不是完全由市场决定的。

从 1978 年开始，尤其自 1996 年利率的市场化改革启动以来，我国的利率调控政策从以往的央行直接行政管控的命令式调控以实现长期维持的较低利率水平的做法，经过不断的市场化改革的尝试建立了一个以央行控制的基准利率为中心，商业银行根据资金供求市场的状况而自行决定存贷款利率价格，并且这个由商业银行自行决定的利率价格是一个围绕着基准利率一定的区间范围内自由浮动的利率体系，并在市场经济体制改革深入的背景下不断更新政策操作的方式，同时也在不断完善市场的利率体系和利率定价的市场化程度，从央行的政策利率调控到货币市场和资本市场内的市场化的利率体系配套建设都施行了渐进的改革调整。这表明，我国所选择的渐进式利率市场化路径呈现出双重特征：一方面，实际利率在实现了按照市场供求关系自由浮动的变化，一改以往人为地维持在较低水平的限制状态；另一方面，央行仍然控制着政策基准利率的调控的主动权，市场利率体系的浮动变化依旧需要参考这个基准利率体系的变化。尽管这种带有政策性目的的基准利率体系在一定程度上并不符合全面市场化的改革要求，可是适当的控制可以实现更加有效率的调控管理，尤其是在市场存在盲目性和投机性冲击等不确定性因素冲击的情形下，这个作用尤为明显。可见，市场化的改革最终并不是要实现全面的市场调节，只是需要发挥市场在配置资源方面的效率优势，减少人为不必要的干扰因素对市场效率的破坏。

第二节　金融制度的完善

利率规则政策要想最大限度地发挥其作用，就要在利率体系的监管、利率政策的透明化、中央银行独立性、商业银行市场化、货币供给的内生性及利率数据化体系的建立等方面加强完善金融制度的建设，从而为利率规则的政策操作提供制度上的保障。

一、关于利率体系的监管

利率规则的顺利施行，需要一系列的政策条件为基础，为了更好地实现利率规则调控的作用，从而促进金融体系和整个国民经济的良性健康发展，对利率金融体系施以行之有效的监管是非常必要的。

我国要实现利率市场化的深入推进就必须在利率的定价等一系列市场结构方面加强利率定价的市场化决定比重，放松对利率的管控。但放松利率的管控这一惯性做法后，利率在许多情形下就像松手的皮球会浮出水面一样，利率放开管控会直接打破原来的对过低利率的政策限定，利率会不断攀升，如果遇上市场上其他一些不利冲击影响，还可能会出现利率的异常波动。但是，如同母亲不能因分娩时的“阵痛”而不让婴儿出世一样，一个国家也不能因惶恐于取消放松利率管制的惯性做法后存在风险而放弃改革。关键是放松利率管控的惯性做法要与防范金融风险并行、并重，不能失之偏颇，需要正确认识在利率管控放开的早期，利率的上升是市场的一种正常反应，因而需要正确区分利率的正常上升波动和异常波动的情形。因此，利率管制的惯性做法的放松绝不等于利率管理的放松。相反，在放松利率管制的惯性做法，给予金融机构更大的利率定价自主决定权的同时，必须加大对市场利率波动区间的正常监测。

改革开放前，我国在计划经济体制下一直对利率实行严格的管制制度，主要是因为新中国成立初期，国内通货膨胀严重，投机倒把和高利贷活动猖獗，并且这个问题一直延续下来，政府不得不采取一系列严格的管理措施，包括利率管制的惯性做法，以实现物价稳定这个重要的政策目标。在物价基本稳定后，为配合当时的国内经济形势，虽然规定利率的制定不可脱离市场，但仍由中国人民银行总行统一规定各种贷款利率的最高限定。对于在这个特殊时间段为制止金融物价领域的混乱局面和配合私营工商业的所有制改造所施行的利率管制的惯性政策基本上收效良好。之后随着生产资料所有制社会主义改造的基本完成和高度集中的中央计划经济管理体制的建立，管制利率的做法在政策决策上得到进一步强化。

但是，改革开放后，随着经济的发展，管制利率的好处在不断地消失，而其弊端则日益显现，利率体制的改革问题被提了出来，越来越多的人认识到应该借鉴“金融深化”理论，放松对利率的管制，还利率以市场的本来面目。原有的依靠行政命令认为决定市场利率价格体系的行政式的利率管理体系越来越不适应市场经济体制建设的要求。利率管制的做法与市场经济体制出现矛盾的地方，为进一步推行市场经济体制改革，利率体系的市场化改革和放开利率管制的惯性做法，是形势所需。

而随着利率不断放松，也出现了竞争的无序和失范等不和谐现象。多年来的经济实践告诉我们，在发展社会主义市场经济、不断完善市场竞争机制的同时，必须着力构建一个规范经济主体责任、协调多方利益、均衡各方发展的和谐机制，打造社会主义和谐经济。在一国的宏观经济调控中，利率是连接各经济变量的桥梁，是货币政策传导机制的中枢。所以，建立和完善和谐经济需要

“和谐”的利率杠杆为之服务。事实上，放松利率管制的惯性做法是一把“双刃剑”，既孕育机遇也潜藏风险。特别是在金融市场信息不对称的情况下，受行为主体的信号传递和信号甄别能力的限制，极易引发金融市场的“道德风险”和“逆向选择”问题。这使得金融经济在完全自由化的利率下犹如宦海风波。有鉴于此，加强利率监管对于保证金融经济平稳、健康、持续的发展意义重大。由此看来，治本之策是我们应该在放松利率管制的惯性做法与加强利率监管之间寻找一个“和谐”点。古人云：“天之历数在尔躬，允执其中”，正是我们在放松利率管制的惯性做法与加强利率监管时所应做到的和谐。

我国放松利率管制的惯性做法的目标就是建立一个在国家间接调控下，以市场资金供求为基础，以中央银行基准利率为核心，以货币市场利率为主体的多元化的利率管理体制、利率形成机制、利率结构体系和利率传导机制。简言之，这种目标也就是一种利率有监管的放松模式，其实质就是在整个社会资金的运行过程中形成一个相对独立的、以基准利率为中心的、多层次的、充分体现和反映市场经济特点及社会主义市场经济要求的利率控制反馈系统。

二、关于利率政策的透明化

近年来的理论研究与实践均表明，增强利率政策信息的透明度以更好地引导市场预期并且形成公众与央行之间的良好互动沟通是利率政策有效实施的一个重要的保障条件。中国人民银行应当在利率市场化改革的过程中进一步增加货币政策的透明度，并基于此透明度操作给予公众稳定政策操作的承诺，从而促使社会公众形成对央行货币政策的稳定理性的市场预期。从事实来看，央行的货币政策一旦为了某种政策目的而出现刻意隐瞒有关政策决策的操作这一缺乏信息透明度的做法，极有可能引发公众对未来经济不确定性的一种恐慌，从而引发通胀预期的上扬，影响宏观经济的稳定性。因而，中国人民银行需要通过各种途径，及时披露货币政策相关信息，改进货币政策透明度。事实上，利率政策信息的公开，一方面能够有效地引导公众预期，确保政策目标的实现；另一方面能够增强公众对利率政策的理解与支持，提高政策的可信度，从而进一步给予市场一个政策稳定性和连贯性的市场预期。

我国自1994年社会主义市场经济体制改革转轨以来，开始向社会公布各层次货币供应量统计数据，中央银行的利率政策透明度也在逐步提高。但与国际货币基金组织《货币和金融政策透明度良好行为准则：原则宣言》的要求相比，还需要进一步增强利率政策的透明度：一是要不断加强市场信息化的建设，综合利用互联网科技下的技术优势，将尽可能收集的市场信息和央行的政策信息集中起来，并且通过适当建设的平台来公布这一信息，从而增强央行与公众之间的良性信息互动沟通；二是要加快完善规范的信息公开制度建设，让公众及时掌握宏观经济的现状和发展趋势等市场信息以及利率调整等货币政策的政策走向信息，从而恰当地引导市场理性预期的形成，提高利率调整政策等货币政策操作的实际效果；三是在现阶段央行多重目标制下，要加强央行的货币政策单一性，减少因多重目标之间的矛盾引发的央行政策的不一致性和相机抉择对政策连贯性的破坏影响；四是需要加强和完善国家宏观经济指标统计的准确性和科学性，确保为利率政策的制定提供准确有效的依据。

但是，透明度的提高并不能一蹴而就，原因如下：

第一，因为具有政策时滞性，并且央行又有相机抉择政策的可能性，央行并不能始终保持其政策的连贯性和单一性原则。一旦经济遭受不可测的冲击的影响较大时，央行有改变既有的政策选择的倾向，以减少经济中临时发生的不可测冲击对整个经济系统所造成的破坏影响，此时央行的政策并不能保证与之前的政策之间的连贯性和单一方向，加上政策时滞的长短不一，央行基本上很难实现规则的货币政策。

第二，有关可信度的问题。央行对于市场所披露的政策信息不可能是完全的信息，出于政策的灵活性调整的考虑，央行也不可能将自身所有决策的信息提供给市场，因而央行提供的信息不具备精确性。信息的完整性和精确性与否在两个方面都可以对央行的信誉造成影响：一是充分完全的信息可以给市场主体提供足够的预判信息，同时给予央行调整的空间缩小，央行与市场公众之间的信息博弈消失，从而增加央行信息的可信度；二是如果央行没有做到诚实守信，临时改变其已经公布的政策承诺，那么在事后将会损失更多的公信度。

第三，关于央行与公众之间的良好的信息沟通与交流，并不仅仅是央行与公众之间相互信任和信息公开这么简单，还需要有完善的市场信息传递和信号显示的市场机制作为保障。央行作为货币政策的制定者和政策效率的监测者需要与经济体内多个部门之间相互协调合作，也就是说央行承担着整个政策信息发布和沟通交流的中介作用。

第四，尤为重要的一点是，央行对待货币政策的保守性决定了其公布的政策信息的不完全性，公众在评价央行货币政策对市场价格和利率等各种市场因素的影响时，要将央行货币政策的这种不确定性因素考虑进去，同时也要结合市场上其他参与者对这些信息的不确定性的反应，综合两者因素再不断调整自己的市场预期，这种为应对市场不确定性而随时调整的适应性预期在非常时期可能会引起整个市场的动荡。在这种极端情况下，市场对央行的信息具有强烈的敏感性从而产生市场的过激反应。针对极端情况下发生的政策转向的情形，市场对于央行的过于精细的声明会进行详细的解读和分析，从而改变整个市场的预期形成的轨迹，从而加剧了市场整体的不稳定性，也给宏观调控制造了相当大的麻烦，因而央行的政策信息披露的情况要视经济整体的环境和市场的预期调整等综合因素的影响，不大可能实现信息披露的完全透明化。

三、关于中央银行独立性及商业银行市场化

(一) 中央银行的独立性

中央银行独立性 (Central Bank Independence，简称 CBI)，首先是指中央银行作为货币政策的制定和实施方需要在制定和实施货币政策这一方面保持自己的独立性。中央银行是国家的金融系统的核心中枢，肩负货币政策的制定和执行管理，需要时刻关注货币管理和维持宏观经济稳定的任务，在货币政策的传导机制体系内处于信号发射器的位置，宏观经济的政策施行和信息的披露都是通过央行这个中心金融机构实现的。而央行的货币政策信号的正确性除了取决于央行自身决策的科学性因素，还受央行的独立性因素影响，央行能否按照经济的实际制定科学合理的货币政策，并且减少其他部门对货币政策的干预是货币政策能否成功贯彻实施的关键。同时，央行只有保持自身的独立性才能保证自身的权威性，才能赢得市场的信誉度。

一般来说，央行对基准利率的调整会通过影响短期及长期借贷市场的供求实现，并借助一系列的传导机制最终影响宏观经济运行。中央银行能否有效地制定和实施利率政策，保持经济稳步增长，在很大程度上取决于央行独立性的强弱。保持中央银行的独立性，可使其不受利益集团左右，避免无关的利益冲突，有助于使其更加清醒地判断宏观经济运行趋势，根据宏观经济的周期性波动合理调整利率水平。

中央银行并非生来就有的，而是依托政府授予的权力成立的，从而货币政策的制定和实施或多或少有一定的政治因素的干扰。政府如果并不关注长期经济稳定的目标，而是急于求成地追求短期内的经济增长和稳定，可能会采取过于偏激的货币政策来激励市场经济的活力，但往往会带来潜在的经济运行风险。滥发货币从而刺激市场利率下降和投资的增长，在长期来看必然会带来持

续恶化的通胀风险，而短期政府是不关注长期的，往往追求短平快的效益，对央行的货币政策采取过多的干预和控制，这就对中央银行的独立性造成了很大的危害。

在现实经济中，中央银行迫于政府宏观调控的强制要求和国内外宏观经济形势变化给经济造成的冲击影响的压力，在实际的利率政策操作中往往凸显政策目标的多样性，在重视稳定物价的目标的同时，又要兼顾经济增长、促进就业和国际收支平衡等目标。这种特殊的金融体制下的央行很难在整个货币政策执行周期中保持单一规则的政策承诺，这对央行运用泰勒规则等利率规则来实施货币政策调节的目标难以实现，因而需要从体制本身赋予央行足够的独立性，破除多重目标制对其政策信誉和威严的破坏作用。

要想实现货币政策的长短期目标一致性，就尤为需要解决政治干扰对于央行政策制定和执行的独立性的破坏问题，央行能否依据经济的现实状况和经济的长期均衡的条件制定行之有效且贯穿整个经济周期的货币政策，决定了货币政策在反通胀等目标的可实现性大小。结合各国的货币政策操作的实际情况来看，大部分国家都采取钉住短期利率变动、适时调整短期利率并通过利率在经济系统内的一系列传导渠道来实现既定的经济调控目标，调整的方向和幅度都依据实际的经济情况变化而变化，具有很强的灵活性。而灵活性的操作是政客们喜欢的方式，因为在短期内可以很好地实现其既定的短期政策目标，但在遭受不确定性的中长期冲击和外部因素冲击时，过于灵活的操作调控反而引起货币政策的混乱，从而加剧了经济的不确定性和潜在经济风险的显性化，这种政策调整的成本只有在中长期才能显现，因而在短期内不会引起过多的关注，这使政府部门过于依赖对央行的操控实现其既定的政策目标，但不重视对经济长期平稳发展和长期均衡的实现问题，这些做法加剧了经济运行的脆弱性和平稳性，因而需要进一步强化央行的独立性。

虽然赋予中央银行独立性，会在一定程度上减弱政府对中央银行进行直接治理的能力，有可能引起央行的独断专行，需要进行一定的监督约束。然而，独立性的要求并不是要完全放开对央行的所有管理给予其全部的决断权，央行的独立性只是要求减少政府部门对于央行的政策操作的不必要的干扰而已。

国民以及金融市场参与者等不特定的多数主体可以通过对央行提供一种政策的正向反馈意见来弥补央行的政策的部分缺陷性，前提是央行与公众之间存在良性的互动沟通和交流，并且央行的货币政策具备透明性。也就是说中央银行要获得独立性的地位，必须要强化其责任意识，加强与公众之间的沟通，重视市场信息的反馈。正如 Fischer（1995）所言，“除非法律与经济绩效毫无关联，任何想取得较低通胀的国家都应该去积极支持 CBI”。

（二）商业银行的行为市场化

商业银行是以货币为经营对象的市场机构，利率规则的施行对其影响最为直接，商业银行能否适应利率规则在国内货币政策的应用是这一政策调控工具作用发挥的一个重要影响因素。

之前由于普遍存在的利率管制的严格限制做法，使得商业银行的竞争模式单一且缺乏效率。在严格的利率管制条件下，央行将商业银行的存贷款利率上下限规定得过于死板，商业银行大多只能依据既定的规定存贷款价格经营资金的存贷款业务，而不以商业银行的规模大小、业务风险把控能力大小和管理成本大小相区别存贷款业务的价格差，商业银行的竞争集中在营销推广、服务质量和科技创新等范围内，以尽可能吸收更多的客户资源为主要的竞争手段。然而随着利率市场化改革的不断深入推进，商业银行渐渐掌握了利率的市场自主定价权，可以依据自身的资金供求状况、经营管理策略和业务风险甄别防患以及目标利润等不同指标，制定相对有一定浮动区间的市场多元利率价格体系，这样，商业银行之间的竞争渐渐从传统的非价格竞争转向以价格差异为主的价格竞争，这样就提高了资金在市场间的流动和分配效率。但是，有必要提防过度的价格竞争给市场造成的恶性破坏，要坚持价格的上下限浮动底线承受区间，避免银行之间过度的恶性竞争。同时，竞争加剧会逐步缩小银行的传统存贷款利差收入来源，激励商业银行不断发掘其表外业务，和创新金融产品体系，丰富了整个资金市场的产品体系和资源配置效率。

利率市场化之后，商业银行之间的竞争进一步加剧是显而易见的。为了尽可能拓展市场潜力提升银行的经营利润空间，商业银行要积极探索新的经营业务，创新并与资本市场上金融产品的业务结合。传统利差缩窄，要求商业银行进一步拓宽表外业务，诸如信息中介等中间业务的范围，从传统的资金借贷方转向综合的资金整合方，积极培育金融产品服务等高级服务业务，从而丰富银行的经营业务，实现风险的分散化，最大限度激发商业银行在资金市场上的配置效率。

在存在利率管制的货币市场，利率水平的大小和计息的方法都是由中央银行统一决策决定的，商业银行只能根据政策公告的利率变动而被动地适应性地调整自己的业务。在过去相当长一段时间内，我国商业银行因为在存款利率和长期贷款利率的硬性指标规定下，在降息周期内都面临着严重的利率风险，而不敢贸然进行资金的存贷业务。因而引起了市场上部分资金短缺、民间借贷活动积极活动的现象。然而，在利率市场化深入之后，商业银行可以通过对市场的正确预测，主动完善自身的资产负债结构，在控制风险的情况下扩展经营的业务范围，同时注意利率的期限错配和市场的潜在流动性风险问题，适当增加其他业务，丰富商业银行的经营业务范围，更好地完善国内的货币市场的市场配置。当然随着业务的拓展，许多隐藏的市场风险和信用风险会逐渐显现，需要商业银行加强自身的风险控制和风险分化的能力。

四、关于货币供给的内生性

货币供给的内生性（Endogenous）是指货币供给是一个由经济体系的自身内部因素决定的内生变量，它的数量大小主要受经济体系中各微观主体的经济行为的影响，货币当局只能适应性地提供货币，而不能随机选择货币供给的大小。

以劳动价值论为基础的马克思内生货币表明，货币供应与货币实际需求有关，它并不完全是由中央银行控制的外生变量，央行应该根据货币实际需求来调节货币供应。由此，在货币内生的制度环境下，利率政策应该能充分地发挥作用，并在货币政策中占据重要地位。下面我们将探寻内生货币思想下的马克思相关利率政策。

众所周知，利息源自剩余价值，并表现为借贷资本的绝对价格，而利率则是作为产业资本家与借贷资本家分割利润的比率，等于利息与借贷资本的占比。因此，利率取决于两个因素：首先是利润率，因为利息是利润的一部分，利息就必然受制于利润，利率也就必然受制于利润率；其次是总利润在贷款人和借款人之间分割的比例。基于此，马克思把利率区分为一般利率和市场利率。依据马克思的分析，一般利率主要着眼于利率长期的变化，更多的是同资本主义生产的平均利润率紧密相连，并由一般利润率决定，其变化范围总是在零与平均利润率之间。而市场利率作为资金的价格，短期内主要由借贷资本市场的供求关系来决定，并随市场状况而不断变化。由于一般利率可视为经济中的长期均衡利率，内生于实体经济部门的平均利润率，因此马克思的利率政策主要体现在市场利率的调节功能论述上。微观上，市场利率的波动主要通过产业资本的成本变化来影响企业的经营决策。宏观上，马克思主要以英格兰银行为例，指出当国内货币紧缺，私人银行或经纪人的贴现业务受到较大限制时，英格兰银行通过具有调节市场利率的权力来影响宏观经济。这实质上对中央银行以市场利率作为中介目标的货币政策进行了说明。

目前，我国货币政策调控的重要特征是政府控制的外生货币供给与内生货币供给体系相互作用，而传统的计划管理方法会造成对内生的货币供给机制的损害，进而导致严重的社会经济不平稳，比如通货膨胀现象频发、经济大起大落、货币政策调控效果低效等。可以说，在当前经济调控中存在的一些主要问题的解决都取决于逐步建立内生的货币供给机制。因此，我国货币政策改革重点应该从外生货币供给思想转到内生货币供给思想上来。

不过，建立内生的货币供给机制，并不就是一定要彻底放弃当前的货币供应量目标，也不意味着中央银行对基础货币等货币供给不再实施控制。事实上，长期看，货币供给是内生的，但是短期上也不排斥货币供给存在一定外生性。马克思的货币流通规律表明，当商品价值总量与商品形态变化的平均速度不变时，流通的货币数量就决定于货币本身的价值。货币作为一般等价物，本质上也是一种商品。货币供给就是这种特殊商品的供给，而市场利率就是这种特殊商品的价格。这个价格是由货币供给与需求的均衡所决定，同样遵循着商品的价值规律。比如，央行可通过公开市场业务吞吐货币供给，经过经济主体的一系列传导作用，引致利率的相应变动，而利率的变动对货币供给又产生一定的反作用。这说明货币供给虽内生于经济运行过程中，但并不能排斥外生性在相对短期内的作用。考虑到我国正处于向市场经济和货币经济转型的过渡期，货币供应量等一些总量变量指标在货币政策调控中还是具有很大的作用，因此，将来即使我国货币政策选择采用以市场利率为中介目标的需求型价格调控模式，央行也不能放弃对基础货币等货币供给的监控。

五、关于利率数据化体系的建设

虽然泰勒规则在理论上是一个较完善的模型，但在实践应用上还存在诸多的不足与缺陷。如不能直接观测某些解释变量、某些变量往往出现测量误差、经济数据会在原始数据的基础上经过多次修正等。在泰勒规则的估计式中，对于通货膨胀率的选取也将直接影响到通货膨胀率估测的准确程度，比如是选择居民消费价格指数还是GDP缩减指数，是选择年度数据还是季度数据，这些数据的选取将影响到政策规则的结果。对于动态目标通货膨胀率的选择，央行需要进一步明确货币政策调控的目标以及经济社会的容忍程度，制定较为合理的目标通货膨胀率体系。对于我国潜在产出的核算，需要根据可持续发展的要求，综合考虑资源、环境等成本，在多种计算潜在产出的方法中择优选择，同时现行GDP的核算方法也亟待改进。

从1978年改革开放至今我国的基层统计数据获取工作不断完善，但与发达国家相比，统计数据的精确性及完整性有待进一步提升。用这些有缺陷的数据来进行实证模拟分析，难免会产生不必要的误差，势必会影响到结果的合理性。但随着我国的市场经济改革的稳步推进，基层统计人员素质的逐渐提高，统计技术的不断进步，因统计数据的缺陷而导致结果误差这种情况将会不断得到改善。如果仅仅是统计数据已经非常完善，但若考虑到政策操作的随机性，泰勒规则似乎显得无能为力。因为泰勒规则过于简单，它既没有加入各经济体内部的制度因素，又没有为央行的判断调整模型以外的信息留下空间，只是把所有利率的变动看作产出缺口与通胀缺口的系统性反应。如果按照泰勒规则行事，央行的决策程序只不过是收集数据和计算数据，这也是迄今为止还没有一个国家公开承诺采用泰勒规则这样的简单工具作为货币行动准则的重要原因。

第三节　政策建议

一、金融制度改革的相关建议

(一) 针对利率市场化进一步深入发展完善方面

第一，优化债券市场结构，完善资本市场，尤其需要关注整个资本市场的债务风险问题。首先，优先考虑我国债券市场期限错配的问题，在短期和长期品种相对匮乏的情况下，要着力打造升级债券市场内的期限结构，实现短、中、长期的期限结构合理化。当然这需要综合运用财政和金融市场调控手段。其次，在债券市场内的债券种类结构上加强深入改革，解决债券市场上以金融类债券为主而与实体经济直接关联的公司债券和企业债券发展不够充分的问题。因而，要进一步放开次级金融债券市场，使金融债券市场的债券种类不断丰富完善，同时也要大力发展企业债券市场使实体企业能够在债券市场上实现直接融资，减少其不必要的融资成本。应该将企业直接融资债券培育为债券市场的主要交易品种，建立和创新多品种和利率灵活的企业债券市场结构，逐步取消企业债券的分配额度和利率限制的管控制度，实现企业发行债券的利率市场化，同时要搭配科学有效的债券评级制度和偿债保障机制，从制度上保证企业债券的信誉度。最后，完善的资本市场的建设也是利率市场化进一步深入的制度保障。只有建设好了发展健全的资本市场，才可以减少企业对银行贷款的依赖，从而解决了企业融资渠道狭窄和融资难的问题，企业融资成本下降，可以很好地促进企业更多的投资活动，从而促进实体经济的进一步发展。企业可以实现在资本市场的直接融资，也从另一侧面减少了银行因信息不对称所遭受的企业信贷违约的信用风险，并且减少了银行为遴选合格企业信贷要求的信息甄别过程中所耗费的过多的交易成本，因而资本市场的全面建设值得深入。

在这个持久的建设过程中，需要在以下几个方面深入钻研。其一，要打破以往证券市场的混乱经营局面，进一步完善相关的证券交易的监管法律和提高证券市场的市场准入要求，推动国债一二级市场的健全发展，并积极倡导以国债收益率为基准的利率收益率曲线的建设工作。其二，积极倡导金融产品的创新，不断培育结构多元、层次合理的金融产品市场化的产品体系。尤其要在关注金融产品的创新范围内的金融衍生产品的市场风险，一方面要进一步放开金融管制对金融产品创新的束缚；另一方面不可避免地要强化对创新的金融产品的风险监控和管理，把市场风险控制在可控范围内。其三，要坚决把控企业和政府的债务违约问题，只有实现了较低的债务率才能为金融市场内的利率市场化进一步放权提供条件。债务的堆积可能引致经济系统内的系统性风险，因而始终是政府监管部门关注的重点。然而，自 2008 年国际金融危机以来，中国财政赤字率和地方政府债务不断攀升引发了一系列的关于政府债务率问题，令人担忧。尽管目前国内的债务风险还在可控区间内，但随着利率市场化改革深入引致汇率的改革也不断深入，国内债务有可能通过国际资本流动的渠道转向国际债务（外债），从而在国际资本市场上引起债务扩大化，虽然目前仍然存在着资本流动的管制，但长久下去，资本的隐性流动会持续恶化外债率这一指标，即使有足够的外汇储备来偿还债务，但损失的是国内汇率的稳定和人民币的贬值，得不偿失。

第二，保持目前的低通胀，避免利率的流动性陷阱。保持较低的通货膨胀率水平是利率市场化继续深入改革成功的重要宏观条件。原则上，在利率市场化改革初显成效的时候，实际利率会出现明显的上升趋势，但这也只是一个市场的短期调整反应而已。维持了较低的通货膨胀率可以实现市场稳定的信心，避免因为短期市场利率的上扬而出现市场恐慌的局面，因而可以实现利率市场化继续深入改革。2012 年之前，我国经济因为持续的刺激增长的政策效果，出现了过热的倾向，因而通胀维持在较高的水平，但在 2012 年财政刺激政策周期结束后，通货膨胀率得到很好的控制，实现了低通胀的政策目标。这是利率市场化改革的良好机遇，同时也是我们进一步推进利率市场化深入改革过程中出现的良好宏观经济条件。就政策决策方面来说，一方面要避免利率政策的短视倾向，从利率市场化的深入改革和利率市场的健全发展这一长远角度考虑利率政策的制定与执行，与经济体系内的市场主体之间建立政策互信机制，实现利率政策博弈的帕累托均衡；另一方面又要注重对公众通胀预期的引导管理。只有实现公众的通胀预期的合理化并将通胀预期的不稳定性降到最低，提高货币政策传导的效果才能更好地发挥利率市场化改革对经济发展的作用；最后，要在政策决策上保持利率政策的长期稳定性，避免因政策的多变性而造成市场预期混乱，实现利率政策主体稳定和局部微调的良好结合。

然而，从理论角度出发，我们发现经济体内可能出现的流动性陷阱是利率工具等货币政策传导效应发挥的一个重要的阻碍因素。凯恩斯的理论曾经提到过利率流动性陷阱的情况，即当利率处于流动性陷阱时，人们的货币投机需求无穷大，中央银行增加的基础货币将全部为人们所吸收，而利率则保持不变，由此导致利率这种价格型货币政策工具失效。对于解决这一问题的方法，克鲁格曼（1998）认为中央银行要采取正的通货膨胀目标。如果大众预期到足够高的通货膨胀，那么实际利率将会下降到足够低，以使经济得以复苏。

第三，时刻关注民间借贷市场内的利率变化。在正规金融市场体系外，还有一个民间借贷金融市场，民间借贷市场的利率大致上以正规金融市场内的利率变化为导向，但却有着自身的独特性，需要对其合理引导，从而健全整个利率市场体系内的利率管理。

从政策方面来看，需要强化对民间借贷利率的监测和调研的制度建设，及时加强宏观审慎监管政策工具创新，并不断鼓励金融制度的创新，从制度层面给予金融创新一个可靠的制度保障，从实际出发，将原本由政府主导的利率决定权放归到市场本身，由市场供需本身的条件决定市场的利率水平。民间借贷利率具有较强的市场化程度，它是中央银行调控市场利率时在市场利率外的一个重要补充利率。针对我国民间借贷的高利贷特征和区域性市场割裂的突出问题，中国人民银行有必要建立分支行信息监测、反馈系统，并结合其辖区内的具体民间借贷市场的市场特色问题进行调查研究，通过政策的合理引导和改革使之正规化，从而为利率市场的多元化市场利率体系建设提供有益帮助。

此外，政策调控工具的创新对我国利率市场化的深入改革也有着重要作用。比如对宏观调控工具创新、对微观调控工具创新及对其他调控工具创新。首先，从宏观调控工作的创新来看，央行需要努力建设一个逆经济周期的央行货币信贷动态调控机制，加强对市场流动性管理，尤为值得一提的是央行关于差别存款准备金率工具的创新，使差别存款准备金率动态调整措施成为中央银行调控货币信贷总量的重要手段，并且结合经济实际的运行环境在发生危机时设立足够多的临时性政策调控工具，诸如融资便利工具和票据信贷便利等。其次，在微观调控工具的优化创新上，主要突出对于市场环境进行监测管理的微观监管部门的监管手段和监管标准制定的问题。在微观监测的政策工具设计中考虑逆周期、跨部门风险传染等因素，从而缓解金融体系的顺周期性的危机。最后，就其他调控工具的创新而言，需要建设科学完善的金融系统稳定性评估制度，并且要求中央银行与地方政府部门和其他宏观审慎监管部门之间的联动，建设一个全面系统的金融稳定性监测评估的制度，并且优化监测的指标和评估方法，以更好地防范各金融市场间及各个金融市场内的风险传染及跨行业的金融风险传递。考虑到我国长期以来推行的政府供给主导型制度变迁模式对金融创新的种种限制约束，原则上，我国的利率市场化深入改革仍然需要坚持采取渐进有序方式，在经济体可以承受的制度改革范围内，积极推行以市场要求为主的制度建设改革，逐步对旧体制的各个弊端问题进行渐进有序的针对性改革。

（二）针对汇率市场化方面

开放外汇市场，推进国内外汇市场全球一体化进程，在人民币汇率市场化改革中，应与实体需求、对外开放程度、资本项目可兑换和利率市场化改革进程相适应，不断推进国内外汇市场全球一体化进程。近期措施包括以实需原则放开境内机构通过银行参与境外 NDF 交易，对银行实行总额管理。中期措施包括对境内机构参与境内远期外汇市场取消实需原则，对非实需部分实行专户额度管理，允许银行自身通过境外 NDF 平盘交易。长期措施包括对境外非居民开放境内外汇衍生品市场，取消境外 NDF 额度限制。① 克鲁格曼“不可能三角”理论认为，资本自由流动、固定汇率和货币政策独立性三者不可能兼顾，只能牺牲其中之一而保证实现另外二者。因此根据“不可能三角”理论，需要进一步加快资本账户的开放，促进资本的自由流动，并实施浮动的汇率制度，这样货币政策的独立性也会得到深层次的加强。为了进一步推进汇率市场化的进程，同时也为了有管理的浮动汇率有效运行，必须将需要放开的资本项目进一步放开，将应该管制的项目坚决管住，不必片面追求所谓“资本流动的完全自由化”。首先，放松对外直接投资“宽入严出”的不对称管制，建立对外直接投资的金融支持体系；其次，加强短期资本流动管制力度，缓解短期资

① 课题组. 人民币汇率市场化形成机制改革动力与路径研究 [J]. 华北金融，2014 (10)：8—10.

本的流动对汇率供求的强大干扰，促进外汇市场价格发现功能的有效发挥。目前，随着对外开放的深化，我国经济已全方位地融入全球经济之中，在国际收支中经常账户已经开放，资本账户开放力度也在逐步扩大，在此背景下，我国央行货币政策受到外部扰动的影响也越来越大，过去靠对国际资本流动加强管制来降低名义汇率波动的做法，如今也变得越来越不可行。既然资本账户开放和资本自由流动是大势所趋，那么在汇率和通胀率之间，到底选择谁为名义锚呢？有关研究表明，小型开放经济体可以选择汇率作为名义锚，但大型经济体通常放弃汇率管制，选择拥有货币政策独立性。所以，Taylor（2000）提出新兴市场国家要采用泰勒规则，灵活的汇率制度是其三个重要组件之一。

此外，我们还要按照主动性、可控性和渐进性原则，进一步完善人民币汇率形成机制。首先，可通过适当扩大人民币汇率的波动区间，来增加人民币汇率水平的灵活性，以减少央行在外汇市场上的被动操作，从而增强央行在基础货币投放上的主动性。其次，通过建立远期外汇市场，丰富汇率风险管理工具，推动外汇市场的发展。远期外汇市场的存在，可为投资者提供套期保值和规避汇率风险的金融工具，也有助于商业银行的流动性管理和风险管理，更有助于中央银行进行市场干预。最后，要深化外汇管理体制改革，促进资本平衡流动，规范和完善跨境资本流动管理，加强对违规和异常资金的监测和管理。

（三）针对基准利率方面

基准利率确定是利率市场化的先行条件。一般来讲，一种利率能否成为基准利率，需要具有如下基本特征：无风险，以市场供求为基础，与中央银行公开市场操作密切相关，在整个利率体系和金融市场中处于关键地位、起主导作用，被市场认可并具有普遍参考价值。当前，我国利率运行依然带有明显的“双轨制”特征，一方是官方制定的央行基准利率（1年期存贷款利率），而另一方则是通过市场需求所形成的市场化利率（如同业拆借利率、回购利率等），官定利率给市场利率带来了严重的影响，破坏了利率市场化机制的生成。因此，要提高利率政策的效应，改变当前利率双轨运行的现状，选择市场利率培育成央行基准利率的可行办法。就我国而言，存贷款利率作为一项央行频繁使用的直接调控政策工具，虽然也是商业银行部分金融产品定价的基准，但由于是管制利率，因此不适合充当货币市场基准利率。同理，再贴现利率直接通过央行确定，缺乏独立性，也不宜作为市场基准利率。再贷款利率在目前各商业银行存在利差的情况下，其对商业银行的调控作用已趋弱化，而法定准备金利率由于对银行间同业市场影响较大，不适宜于日常反复频繁调控操作。根据国际经验，银行间同业拆借市场利率常常被各国中央银行作为利率政策调控的基准利率，较为著名的有伦敦同业拆借利率（Libor）和美国联邦基金利率（美国联邦基金市场上的银行间隔夜拆借利率）。

在此背景下，鉴于我国银行间市场已成为境内资金供求和央行公开市场操作的主要场所，因此，我国基准利率体系应在银行间市场利率中选择，即以Shibor利率和国债二级市场收益率为核心，构建一个无风险替代的基准利率体系。目前，Shibor正担当着货币市场的短期基准利率作用，自2007年1月4日正式运行以来，越来越多的市场产品开始以其为定价基准，并与银行间同业拆借和债券回购利率、央行票据利率、国债和金融债券利率、企业债券和短期融资券利率、票据贴现和转贴现利率、同业存款和借款利率、衍生产品和理财产品利率等已市场化的利率建立了稳定的相关性和比价关系，并在债券发行、票据贴现和贷款发放等资产负债业务定价中逐渐被市场认可和广泛采用。

不过，由于Shibor推出的时间较短，目前市场定价的基准作用还较弱，因此，下一步应继续坚持以Shibor为核心来构建短期基准利率体系。首先，应扩大报价银行范围，提高Shibor的代表性，并建立报价银行的进入与退出机制，加大对报价银行的约束和激励，同时通过应用定量化技术提高Shibor

报价的科学性，从而形成合理有效的利率期限结构和无风险替代的 Shibor 收益率曲线。其次，要以 Shibor 为核心，通过将融资融券等市场化产品以及利率互换、期权、远期利率协议等衍生品定价与 Shibor 挂钩，推动 Shibor 在金融市场中的深入运用，从而扩大 Shibor 的影响力和指导性。鉴于 Shibor 的利率定价基准作用主要体现在货币市场 3 个月以下的短端产品上，3 个月及其以上中长端的 Shibor 还不被市场认同，其对货币市场资金供求的反应灵敏度较低，不具有市场基准利率的参照作用。加上国债的流通性好，偿付风险几乎为零，同时二级市场收益率的准确性和市场化程度较高，因此，应以国债二级市场到期收益率为核心构建中长期基准利率体系。目前，我国较有代表性的债券收益率曲线是中央国债登记结算有限责任公司于 1999 年开始编制的中债收益率曲线，它已是一些固定收益金融产品定价的重要参考基准，同时央行、财政部以及国外部分机构也将其作为分析我国债券市场利率水平的参考基准。但现阶段我国中长期基准利率体系建设中面临的最大缺陷还是市场分割和国债期限结构等问题，因此，要让债券收益率曲线成为市场认可的基准利率，还应尽早统一交易所国债交易市场和银行间国债交易市场，以增加交易主体数量与规模。同时财政部应加大各期限国债的滚动发行，一方面可进一步扩大国债市场规模；另一方面可让国债形成完整的收益率曲线。此外，在适当条件下，还可以积极发展以国债为基础的金融衍生产品，从而使国债收益率曲线的形状更趋完善。

二、金融制度完善的相关建议

（一）关于利率体系监管建议

近年来，我国的金融管理体制发生了重大转变，央行结合利率管理现状，从改革利率监管方式入手，构建适合于统一管理和宏观调控的监管格局。

首先要做到的是，坚持利率监管原则，进一步改进利率调控方式，不断完善利率监管。央行和地方金融监管机构的利率管理需要遵循以下几个原则：一是以相关法律为监管的基础。在市场经济体制改革和利率市场化深入改革的过程中，始终需要从法律上给予金融监管当局明确的监管权限和具体原则的法律规定，并且从法律层面给予市场利率改革的一个正确的市场定位，保证市场有序运行，为货币政策的有序实施提供市场保障条件，而在法律层面做到有法可依是保证改革持续进行的基础条件。二是区域差别化管理原则。目前，我国经济体系内的区域经济发展不平衡，地区间的金融市场发展程度也是各自差异化明显。因而关于利率改革深入的地区性差异问题需要着重突出地区的差异性区别对待，在制定和实施地区的利率政策的时候要结合地区的金融市场实际条件。三是强化金融市场利率市场化执行的秩序，建立一个有序的市场化的利率体系。对于市场利率的深入改革，一些机构和企业还不能完全适应，在利率改革政策的执行上也存在疏忽大意的情况，这需要加强对其的惩处力度，为市场树立央行维护利率政策改革的权威性和严肃性，从上到下贯穿利率深入改革的始终。

对于如何进一步改进利率调控方式，结合国内的实际情况可以有以下几个方面的操作尝试：一要缩小央行法定利率的范围，将市场本身的市场利率回归至市场本身，减少央行人为地政策设计利率的范围，从而进一步强化利率的市场化程度；二要在利率体系中建立一个明确的政策基准利率体系，同时培育市场利率体系围绕政策基准利率浮动变化的市场利率运行调节机制；三要在实现市场利率围绕市场基准利率变动的范围内，进一步扩大市场利率的浮动区间和幅度，允许市场间和市场内的利率价格差异，实现多元化的市场利率体系建设；四要构建我国“反周期调控”利率政策，以灵活微调利率以适应经济的周期性波动。宏观经济的周期性波动具有连续性、多变性等特点，利率调整要与宏观经济的周期性波动保持一致，达到预防通货膨胀与防止经济过度紧缩的目的，就需要采取频繁微调的策略。在政策操作上遵循“小幅多次、小步有序、及时预调、灵活微调、调幅稳定、少用猛药”的原则。

根据这一操作原则，中央银行必须经常对社会利率水平进行调查，对社会资金供求状况、企业资金利润率及银行利差水平等进行测算，结合对宏观经济的合理预期灵活地调整利率。与此同时，要加强商业银行之间的互动联系，积极发挥诸如银行同业公会等组织在信息沟通和互动合作方面的作用。同时像该公会之类的银行间合作公约组织可以更好地实现银行业的行业自律与自治。在公会里可以通过定期更新利率政策的变化及各银行的执行情况，丰富银行业内部的利率改革相关信息。同时，也要加强在该公会组织下的违规惩处责任制度建设，重视社会监督对于利率违规操作的规避作用的发挥，在近年来互联网金融发展的大环境下，也要积极利用好互联网技术在利率政策的执行和监管方面的优势，及时掌握在互联网平台中市场提供的监督反馈信息，这也可以加强社会公众对银行业的利率改革的执行情况的监督。与此同时，央行和地方监管机构要结合各地区的金融市场发展的实际以及遵循地方金融体系法律的要求合理确定利率监管目标，要逐步建立起与社会主义市场经济体系相适应的国家间接调控下的市场利率监管体系。必须根据本地区经济金融运行的特点和状况，遵守各个金融市场的法律法规和行业竞争的规则要求，合理确定利率监管目标：一要充分运用利率政策工具和利率的杠杆调节作用调节好本管辖区域内的金融市场上的资金供求关系，使利率政策在地方的具体施行能够反映区域内金融市场的资金供求实际情况，在微观经济环境内能够很好地实现利率调控工具在经济体系内各部门、各市场以及市场内部的政策传导效应；二要积极发挥利率政策的调控功能作用，强化对地区利率市场监督与管理，坚持市场检查与督察并行，对违规操作进行严格惩处，从而实现本辖区金融市场上利率秩序的稳定。

（二）关于利率政策透明化建议

关于利率政策的透明化建议，主要有两方面内容：加强央行利率政策相关信息的披露与央行具体的利率政策的更好制定和执行的透明度问题。

第一，就央行的利率政策相关的信息披露来看，央行有必要加强其定期利率政策信息的公布制度建设，规范其信息披露的内容、时间和形式。央行要积极应用互联网和自身的传媒信息中介向公众公布其与金融市场的利率决策和利率改革的详细信息，如央行每年都会公布的货币政策执行报告和其他与利率政策有关的信息在央行的网站都能实时查询，这就是信息披露的一个重要平台。通过这种信息披露制度，公众和企业就能够尽可能多地获取央行与利率政策有关的信息，并结合央行的相关信息预测和具体的政策执行的调查报告，以及公众与央行在具体信息的反馈内容等信息综合形成自己的合理市场预期，只要能够通过合理的信息披露和信息交流来正确引导市场的预期，央行就可以提高其货币政策施行的连贯性并且减少不必要的政策时滞性，从而提高货币政策的执行效果。同时，央行应尽快制定公开透明的利率政策操作规则。通过这一公开透明的规则的有效实施，公众与央行之间可以形成一种良性的互动交流，从而减少公众对央行利率政策的调整猜忌，减少公众与央行之间的信息博弈过程，从而可以减少市场预期的不稳定性，减少市场信息的获取成本，提高央行利率政策操作的可预期性，并且尽最大可能实现公众与央行之间的良性互动，这样也可以减少市场因信息不完全造成的非理性调整给利率政策的执行造成的破坏影响。当然，这一切的前提都是央行要按照严格的规章制度行事，不能采取随机变动利率政策的相机抉择的政策选择，这对我国多目标制下的央行来讲，是一个严格的要求。

第二，要进一步强化央行在具体货币政策（尤其是利率改革政策）决策和操作方面的透明度。近年来，随着央行的不断调整和货币政策执行能力的提升，我国央行的货币政策的执行透明度有了很大提高。央行在对宏观经济形势的分析和预测的基础上，会及时向市场和公众发布与市场变化相关的信息，诸如货币政策执行报告和金融统计年鉴等数据的公布，都提高了公众对货币政策执行透明性的把握能力。今后，央行要进一步深入其政策的透明度，及时公开其政策制定的经济背景和具体执行的操作工具以及可能面对的潜在的市场波动等情况，同时将其关注市场内外的不可预期因素和可能对宏观经济造成的冲击影响及时告知公众，从而使公众与央行的步调保持一致，在面对不确定性因素冲击时，央行可能做出的政策调整也要及时向公众公开，避免公众的盲目乐观情绪给市场造成的虚假繁荣景象。此外，央行需要加快推进货币政策信息化平台的建设，进一步规范央行在货币政策制定和执行等有关信息披露的内容、方法、时间和形式，倡导运用简单、便捷的沟通方式加强央行与公众之间的信息互动，从而向公众传递央行对当前经济形势的判断以及对未来货币政策变化的取向和意图。反过来，公众也要通过这个与央行之间的互动机制及时反馈自身获取的市场有关信息，给予央行政策调整提供一定的市场信息参考。如此，才能尽可能地降低市场内因信息不完全造成的局部市场扭曲和市场失灵，尽可能地减少因信息不对称和信息不完全造成的市场扭曲，尽最大可能实现市场信息的畅通交流，是金融市场上利率政策贯彻执行的一个重要的市场保障，可以很好地减少因市场失灵造成的政策传导渠道扭曲和政策时滞性延长等问题，从而最大限度地发挥货币政策的调控作用。

（三）关于银行机构市场化建议

1. 央行独立性

首先，进一步理顺中央银行与政府及其他部门之间的关系，使中央银行摆脱政府及其他部门的制约，完全按照经济金融运行形势来调整利率，以此来强化公众对利率的认同性和反应度。其次，从立法角度来确立央行的独立性。进一步修改和完善《中国人民银行法》的有关规定，探讨改变中国人民银行的隶属关系，使其直接向全国人民代表大会负责，从根本上保证央行独立的法律地位。最后，从市场角度来确立中央银行的独立性。考虑将国务院手中的利率决定权限下放给央行，使得央行能够根据经济金融形势的变动灵活地制定利率政策。为此，还必须健全利率政策决策机构，建议将货币政策委员会由目前的咨询议事机构提升为利率政策决策机构，严格筛选和吸收专职货币经济学家从事与利率政策有关的金融分析工作，并通过增加委员会成员的代表性和专业性以及延长任期等举措，来提高利率政策决策的合理性与科学性。

具体可表现为以下几个方面：

第一，从政府机关的权力配置来看，要将央行独立出来，在法律上赋予其货币政策制定和执行的专断权，避免国务院等上级主管部门对其业务的干扰和管控，这样央行可以拥有自己的政策专断权，尽可能地减少外界因素对其政策施行的干预。同时也可以发挥央行自行进行政策执行监督和相关金融监管业务的领导作用。

第二，要在经济上给予央行独立性，央行的资产负债表等与货币政策相关的内容应该由央行自行管理并自行负责实施资产负债的平衡，脱离与政府财政的关联，避免因财政原因对央行货币政策的执行的一种不可抗的干扰。另外，国家要不断加强我国完善的金融市场的建设，使我国金融处于稳定健康的发展状态，给央行经济独立提供良好的外部环境。

第三，在目前的政策框架下要先实现央行的货币政策调控工具的独立，在政策执行的市场环境符合要求后再将政策目标独立出来。目前，我国的货币政策施行的是多重目标制，并且与财政政策和政府的多重经济宏观调控目标相联系，很难做到独立性的要求。待市场经济体制改革进一步完善，政府宏观调控的各部门工作能够实现相互独立的时机，央行的政策目标才能实现其独立性的要求。

第四，促进金融市场的独立性。也就是要进一步完善金融市场的市场机制和相关的市场建设的配套设施，并且进一步完善相应的金融市场规范要求的法律法规来规范市场，避免金融市场出现的羊群效应等市场非理性行为对金融市场造成的不利冲击影响。然而要实现金融市场的独立性和规范性仅仅依靠央行的政策指引是很难奏效的。因为在金融市场中涉及市场主体关系复杂，利益纷杂，很难在短期内厘清市场的利益关系，在金融市场不断开放的条件下也很难割裂国际资本在本国金融市场内的各种投机性冲击活动的影响，因而政府相关管理部门很难放开对其的管控，实现其自由发展，因为稍有不慎就可能引发市场内的风险，从而引致经济的系统风险。完善的金融市场的建设要求金融市场本身有足够的独立性，这与央行的独立性任务是密切相关的，只有央行满足了独立性的要求，其作为金融市场的一个主管部门才能通过其自身的各种规章制度限制金融市场的混乱，保障金融市场的独立性。

第五，要赋予中央银行货币政策决策权和政策执行的监管权，由于过往央行的具体工作也受宏观调控的政治性管理和行政化作风的影响，其一般事项自行决定，而事关经济改革任务等重大工作内容需报国务院批准方可施行。货币政策委员会并不具备政府职能部门的法定权力，只是一个咨询议事机构，主要职责是根据国家的宏观经济调控目标，讨论货币政策的制定和调整、一定时期内的货币政策控制目标、货币政策工具的运用、有关货币政策的重要措施等涉及货币政策的重大事项，提出制定和实施货币政策的建议。要加强央行的货币政策决策权，需要对已经存在的政策委员会进行改革，并赋予其相应的职能权限。对于货币政策执行不力的情况的监管，需要央行具备对执行不力部门的惩处权限的权力方可，目前依旧没有实现央行的这一法定权限。

中央银行在国家宏观经济调控中扮演着极为重要的角色，但它的运行除了其独立性的问题，还存在着许多其他方面的问题，政府部门要强化央行的独立性职能的同时注重其他细节问题的处理，采取尽可能的手段实现央行货币政策调控的效益最大化。

2. 商业银行行为市场化

银行体系作为微观金融体系的主要组成部分是中央银行货币政策的传导者与货币政策的执行者，其内部完善机制与否将直接决定中央银行货币政策的成败与效率。只有微观金融体系尤其是银行体系机制完善，才能使得泰勒规则的操作目标（短期市场化利率）在我国有效地传导至中介目标（存贷款利率），致使“操作工具—操作目标—中介目标—政策目标”这一链条不会脱节。目前，国有商业银行的主要利润来源于存贷款利差，存贷款利率的限制完全放开，那么存贷的利差将逐步减小，银行经营业绩也将受到巨大冲击，无疑会加剧银行之间的竞争，增加商业银行的经营风险。存款利率的市场化势必要经历一个渐进式的发展历程，央行可以逐步放宽存款上浮限度，推进更多商业银行的传统存贷盈利模式改变，最终能够做到敢于自主定价，这样有利于商业银行的发展，尽量规避利率市场化的冲击。因此，存款利率的改革不可能一蹴而就，而是伴随着商业银行不断成熟与金融机构不断完善而诞生的。

第一，要转变银行经营理念，改善资金管理能力。加强吸储的成本与收益核算，加快发展银行的中间业务和表外业务，从以存贷利差为主要收益来源向多元化盈利模式转变。改革信贷管理制度，增强金融风险意识和防范能力。加强信贷发放与国家产业规划引导政策的配合协调，调整信贷结构，对有市场效益、经济效益、就业效益的企业增加信贷投入，缓和其资金紧张状况。加大信贷创新力度，拓宽各个信贷领域，规范信贷分析、决策的业务流程，建立全社会的信用评估和信贷担保体系。同时，要加大发展民营银行和降低外资银行的准入门槛，打破四大商业银行存贷业务垄断化局面，实行公平竞争，提高金融体系对利率政策变动的敏感性。加强金融立法和监管，为金融市场保驾护航，减少商业银行不良信贷资产。在金融市场规模扩大以后，加强金融立法和监管，规范金融市场主体行为，就成为促进金融市场健康发展的重要保证。况且要改善金融生态环境，建立以保护金融市场参与主体合法权益的法律法规制度体系；建立统一完善的金融市场规章制度，包括会计、审计、税收以及信息披露制度等，为投资者创造公平、透明、可信的投融资环境；进一步完善金融市场信用体系，大力发展银行信用以外的多种信用形式，尤其是企业信用和个人信用等基础信用形式；进一步规范与完善金融市场中介服务体系。目前，国有银行巨额不良资产的问题给银行系统乃至整个金融系统都带来很大的不稳定性，政府部门一直着力解决处理银行的不良资产，诸如加强银行信贷的审核力度，限制银行进行资本行业的冒险投资行为以及实行不良债务的债转股等措施，虽然取得了一些成效，但都不能从根本上解决银行系统内部的经营风险和市场风险走高的问题。接下来要进一步通过市场手段激励商业银行实现经营条件的改善和风险的剥离，引入资产证券化和银行战略投资者以及金融制度创新等创新的经营方法来解决这个问题。在进一步明确商业银行的市场主体地位的同时，要进一步改革原有的国有化的管理模式，积极探索股份制和综合混合制的经营模式，采取更多的市场化的经营方法，实现原有的国有银行所有者和经营者激励兼容的市场化运作。同时，要坚持商业银行的企业组织制度建设，重新调整商业银行内部的组织结构和组织体系，加强商业银行的市场化经营管理的改革。只有实现了商业银行的市场化经营管理，才能从公司内部形成市场经营的风险意识和效率意识，解决原有的商业银行在资金配置上的低效率和无视风险累积的问题。同时，要鼓励市场资本进入银行系统丰富完善商业银行的股本结构，实现真正的市场化的多元主体。适当引导民间资本投入银行业并且鼓励民营银行的创设工作，使其成为商业银行在货币市场和资本市场上的一个补充力量。

第二，要逐步完善商业银行金融产品创新的能力。金融产品创新是与金融市场的完善发展相一致的，它随着金融市场的完善而完善。在金融产品的创新上，应该鼓励基层商业银行依据市场的需求进行金融工具的创新，并且通过市场检验要求后全面推广。在基层的金融产品创新里，尤其注重与利率市场化相关联的金融产品的市场自主定价权和金融衍生品的创设等范围的创新。在利率市场化初步完成后，商业银行的存贷款利率的上下限已经逐步放开，商业银行可以按照市场的要求，并且结合金融市场的风险要求积极探索存贷款业务的综合价格体系建设。同时，在中间产品服务价格制定方面也需要依据市场化的要求加强商业银行的定价自主权，扩大可实现更多利润空间的中间产品服务的供给，从而改变传统的仅仅依靠存贷款利差获取经营利润的单一收益模式。同时，也鼓励商业银行在其创新的金融产品内引入资本市场的优质产品，增加在金融市场里可交易的产品品种，同时结合股票市场和债券市场等资本市场的市场潜力，积极吸收社会资金投资，从而实现社会融资结构的多元化，减少企业融资需求过度依赖传统的商业银行贷款的依赖性。与此同时，也要积极探索发展利率期权、债券期权和利率远期协议等金融产品的推广普及，加强金融市场内可交易的金融产品的结构。

第三，需要在利率市场化不断深入的背景下进一步提高商业银行的自主定价能力：其一，优化商业银行的定价方法，完善商业银行的存贷款定价的模型。在存贷款定价方面，商业银行应该收集尽可能多的过往交易数据，并不断更新自己的数据库，从市场可获得的数据中获取市场内尽可能多的信息。在建设自己的定价模型时要尽可能考虑市场的风险蔓延以及经济周期的影响，提高定价模型的风险识别度和周期性特征。综合存贷款的收益利差和商业银行的经营成本之后，建立一个科学合理的定价系统模型并且引导市场的理性竞争显得尤为重要。这种大型定价模型一般是大银行有能力去做，中小银行在结合自身经营现实情况的基础上综合这些模型的定价形成自己的独立定价。其二，要建立和完善存贷款业务定价的标准，提高存贷款定价的精细管理。在利率自主定价的时候要综合考虑商业银行自身的业务特点，对于市场风险厌恶度较高的储蓄存款和公众存款，由于其保值要求要施行较低的价格差以增加其产品的吸引力，而对于公司存款和大额存款则需要加入完善的市场风险成本价格可适当提高。而在贷款方面，需要结合不同的贷款类别和需求以及期限长短和潜在的风险差别制定各自不同的价格体系。其三，强化银行业的技术保障，及时有效地追踪市场的差异化信息。在互联网时代要进一步完善会计核算系统的电子化建设，同时要及时对市场信息的异常变动进行追踪，针对市场的具体差异，如不同业务、不同客户、不同风险承担能力的业务要求，要制定不同的差别价格。在利率浮动的区间上，要通过建立一套完善的市场利率监测管理系统，通过对不同业务的利率风险的精准测量和追踪施行不同的利率浮动的区间。

（四）关于货币内生性供给的相关建议

内生货币供给机制的建立及完善主要由以下三方面组成：其一，放松对金融系统的直接管制，代之以间接监管和指引。其二，强化对宏观经济发展的趋势判断，保持货币政策的施行惯性，以减少宏观经济环境的意外变化对政策的被动调整的压迫。近几年，我国经常项目出现逆差，外商投资出现下降趋势，再加上各方预期人民币贬值压力增加，受进出口业务收缩和人民币贬值的影响，外汇储备开始逐年减少。这就要求央行要着眼于根据对经济运行的正确判断提出相应的正常组合，以实现稳健的货币政策、减少社会经济运行震荡。其三，推进人民币汇率形成机制改革，提高货币供给调控的主动性和有效性。从理论分析来看，利率与货币供应量同为货币政策的两个调控工具和中介目标，央行需要在货币政策当中选择其一作为其政策的重点，而随着社会上货币供应量的不可控和不可测趋势的发展以及货币供应量和货币政策终极目标之间的关系变得不稳定，大多数国家都已经放弃了传统的以货币供应量作为政策中介的做法，转而实行以短期市场利率作为政策的中介目标的做法。因此，我国央行的货币政策调控如果要按照泰勒规则来操作，则货币政策首先必须向间接的、以市场利率为中介目标的需求型调控模式转变。因而还应加速实现货币政策调控工具从数量型向价格型过渡。央行的货币政策中介目标应从货币供应量调整到市场利率这个指标。

从马克思的货币分析框架出发，长期来看，货币供给是在经济运行过程中由经济体内生决定的。在这个背景下，中央银行是不能够自行决定市场的货币供应数量的，经济中的货币需求总是与相对应的货币供给量相匹配，因而长期货币供给曲线是一条水平线，这样看来，想要以传统的货币供给量为操作目标的货币政策很难实现有效的政策调控的目标。在货币内生的要求下，央行应该从传统的货币供给量调节转向以简洁的市场利率的调节，因为在货币内生的背景下，货币供给调节完全无效，而间接的市场利率调节才是唯一的有效调节中介。利率的变动，可以引起市场上的平均利润率的变动，从而带来社会货币需求量的变化，最终货币供给会自生地与所需的货币需求相应变化。从这一点出发，我国央行传统的以货币供给量为政策中介的目标需要转向以市场短期利率为调控的中介目标，才可能实现有效的货币政策调控。

（五）关于促进利率数据化体系的建议

要实现货币政策利率调控的有效性需要对利率调控环节内的利率数据体系进行科学合理的数据采集和分析工作。利率数据体系主要以利率数据体系和通胀数据为主。要做到市场数据的科学性和完整性，就需要加强和完善我国利率数据的统计、通胀数据统计工作，并且需要进一步对统计系统内的各种价格指数进行更仔细的统计分析。另外，在我国的经济环境下，企业的投资活动与我国宏观经济的周期性波动之间存在着显著的相关关系，因而需要在市场上密切关注与经济周期相关联的数据变化。在金融统计方面，还存在如统计报表反映面太窄、报表缺乏合规性等问题，有待于进一步完善。因此，有关部门应尽快加强和改进金融统计，确保相关统计指标的真实性与可靠性。利率周期能否成为有效的政策周期，前提就在于对客体的把握，即对经济周期的研究和把握。近年来，我国国民经济核算的科学性、规范化、客观性尽管不断提高，但仍存在不少问题：经济增长率与物价指标在一定程度上还不尽真实和合理，不同体系的统计数据汇总后相距甚远等。为此，从机制上解决统计上的这一明显问题，就成为正确把握经济周期的关键。

参考文献

一、中文参考文献

[1] 刘义圣，张晶．利率平滑调控效果的数理分析及我国情况的考察［J］．东南学术，2009（3）．

[2] 吴子强．最优利率规则及其对我国的适用性［J］．社会科学研究，2015（2）．

[3] 郑挺国，王霞．泰勒规则的实时分析及其在我国货币政策中的适用性［J］．金融研究，2011（8）．

[4] 邓翔，雷国胜．泰勒规则的发展及其在中国的适用性分析［J］．理论月刊，2011（11）．

[5] 陆晓明．从泰勒规则到伊文思规则——美联储利率决策框架的演变及未来发展［J］．国际金融研究，2013（4）．

[6] 万建军，李扬如．几种利率规则的比较及对中国的适应性研究［J］．西部金融，2014（9）．

[7] 郑小胡，杜宇玮．利率理论发展评述［J］．经济论坛，2004（14）．

[8] 高丽，毛小刚．泰勒规则研究回顾及对我国货币政策操作的启示［J］．新疆财经大学学报，2013（3）．

[9] 肖卫国，刘杰．前瞻性、后顾性与混合型泰勒规则政策效果的动态模

拟［J］. 金融经济学研究，2014 (3).

［10］程娜，付英俊，龚承刚. 泰勒规则在我国货币政策中应用的研究［J］. 21世纪数量经济学，2014 (00).

［11］黄燕君，郑小胡. 利率规则理论发展综述及其在中国的运用分析［J］. 济南金融，2004 (4).

［12］江春，陈永. 中国利率市场化阶段利率规则探究——基于对泰勒规则的扩展［J］. 财贸研究，2014 (3).

［13］叶茂，胡新天. 我国货币政策的利率规则、货币供应量规则和贷款规则的比较和检验［J］. 学术研究，2015 (3).

［14］闫文涛. 汇率与泰勒规则文献评述［J］. 经济学动态，2010 (10).

［15］金成晓，朱亚莉. 利率规则、物价稳定与经济均衡［J］. 求索，2013 (2).

［16］李琼，王志伟. 利率规则理论研究新进展［J］. 经济学动态，2008 (1).

［17］吕晓峰. 利率规则在我国的实证研究［D］. 福州：福建师范大学，2010.

［18］何国华，常鑫鑫. 开放条件下不同泰勒规则在中国的适用性研究［J］. 财贸研究，2013，24 (2).

［19］卢卉. 泰勒规则在我国的适应性评析［J］. 中国经济问题，2005 (3).

［20］刘义圣，刘一林. 泰勒规则及其对中国适应性研究［J］. 当代经济研究，2010 (10).

［21］陈宝森. 当代美国经济［M］. 北京：社会科学文献出版社，2001.

［22］谢平，罗雄. 泰勒规则及其在中国货币政策中的检验［J］. 经济研究，2002 (3).

［23］刘明月. 泰勒规则在我国的实践需要解决的两大问题［J］. 上海金

融，2003 (9).

[24] 王胜，邹恒甫. 开放经济中的泰勒规则——对中国货币政策的检验 [J]. 统计研究，2006，23 (3).

[25] 刘斌. 最优前瞻性货币政策规则的设计与应用 [J]. 世界经济，2004 (4).

[26] 陆军，钟丹. 泰勒规则在中国的协整检验 [J]. 经济研究，2003 (8).

[27] 王建国. 泰勒规则与我国货币政策反应函数的实证研究 [J]. 数量经济技术经济研究，2006，23 (1).

[28] 蔡跃洲，吉昱华. 规则行事、泰勒规则及其在中国的适用性 [J]. 经济评论，2004 (2).

[29] 刘斌. 最优货币政策规则的选择及在我国的应用 [J]. 经济研究，2003 (9).

[30] 齐稚平，刘广伟. 泰勒规则在中国的实证检验 [J]. 统计与决策，2007 (3).

[31] 王莹. 泰勒规则评析及其对我国货币政策的借鉴意义 [J]. 武汉金融，2004 (1).

[32] 卞志村，毛泽盛. 货币政策规则理论的发展回顾 [J]. 世界经济，2005 (12).

[33] 谭小芬. 泰勒规则及其在中国货币政策中的适应性 [J]. 中央财经大学学报，2006 (7).

[34] 赵进文，高辉. 中国利率市场化主导下稳健货币政策规则的构建和应用 [J]. 经济学（季刊），2004，3 (S1).

[35] 张小宇，刘金全. "泰勒规则"在中国经济运行中的经验证据 [J]. 财经研究，2010 (11).

[36] 李琼，王志伟. 泰勒规则与中国宏观经济波动——1994—2006 的实证检验 [J]. 经济科学，2009 (2).

[37] 刘明志. 货币供应量和利率作为货币政策中介目标的适用性 [J]. 金融研究，2006 (1).

[38] 于晓文. 我国利率市场化的实施可行性 [J]. 财经界 (学术版)，2015 (12).

[39] 刘磊. 我国利率市场化和金融资源配置效率实证研究 [J]. 征信，2015 (4).

[40] 胡秋灵，李秦男. 新货币政策中介目标的实证考量 [J]. 统计与决策，2015 (8).

[41] 李良松，刘永明. 新维克赛尔主义下我国基准利率的比较与定位 [J]. 财经研究，2009 (6).

[42] 刘俊奇. 以货币供应量作为我国货币政策中介目标的不适应性分析及优化策略——兼评以通胀定标作为我国货币政策框架的可行性 [J]. 社会科学辑刊，2005 (3).

[43] 方意，方明. 中国货币市场基准利率的确立及其动态关系的研究 [J]. 金融研究，2012 (7).

[44] 万兆泉，许统生. 中国货币政策中介目标与经济增长 [J]. 经济问题，2011 (9).

[45] 陶雄花，陈明珏. 中国利率市场化的进程测度与改革指向 [J]. 中南财经政法大学学报，2013 (3).

[46] 金琢皓，刘清源. 中国利率市场化改革的防火墙 [J]. 电子制作，2015 (11).

[47] 吴炳辉，何建敏. 中国利率市场化下的金融风险理论 [J]. 财经科

学，2014（3）.

［48］吴培新．货币政策分析中的货币供应量和信贷规模［J］．经济科学，2008（5）.

［49］高婧．货币供应量作为我国中介目标的有效性分析［D］．太原：山西财经大学，2012.

［50］贺思文．金融危机背景下我国货币政策工具的运用与效用分析［D］．海口：海南大学，2014.

［51］朱韩丹丹．利率市场化对货币政策传导机制的影响［D］．杭州：浙江大学，2014.

［52］彭春阳．我国货币政策传导机制的缺陷及其完善［D］．长沙：中南大学，2005.

［53］金琮奇．我国货币政策利率传导机制与效应研究［D］．杭州：浙江工商大学，2014.

［54］方菲．我国货币政策有效性研究——兼论我国经济货币化程度［D］．合肥：安徽大学，2014.

［55］唐伟．我国货币政策有效性研究［D］．北京：中共中央党校，2010.

［56］王坤．我国货币政策中介目标、工具及传导机制研究［D］．济南：山东大学，2006.

［57］付晓琳．我国货币政策中介目标的选择研究［D］．石河子：石河子大学，2013.

［58］卢文阳．我国利率市场化的现状和对策研究［J］．商场现代化，2015（8）.

［59］余永定．社会融资总量与货币政策的中间目标［J］．国际金融研究，

2011 (9).

[60] 彭芸. 关于我国货币政策中介目标的思考 [J]. 统计与决策, 2003 (3).

[61] 李扬, 周素芳. 中国货币政策中介目标的选择 [J]. 银行家, 2002 (7).

[62] 陆岷峰, 王婷婷. 利率市场化对实体经济的负面影响与对策 [J]. 财经科学, 2014 (6).

[63] 傅利福, 魏建. 政府管制、利率市场化和商业银行净利差 [J]. 财经论丛, 2014 (7).

[64] 林星. 我国利率政策效应区域差异研究 [D]. 福州: 福建师范大学, 2014.

[65] 黄启才. 泰勒规则及其在中国的应用 [J]. 中国物价, 2012 (9).

[66] 王璐, 欧世建. 中国利率政策操作: 历程、特征与泰勒规则的适用性考探 [C]. 武汉: 珞珈国是论坛, 2009.

[67] 刘义圣, 王春丽. 我国利率政策 "反周期调控" 探析 [J]. 福建行政学院学报, 2009 (5).

[68] 黄启才. 我国利率变动及其操作规则的理论与实证研究 [D]. 福州: 福建师范大学, 2010.

[69] 林琛. 利率走廊与利率平滑及我国利率调控目标模式探讨 [D]. 福州: 福建师范大学, 2011.

[70] 薛玉连. 利率政策信息的 "公开效应" 与策议 [J]. 广州市经济管理干部学院学报, 2007 (4).

[71] 吕小锋. 利率规则在我国的实证研究 [D]. 福州: 福建师范大学, 2010.

[72] 刘义圣, 姜坤. 关于我国利率微调问题的初探 [J]. 福州大学学报 (哲学社会科学版), 2007, 2 (6).

[73] 肖威. 现在是中国存款利率市场化的良好时间窗口吗——基于利率市场化宏观经济条件的实证研究 [J]. 财经科学，2014 (5).

[74] 胡光年. 对中央银行独立性问题的探讨 [J]. 时代金融，2014 (4).

[75] 郭永智. 中国金融脆弱性与利率市场化研究 [D]. 北京：对外经济贸易大学，2007.

[76] 郑豫晓. 对中国利率市场化的问题的思考 [D]. 长沙：湖南大学，2001.

[77] 赵东喜. 国际利率联动性趋势与中国因应研究 [D]. 福州：福建师范大学，2013.

[78] 刘义圣，王春丽. 货币政策的利率微调问题试探 [J]. 福建论坛，2009 (11).

[79] 薛玉连. 我国放松利率监管过程中的利率监管问题研究 [D]. 福州：福建师范大学，2008.

[80] 王春丽. 我国宏观经济调控中的利率微调问题研究 [D]. 福州：福建师范大学，2010.

[81] 黄建锋. 我国利率管理体制改革试探 [D]. 福州：福建师范大学，2006.

[82] 王光伟. 我国当前货币政策效果与外汇管理体制改革 [J]. 经济学动态，2002 (1).

[83] 万荃. 推进中国利率市场化研究 [D]. 长春：吉林大学，2013.

[84] 陈小荣，尹继志. 我国利率市场化改革路径分析及政策建议 [J]. 财会月刊，2012 (30).

[85] 陈静. 货币政策透明度及其中国的实证研究 [D]. 杭州：浙江工商大学，2010.

[86] 罗杰. 商业银行贷款利率市场化定价的新进展及政策建议 [J]. 区域金融研究，2014 (12).

[87] 陈劲松. 利率市场化与我国商业银行利率风险管理 [D]. 北京：对外经济贸易大学，2003.

[88] 杨亚. 我国利率市场化条件与问题的现实思考 [J]. 经营管理者，2013 (6).

[89] 王鹏. 以利率为主的多目标制 [D]. 上海：上海社会科学院，2007.

[90] 黄华莉. 商业银行利率风险和汇率风险管理 [D]. 成都：西南财经大学，2002.

[91] 眭佩佩. 开放经济下人民币利率与汇率联动关系研究 [D]. 南京：南京师范大学，2013.

[92] 张正斌. 利率—汇率机制与我国汇率制度改革 [D]. 咸阳：西北农林科技大学，2003.

[93] 秦海英. 内生货币供给对货币政策传导机制的影响及启示 [J]. 南开经济研究，2003 (2).

[94] 喻东. 中国货币政策传导机制研究 [D]. 昆明：昆明理工大学，2011.

[95] 韩松. 中国商业银行利率市场化研究 [D]. 武汉：武汉大学，2013.

[96] 黄启才. 马克思内生货币思想与我国货币政策选择 [J]. 发展研究，2012 (7).

[97] 刘义圣，郭志. 利率市场化进程中利率规则在中国的适用性分析 [J]. 宏观经济研究，2016 (2).

[98] 葛奇. 泰勒规则和最优控制政策在FRB/US模型中的稳健性比较——兼论耶伦新常态货币政策的利率路径选择 [J]. 国际金融研究，2015 (9).

[99] 程建华，王冲. Markov区制转移“泰勒规则”型货币政策在我国的非线性特征 [J]. 商业研究，2015，58 (6).

[100] 邓雄. 从信贷到利率：利率市场化条件下的货币政策传导渠道转变 [J]. 上海金融，2015 (10).

[101] 郑挺国，刘金全. 区制转移形式的“泰勒规则”及其在中国货币政策中的应用 [J]. 经济研究，2010 (3).

[102]. 中国人民银行营业管理部课题组. 非线性泰勒规则在我国货币政策操作中的实证研究 [J]. 金融研究，2009 (12).

[103] 卞志村. 泰勒规则的实证问题及在中国的检验 [J]. 金融研究，2006 (8).

[104] 朱培金. 扩展的泰勒规则及其在中国适用性研究 [D]. 长春：吉林大学，2013.

[105] 刘金全，张小宇. 时变参数“泰勒规则”在我国货币政策操作中的实证研究 [J]. 管理世界，2012 (7).

[106] 张屹山，张代强. 前瞻性货币政策反应函数在我国货币政策中的检验 [J]. 经济研究，2007 (3).

[107] 高宏. 非线性泰勒规则及其政策效果——基于新凯恩斯DSGE模型的分析 [J]. 当代经济科学，2013 (7).

[108] 卞志村，孟士清. 基于马尔科夫转换模型的泰勒规则的实证研究 [J]. 南京财经大学学报，2014 (5).

[109] 金成晓，朱培金. 包含汇率因素的非线性泰勒规则及其在中国的适用性检验 [J]. 统计与决策，2013 (7).

[110] 郭万山，丁洪福. 出去缺口、产出增长率与泰勒规则 [J]. 统计与信息论坛，2015 (11).

[111] 陆晓明. 从泰勒规则到最优控制方法——耶伦货币政策主张及其影响 [J]. 经济学动态，2014 (5).

[112] 马明霞，王立军. 开放经济体中利率调控的宏观经济效应 [J]. 金融理论与实践，2014 (1).

[113] 李涛，傅强. 考虑资产价格波动的前瞻性泰勒规则及实证检验 [J]. 统计与决策，2011 (11).

[114] 本·伯南克. 美国未来的货币政策 [J]. 中国经济时报，2015 (5).

[115] 刘杰，王定祥. 人民币汇率、资产价格与非线性利率规则 [J]. 财经科学，2014 (1).

[116] 高洁超，孟士清. 中国非线性审慎利率规则的实证研究 [J]. 南京审计学院学报，2015 (6).

[117] 江春，陈永. 中国利率市场化阶段利率规则探究——基于泰勒规则的扩展 [J]. 财贸研究，2014 (3).

[118] 郭凯. 最优利率规则：一般理论与应用 [D]. 大连：东北财经大学，2007 (6).

[119] 陈杰. 人民币汇率市场化形成机制改革动力与路径研究 [J]. 华北金融，2014 (10).

二、英文参考文献

[1] Xiaojin Sun, Kwok Ping Tsang. Optimal interest rate rule in a DSGE model with housing market spillovers [J]. Economic Letter, 2014 (5).

[2] Vasco Curdia, Andrea Ferreo, Ging Cee Ng, Andrea Tambalotti.

Has U. S Monetary Policy Tracked the Efficient Interest Rate? [J]. Journal of Monetary Economic, 2014 (9).

[3] John Smithin. A Real interest rate rule for monetary policy [J]. Journal of Post Keynesian Economics, 2014 (11).

[4]Cogely, T. A. Sbordone. Trend Inflation, Indexation, and Inflation Persistence in the New Keynesian Phippips Curve [J]. The American Economic Review, 2008 (9).

[5]Clarida, R. J. Gali, M. Gertler. Monetary Rules and Macroeconomic Stability: Evidence and Some Theory [J]. Quarterly Journal of Economics, 2000.